季羡林·沉思录

季羡林

东西方文化沉思录

季羡林 著

中国财政经济出版传媒集团
中国财政经济出版社

图书在版编目（CIP）数据

季羡林东西方文化沉思录 / 季羡林著. -- 北京：中国财政经济出版社，2017.11
（季羡林沉思录）
ISBN 978-7-5095-7802-5

Ⅰ. ①季… Ⅱ. ①季… Ⅲ. ①东西文化-文集 Ⅳ. ①G0-53

中国版本图书馆CIP数据核字(2017)第259595号

出 版 人：	黄　琦
项目统筹：	党海鹏　王芝文
策 划 人：	崔岱远
选 编 者：	王佩芬
责任编辑：	崔岱远
特约编辑：	李　强　李　淼
装帧设计：	刘　洋
责任印制：	刘志豪
推广总监：	张丽萍
责任校对：	杨瑞琦

中国财政经济出版社 出版

URL：http://www.cfeph.cn
E-mail：cfeph@cfeph.cn

（版权所有　翻印必究）

社址：北京市海淀区阜成路甲28号　邮政编码：100142
营销中心电话：88190406
北京新华印刷有限公司　各地新华书店经销
710×1000毫米　16开　19.5印张　270 000字
2017年11月第1版　2017年11月北京第1次印刷
定价：39.00元
ISBN 978-7-5095-7802-5
（图书出现印装问题，本社负责调换）
本社质量投诉电话：010-88190744
打击盗版举报热线：010-88190414　QQ：447268889

目录

东方文化漫谈

"天人合一"新解 … 3

关于"天人合一"思想的再思考 … 21

从宏观上看中国文化 … 47

东方文化 … 65

再谈东方文化 … 71

21世纪：东方文化的时代 … 77

东方文化要重现辉煌 … 83

东方文化与东方文学 … 85

在中国亚非学会第四次会员代表大会上的报告 … 92

《东方文化集成》总序 … 101

中国青年与现代文明 … 113

从中国文化特点谈王国维之死 … 119

东西文化比较

古代穆斯林论中西文化的差异 …… 125

——读《丝绸之路》札记

西方不亮东方亮 …… 138

——在北京外国语大学中文学院的讲演

东西方文化的转折点 …… 151

东方文化和西方文化 …… 156

东方文化与西方文化相互间的盛衰消长问题 …… 158

在跨越世纪以前 …… 163

《东西文化议论集》序 …… 168

中外文化交流

交光互影的中外文化交流 …… 175

对于文化交流的一点想法	184
对文化交流的思考	188
东学西渐与『东化』	213
拿来和送去	225
从拿来主义谈到借鉴	229
我们要奉行『送去主义』	233
西域在文化交流中的地位	237
《国外中国学研究》前言	250
中西医学的结合问题	253
老子在欧洲	256
从历史上看中德文化关系	260
从历史上看中国伊拉克两国的文化关系	268

中国同孟加拉国的友谊源远流长	279
中缅两国人民的传统友谊	287
《中印文化关系史论丛》序	293
文化交流能推动中印社会前进	302

东方文化漫谈

季羡林

"天人合一"新解

"天人合一"是中国哲学史上的一个非常重要的命题。中外治中国哲学史的学者,哪一个也回避不开。但是,对这个命题的理解、解释和阐述,却相当分歧。学者间理解的深度和广度、理解的角度,也不尽相同。这是很自然的,几乎没有哪一个哲学史上的命题的解释是完全一致的。

我在下面先简略地谈一谈这个命题的来源,然后介绍一下几个有影响的学者对这个命题的解释,最后提出我自己的看法,也可以说是"新解"吧。对于哲学,其中也包括中国哲学,我即使不是一个完全的门外汉,最多也只能说是一个站在哲学门外向里面望了几眼的好奇者。但是,天底下的事情往往有非常奇怪的,真正的内行"司空见惯浑无事",对一些最常谈的问题习以为常,熟视无睹,而外行人则怀着一种难免幼稚但却淳朴无所蔽的新鲜的感觉,看出一些门道来。这个现象在心理学上很容易解释,在人类生活和科学研究中,并不稀见。我希望,我就是这样的外行人。

我先介绍一下这个命题的来源和含义。

什么叫"天人合一"呢?"人",容易解释,就是我们这一些芸芸众生的凡人。"天",却有点困难,因为"天"字本身含义就有点模糊。在中国古代哲学家笔下,天有时候似乎指的是一个有意志的上帝。这一点非常稀见。有时候似乎指的是物质的天,与地相对。有时候似乎指的是有智力有意志的自然。我没有哲学家精细的头脑，我把"天"简化为大家都能理解的大自然。我相信这八九不离十，离开真理不会有十万八千里。这对说明问题也比较方便。中国古代的许多大哲学家，使用"天"这个字，自己往往也有矛盾，甚至前后抵触。这一点学哲学史的人恐怕都是知道的，用不着细说。

谈到"天人合一"这个命题的来源，大多数学者一般的解释都是说源于儒家的思孟学派。我觉得这是一个相当狭隘的理解。《中华思想大辞典》说："主张'天人合一'，强调天与人的和谐一致是中国古代哲学的主要基调。"这是很有见地的话，这是比较广义的理解，是符合实际情况的。我现在就根据这个理解来谈一谈这个命题的来源，意思就是，不限于思孟，也不限于儒家。我先补充上一句：这个代表中国古代哲学主要基调的思想，是一个非常伟大的、含义异常深远的思想。

为了方便起见，我还是先从儒家思想介绍起。《周易·乾卦·文言》说："夫大人者，与天地合其德，与日月合其明，与四时合其序，与鬼神合其吉凶，先天而天弗违，后天而奉天时。"这里讲的就是"天人合一"的思想，这是人生的最高的理想境界。

孔子对天的看法有点矛盾。他时而认为天是自然的，天不言而四时行，而万物生。他时而又认为，人之生死富贵皆决定于天。他不把天视作有意志的人格神。

子思对于天人的看法，可以《中庸》为代表。《中庸》说："能尽人之性，则能尽物之性；能尽物之性，则可以赞天地之化育；可以赞天地之化育，则可以与天地参矣。"

孟子对天人的看法基本上继承了子思的衣钵。《孟子·万章上》说："莫之为而为者，天也；莫之致而致者，命也。"天命是人力做不到达不到而最后又能使其成功的力量，是人力之外的决定的力量。孟子并不认为天是神；人们只要能尽心养性，就能够认识天。《孟子·尽心上》说："尽其心者，知其性也；知其性，则知天矣。"

到了汉代，汉武帝独尊儒术。董仲舒是当时儒家的代表。是他认真明确地提出了"天人之际，合而为一"的思想。《春秋繁露·人副天数》中说："人有三百六十节，偶天之数也；形体骨肉，偶地之厚也；上有耳目聪明，日月之象也；体有空窍理脉，川谷之象也。"《阴阳义》中说："天亦有喜怒之气，哀乐之心，与人相副，以类合之，天人一也。"董仲舒的天人合一思想，是非常明显的。他的天人感应说，有时候似乎有迷信色彩，我们不能不加以注意。

到了宋代，是中国所谓"理学"产生的时代。此时出了不少大儒。尽管学说在某一些方面也有所不同。但在"天人合一"方面，几乎都是相同的。张载明确地提出了"天人合一"的命题。程颐说："天、地、人，只一道也。"

宋以后儒家关于这一方面的言论，我不再介绍了。我在上面已经说过，这个思想不限于儒家。如果我们从更宏观的角度来看这个问题，把"天人合一"理解为人与大自然的关系，那么在儒家之外，其他道家、墨家和杂家等等也都有类似的思想。我在此稍加介绍。

老子说："人法地，地法天，天法道，道法自然。"王弼注说：与自然无所违。《庄子·齐物论》说："天地与我并生，而万物与我为一。"看起来道家在主张天人合一方面，比儒家还要明确得多。墨子对天命鬼神的看法有矛盾。他一方面强调"非命"、"尚力"，人之富贵贫贱荣辱在力不在命。但是在另一方面，他又推崇"天志"、"明鬼"。他的"天"好像是一个有意志行赏罚的人格神。天志的内容是兼相爱。他的政治思想，比如兼爱、非攻、尚贤、尚同，也有同样的标记。至于吕不韦，在《吕氏春秋·应同》中说："成齐类同皆有合，故尧为善而众善至，桀为非而众非来。〈高禖〉云：'天降灾布祥，并有其职。'"这里又说："山云草莽，水云鱼鳞，旱云烟火，雨云水波，无不皆类其所生以示人。"从这里可以看出，吕氏是主张自然（天）是与人相应的。

中国古代"天人合一"的思想，就介绍这样多。我不是写中国哲学史，不过聊举数例说明这种思想在中国古代十分普遍而已。

不但中国思想如此，而且古代东方思想也大多类此。我只举印度一个例子。印度古代思想派系繁多。但是其中影响比较大根柢比较雄厚的是人与自然合一的思想。印度使用的名词当然不会同中国一样。中国管大自然或者宇宙叫"天"，而印度则称之为"梵"（brahman）。中国的"人"，印度称之为"我"（Ātman，阿特曼）。总起来看，中国讲"天人"，印度讲"梵我"，意思基本上是一样的。印度古代哲学家有时候用 tat（等于英文的 that）这个字来表示"梵"。梵文 tatkartr。表面上看是"那个的创造者"，意思是"宇宙的创造者"。印度古代很有名的一句话 tat tvam asi，表面上的意思是"你就是那个"，真正的含义是"你就是宇宙"（你与宇宙合一）。宇宙，梵是大我；阿特曼，我是小我。奥义书中论述梵我关系常使用一个词儿 Brahmātmaikyam，意思是"梵我一如"。吠檀多派大师商羯罗（Śaṅkara，约公元 788 年—820 年），张扬不二一元论（Advaita）。大体的意思是，有的奥义书把"梵"区分为二：有形的梵和无形的梵。有形的梵指的是现象界或者众多的我（小我）；无形的梵指的是宇宙本体最高的我（大我）。有形的梵是不真实的，而无形的梵才是真实的。所谓"不二一元论"就是说：真正实在的唯有最高本体梵，而作为现象界的我（小我）在本质上就是梵，二者本来是同一个东西。我们拨开这些哲学迷雾看一看本来面目。这一套理论无非是说梵我合人，也就是天人合一，中印两国的思想基本上是一致的（请参阅姚卫群《吠檀多派哲学的梵我关系理论》，《南亚研究》1992年第三期，页37—44）。

从上面的对中国古代思想和印度古代思想的介绍中，我们可以看到，尽管使用的名词不同，而内容则是相同的。换句话说，"天人合一"的思想是东方思想的普遍而又基本的表露。我个人认为，这种思想是有别于西方分析的思维模式的东方综合的思维模式的具体表现。这个思想非常值得注意，非常值得研究，而且还非常值得发扬光大，它关系到人类发展的前途。

专就中国哲学史而论，我在本文一开头就说到：哪一个研究中国哲学史的学者也回避不开"天人合一"这个思想。要想对这些学者们的看法一一详加介绍，那是很难以做到的，也是没有必要的。我在下面先介绍几个我认为有代表性的哲学史家的看法，然后用比较长一点的篇幅来介绍中国现当代国学大师钱宾四（穆）先生的意见，他的意见给了我极大的启发。

首先介绍中国著名的哲学史家冯芝生（友兰）先生的意见。芝生先生毕生研究中国哲学史，著作等身，屡易其稿，前后意见也不可避免地不能完全一致。他的《中国哲学史》是一部皇皇巨著，在半个多世纪的写作过程中，随着时代潮流的变换，屡屡改变观点，直到逝世前不久才算是定稿。我不想在这里详细讨论那许多版本的异同。我只选出一种比较流行的也就是比较有影响的版本，加以征引，略作介绍，使读者看到冯先生对这个"天人合一"思想的评论意见。我选的是1984年中华书局版的《中国哲学史》。他在上册页164谈到孟子时说："'万物皆备于我'；'上下与天地同流'等语，颇有神秘主义之倾向。其本意如何，孟子所言简略，不能详也。"由此可见，冯先生对孟子"天人合一"的思想没有认真重视，认为"有神秘主义倾向"。看来他并不以为这种思想有什么了不起。他的其他意见不再具引。

第二个我想介绍的是中国著名的思想史家侯外庐先生。他在《中国思想通史》（1957年，人民出版社）第一卷，页380，谈到《中庸》的"天人合一"的思想。他引用了《中庸》的几段话，其中包括我在上面引的那一段。在页381侯先生写道："这一'天人合一'的思想，已在西周的宗教神上面役加上了一层'修道之谓教'。"看来这一位中国思想史专家，对"天人合一"思想的理解与欣赏水平，并没能超过冯友兰先生。

我想，我必须引征一些杨荣国先生的意见，他代表了一个特定时代的御用哲学家的意见。他是"十年浩劫"中几乎仅有的一个受青睐的中国哲学史家。他的《简明中国哲学史》（1973年，人民出版社）可以代表他的观点。在这一部书中，杨荣国教授对与"天人合一"思想有关的古代哲学家一竿子批到底。他认为孔子"要挽救奴隶制的危亡，妄图阻止人民的反抗"（页25）。孔子的"政治立场的保守，决定他有落后、反动的一面"（同上）。对子思和孟子则说，"力图挽救种族统治、把孔子天命思想进一步主观观念化的唯心主义哲学"（页29）。"孟子鼓吹超阶级的性善论"（页34）。"由于孟子是站在反动的奴隶主立场，是反对社会向前发展的，所以他的历史观必然走上唯心主义的历史宿命论"（页35）。"由是孔孟之道更加成为奴役劳动人民的精神枷锁。要彻底砸烂这些精神枷锁，必须批判孔孟哲学，并肃清其流毒和影响"（页37）。下面对董仲舒（页74—84），对周敦颐（页165—169），对程颐（页171—177），对朱熹（页191—198）等等，所使用的词句都差不多，我不一一具引了。这同平常我们所赞同的批判继承的做法，不大调和。但是它确实代表了一个特定时期的思潮，读者不可不知，所以我引征如上。

最后，我想着重介绍当代国学大师钱穆（宾四）先生对"天人合一"思想的看法。

钱宾四先生活到将近百岁才去世。他一生勤勤恳恳，笔耕不辍，他真正不折不扣地做到了"著作等身"，对国学研究做出了极其重要的贡献。他涉猎方面极广，但以中国古代思想史为轴心。因此，在他漫长的一生中，在他那些大大小小长长短短的著述中，很多地方都谈到了"天人合一"。我不可能一一列举。我想选他的一种早期的著作，稍加申述；然后再选他逝世前不久写成的他最后一篇文章。两个地方都讲到"天人合一"；但是他对这个命题的评价却迥乎不同。我认为，这一件事情有极其重要的含义。一个像钱宾四先生这样的国学大师，在漫长的生命中，对这个命题最后达到的认识，实在是值得我们非常重视的。

我先介绍他早期的认识。

宾四先生著的《中国思想史》（《现代国民基本知识丛书》第一辑）中说：

> 中国思想，有与西方态度极相异处，乃在其不主向外觅理，而认真理即内在于人生界之本身，仅指其在人生界中之普遍者共同者而言，此可谓之内向觅理。

书中又说：

> 中国思想，则认为天地中有万物，万物中有人类，人类中有我。由我而言，我不啻为人类中心，人类不啻为天地万物之中心，而我又为其中心之中心。而我之与人群与物与天，寻本而言，则浑然一体，既非相对，亦非绝对。

在这里，宾四先生对"天人合一"的思想没有加任何评价。大概他还没有感觉到这个思想有什么了不起之处。

但是，过了几十年以后，宾四先生在他一生最后的一篇文章《中国文化对人类未来可有的贡献》（载刘梦溪主编的《中国文化》，1991年8月第四期，页93—96）中，对"天人合一"这个命题有了全新的认识。文章不长，《中国文化》系专门学术刊物又不大容易见到，我索性把全文抄在下面：

> 〔前言〕中国文化中，"天人合一"观，虽是我早年已屡次讲到，惟到最近始澈悟此一观念实是整个中国传统文化思想之归宿处。去年九月，我赴港参加新亚书院创校四十周年庆典，因行动不便，在港数日，常留旅社中，因有所感而思及此。数日中，专一玩味此一观念，

而有激悟，心中快慰，难以言述。我深信中国文化对世界人类未来求生存之贡献，主要亦即在此。惜余已年老体衰，思维迟钝，无力对此大体悟再作阐发，惟待后来者之继起努力。今适中华书局建立八十周年庆，索稿于余，姑将此感写出，以为祝贺。

中国文化过去最伟大的贡献，在于对"天""人"关系的研究。中国人喜欢把"天"与"人"配合着讲。我曾说"天人合一"论，是中国文化对人类最大的贡献。

从来世界人类最初碰到的困难问题，便是有关天的问题。我曾读过几本西方欧洲古人所讲有关"天"的学术性的书，真不知从何讲起。西方人喜欢把"天"与"人"离开分别来讲。换句话说，他们是离开了人来讲天。这一观念的发展，在今天，科学愈发达，愈易显出它对人类生存的不良影响。

中国人是把"天"与"人"和合起来看。中国人认为"天命"就表露在"人生"上。离开"人生"，也就无从来讲"天命"。离开"天命"，也就无从来讲"人生"。所以中国古人认为"人生"与"天命"最高贵最伟大处，便在能把他们两者和合为一。离开了人，又从何处来证明有天。所以中国古人，认为一切人文演进都顺从天道来。违背了天命，即无人文可言。"天命""人生"和合为一，这一观念，中国古人早有认识。我以为"天人合一"观，是中国古代文化最古老最有贡献的一种主张。

西方人常把"天命"与"人生"划分为二，他们认为人生之外别有天命，显然是把"天命"与"人生"分作两个层次，两个场面来讲。如此乃是天命，如此乃是人生。"天命"与"人生"分别各有所归。此一观念影响所及，则天命不知其所命，人生亦不知其所生，两截分开，便各失却其本义。决不如古代中国人之"天人合一"论，能得宇宙人生会通合一之真相。

所以西方文化显然需要另有天命的宗教信仰，来作他们讨论人生的前提。而中国文化，既认为"天命"与"人生"同归一贯，并不再有分别，所以中国古代文化起源，亦不再需有像西方古代人的宗教信仰。在中国思想中，"天""人"两者间，并无"隐""现"分别。除却"人生"，你又何处来讲"天命"。这种观念，除中国古人外，亦为全世界其他人类所少有。

我常想，现代人如果要想写一部讨论中国古代文化思想的书，莫如先写一本中国古代人的天文观，或写一部中国古代人的天文学，或人生学。总之，中国古代人，可称为抱有一种"天即是人，人即是天，一切人生尽是天命的天人合一观"。这一观念，亦可说即是古代中国人生的一种宗教信仰，这同时也即是古代中国人主要的人生观，亦即是其天文观。如果我们今天亦要效法西方人，强要把"天文"与"人生"分别来看，那就无从去了解中国古代人的思想了。

即如孔子的一生，便全由天命，细读《论语》便知。子曰："五十而知天命"，"天生德于予"。又曰："知我者，其天乎！""获罪于天，无所祷也。"倘孔子一生全可由孔子自己一人作主宰，不关天命，则孔子的天命和他的人生便分为二。离开天命，专论孔子个人的私生活，则孔子一生的意义与价值就减少了。就此而言，孔子的人生即是天命，天命也即是人生，双方意义价值无穷。换言之，亦可说，人生离去了天命，便全无意义价值可言。但孔子的私生活可以这样讲，别人不能。这一观念，在中国乃由孔子以后战国时代的诸子百家所阐扬。

读《庄子·齐物论》，便知天之所生谓之物。人生亦为万物之一。人生之所以异于万物者，即在其能独近于天命，能与天命最相合一，所以说"天人合一"。此义宏深，又岂是人生于天命相离远者所能知。果使人生离于天命远，则人生亦同于万物与万物无大相异，亦无足贵矣。故就人生论之，人生最大目标、最高宗旨，即在能发明天命。孔子为儒家所奉称最知天命者，其他自颜渊以下，其人品德性之高下，即各以其离于天命远近为分别。这是中国古代论人生之最高宗旨，后代人亦与此不远。这可以说是我中华民族论学分别之大体所在。

近百年来，世界人类文化所宗，可说全在欧洲。最近五十年，欧洲文化近于衰落，此下不能再为世界人类文化向往之宗主。所以可说，最近乃是人类文化之衰落期。此下世界文化又将何所向往？这是今天我们人类最值得重视的现实问题。

以过去世界文化之兴衰大略言之，西方文化一衰则不易再兴，而中国文化则屡仆屡起，故能绵延数千年不断。这可说，因于中国传统文化精神，自古以来即能注意到不违背天，不违背自然，且又能与天命自然融合一体。我以为此下世界文化之归结，恐必将以中国传统文化为宗主。此事涵义广大，非本篇短文所能及，暂不深论。

今仅举"天下"二字来说，中国人最喜言"天下"。"天下"二字，包容广大，其涵义即有，使全世界人类文化融合为一，各民族和平并存，人文自然相互调适之义。其他亦可据此推想。

我抄了宾四先生的全文。此文写于1990年5月。全抄的目的无非是想让读者得窥全豹。我不敢擅自加以删节，恐失真相。

我们把宾四先生早期和晚期的两篇著作一对比便发现，他晚年的这一篇著作，对"天人合一"的认识大大地改变了。他自己使用"澈悟"这个词，有点像佛教的"顿悟"。他自己称此为"大体悟"，说这"是中国文化对人类最大的贡献"，又说"此事涵义广大"，看样子他认为这是一件了不起的事。我们当然都非常希望知道，这"澈悟"的内容究竟是什么。可惜他写此文以后不久就谢世，这将成为一个永恒的谜。宾四先生毕生用力探索中国文化之精髓。积80年之经验，对此问题必有精辟的见解，可惜我们永远也不会知道了。

他在此文中一再讲"人类生存"。他讲得比较明确："天"就是"天命"；"人"就是"人生"。这同我对"天""人"的理解不大一样。但是，他又讲到"不违背天，不违背自然"，把"天"与"自然"等同，又似乎同我的理解差不多。他讲到中国文化与西方文化，认为"欧洲文化近于衰落"，将来世界文化"必将以中国传统文化为宗主"。这一点也同我的想法差不多。

宾四先生往矣。我不揣谫陋，谈一谈我自己对"天人合一"的看法，希望对读者有那么一点用处，并就正于有道。我完全同意宾四先生对这个命题的评价：涵义深远，意义重大。我在这里只想先提出一点来：正如我在上面谈到的，我不把"天"理解为"天命"，也不把"人"理解为"人生"；我认为"天"就是大自然，"人"就是我们人类。天人关系是人与自然的关系。看来在这一点上我同宾四先生意见是不一样的。

我怎样来解释"天人合一"呢？

话要说得远一点，否则不易说清楚。

最近四五年以来，我以一个哲学门外汉的身份，有点不务正业，经常思考一些东西方文化关系问题，思考与宾四先生提出的"此下世界文化又将何所向往"相似的问题。我先在此声明一句：我并不是受到宾四先生的启发才思考的，因为我开始思考远在他的文章写成以前。只能说是"不谋而合"吧。我曾在许多文章中表达了我的想法，在许多国际学术研讨会上，我也发表了一些讲话。由最初比较模糊，比较简单，比较凌乱，比较浅薄，进而逐渐深化，逐渐系统，颇得到国内外一些真正的行家的赞许。我甚至收到了从西班牙属的一个岛上寄来的表示同意的信。

那么，我是如何思考的呢？

详细的介绍，此非其地。我只能十分简略地介绍一下。我从人类文化产生多元论出发，我认为，世界上每一个民族，不管大小，都或多或少地对人类文化做出了贡献。自从人类有历史以来，共形成了四个文化体系：

一、中国文化

二、印度文化

三、从古代希伯来起经过古代埃及、巴比伦以至伊斯兰阿拉伯文化的闪族文化

四、肇端于古代希腊、罗马的西方文化

这四个文化体系又可以划分为两大文化体系：东方文化和西方文化。前三者属于东方文化，第四个属于西方文化。两大文化体系的关系是：三十年河西，三十年河东。

东西两大文化体系的区别，随处可见。它既表现在物质文化上，也表现在精神文化上。具体的例子不胜枚举。但是，我个人认为，两大文化体系的根本区别来源于思维模式之不同。这一点我在上面已经提到过：东方的思维模式是综合的，西方的思维模式是分析的。勉强打一个比方，我们可以说：西方是"一分为二"，而东方则是"合二而一"。再用一个更通俗的说法来表达一下：西方是"头痛医头，脚痛医脚"，"只见树木，不见森林"，而东方则是"头痛医脚，脚痛医头"，"既见树木，又见森林"。说得再抽象一点：东方综合思维模式的特点是，整体概念，普遍联系；而西方分析思维模式则正相反。

现在我回到本题。"天人合一"这个命题正是东方综合思维模式的最高最完整的体现。

我在上面已经说到，我理解的"天人合一"是讲人与大自然合一。我现在就根据这个理解对人与自然的关系进行一些分析。

人，同其他动物一样，本来也是包括在大自然之内的。但是，自从人变成了"万物之灵"以后，顿觉自己的身价高了起来，要闹一点"独立性"，想同自然对立，要平起平坐了。这

样才产生出来了人与自然的关系。

人类在成为"万物之灵"之前或之后，一切生活必需品都必须取给于大自然，衣、食、住、行，莫不皆然。人离开了自然提供的这些东西，一刻也活不下去。由此可见人与自然关系之密切、之重要。怎样来处理好人与自然的关系，就是至关重要的了。

据我个人的观察与思考，在处理人与自然的关系方面，东方文化与西方文化是迥乎不同的，夸大一点简直可以说是根本对立的。西方的指导思想是征服自然；东方的主导思想，由于其基础是综合的模式，主张与自然万物浑然一体。西方向大自然穷追猛打，暴烈索取。在一段时间以内，看来似乎是成功的：大自然被迫勉强满足了他们的生活的物质需求，他们的日子越过越红火。他们有点忘乎所以，飘飘然昏昏然自命为"天之骄子"，"地球的主宰"了。东方人对大自然的态度是同自然交朋友，了解自然，认识自然；在这个基础上再向自然有所索取。"天人合一"这个命题，就是这种态度在哲学上的凝炼的表述。东方文化曾在人类历史上占过上风，起过导向作用，这就是我所说的"三十年河东"。后来由于种种原因，时移势迁，沧海桑田，西方文化取而代之。钱宾四先生所说的："近百年来，世界人类文化所宗，可说全在欧洲。"这就是我所说的"三十年河西"。世界形势的发展就是如此，不承认是不行的。

东方文化基础的综合的思维模式，承认整体概念和普遍联系，表现在人与自然的关系上就是人与自然为一整体，人与其他动物都包括在这个整体之中。人不能把其他动物都视为敌人，要征服它们。人吃一些动物的肉，实在是不得已而为之。从古至今，东方的一些宗教，比如佛教，就反对杀牲，反对肉食。中国固有的思想中,对鸟兽表示同情的表现,在在皆有。最著名的两句诗:"劝君莫打三春鸟,子在巢中待母归。"是众所周知的。这种对鸟兽表示出来的怜悯与同情,十分感人。西方诗中是难以找到的。孟子的话"恻隐之心人皆有之",也表现了同一种感情。

东西方的区别就是如此突出。在西方文化风靡世界的几百年中,在尖刻的分析思维模式指导下,西方人贯彻了征服自然的方针。结果怎样呢?有目共睹,后果严重。对人类的得寸进尺永不餍足的需求,大自然的忍耐程度并非无限,而是有限度的。在限度以内,它能够满足人类的某一些索取。过了这个限度,则会对人类加以惩罚,有时候是残酷的惩罚。即使是中国,在我们冲昏了头脑的时候,大量毁林造田,产生的后果,人所共知:长江变成了黄河,洪水猖獗肆虐。

从全世界范围来看,在西方文化主宰下,生态平衡遭到破坏,酸雨到处横行,淡水资源匮乏,大气受到污染,臭氧层遭到破坏,海、洋、湖、河、江遭到污染,一些生物灭种,新的疾病冒出等等,威胁着人类的未来发展,甚至人类的生存。这些灾害如果不能克制,则用不到一百年,人类势将无法生存下去。这些弊害目前已经清清楚楚地摆在我们眼前,哪一个人敢说这是危言耸听呢?

现在全世界的明智之士都已痛感问题之严重。但是却不一定有很多人把这些弊害同西方文化挂上钩。然而,照我的看法,这些东西非同西方文化挂上钩不行。西方的有识之士,从本世纪20年代起直到最近,已经感到西方文化行将衰落。钱宾四先生说:"最近五十年,欧洲文化近于衰落。"他的忧虑同西方眼光远大的人如出一辙。这些意见同我想的几乎完全一样，我当然是同意的，虽然衰落的原因我同宾四先生以及西方人士的看法可能完全不相同的。

有没有挽救的办法呢？当然有的。依我看，办法就是以东方文化的综合思维模式济西方的分析思维模式之穷。人们首先要按照中国人、东方人的哲学思维，其中最主要的就是"天人合一"的思想，同大自然交朋友，彻底改恶向善，彻底改弦更张。只有这样，人类才能继续幸福地生存下去。我的意思并不是要铲除或消灭西方文化。不是的，完全不是的。那样做，是绝对愚蠢的，完全做不到的。西方文化迄今所获得的光辉成就，决不能抹煞。我的意思是，在西方文化已经达到的基础上，更上一层楼，把人类文化提高到一个前所未有的高度。"三十年河西，三十年河东"这个人类社会进化的规律能达到的目标，就是这样。

有一位语言学家讽刺我要"东化"。他似乎认为这是非圣无法大逆不道之举。愧我愚陋，我完全不理解：既然能搞"西化"，为什么就不能搞"东化"呢？

"风物长宜放眼量。"我们决不应妄自尊大。但是我们也不应妄自菲薄。我们不应当囿于积习，鼠目寸光，认为西方一切都好，我们自己一切都不行。这我期期以为不可。

多少年来，人们沸沸扬扬，义形于色，讨论为什么中国自然科学不行，大家七嘴八舌，争论不休，都认为这是一件事实，不用再加以证明。然而事情真是这样吗？我自己对自然科学所知不多，不敢妄加雌黄。我现在吁请大家读一读中国当代数学大家吴文俊先生的一篇文章：《关于研究数学在中国的历史与现状》（见《自然辩证法通讯》1990年第四期）。大家从中一定可以学习很多东西。

总之，我认为，中国文化和东方文化中有不少好东西，等待我们去研究，去探讨，去发扬光大。"天人合一"就属于这个范畴。我对"天人合一"这个重要的命题的"新解"，就是如此。

1992 年 11 月 22 日写毕

关于"天人合一"思想的再思考

今年春天，我在新创刊的《传统文化与现代化》杂志上发表了一篇论文《"天人合一"新解》（以下简称《新解》），阐述了我最近对东西文化关系的一些新的想法，大概仍然属于野狐谈禅之类。不意竟引起了很大反响（柴剑虹、向云驹等先生相告）。同时，我自己也进一步读了一些书。我并无意专门搜集这一方面的资料，资料好像是自己跃入我的眼中。一经看到，眼明心亮。我自己也有点吃惊：资料原来竟这样多呀！这些资料逼迫我进一步考虑这个问题。

我想到，东西文化关系的问题，是当前国内热门话题之一，国外也有类似倾向。最近一两年内，我曾多次参加国内和国际研究东西文化关系的学术研讨会。同声相求，同气相应，颇有一些意见相同者，窃以为慰。但是，兹事体大，决非一两个人，在一两年内，就能获得比较满意的解决的。因此，把我进一步考虑的结果以及新看到的一切资料，搜集起来，对《新解》加以补充，会是有益的。

这就是这篇论文产生的根源。

我的做法是，先补充一些资料，然后再分别介绍李慎之先生一篇文章和郑敏先生一篇文章。最后讲一点纳西族的哲学思想。

补 充

我在《新解》中引用了不少中国资料；但是对一个非常重要的人物，宋代的张载，却只提了一句，这无疑是一个很大的缺憾。张载是宣扬天人合一思想的最深刻最鲜明的代表，是万万遗漏不得的。我现在来弥补一下。

张载是宋代的理学大家之一。在遵照唯物主义和唯心主义斗争的条条框框写成的中国哲学史中，他一向被认为是唯物主义者。我对这种滥贴标签的、把哲学现象过分简单化的做法是不敢苟同的。这且不去说它。我现在引他一些话，补《新解》之不足。

天人合一思想在张载的著作中，到处都有表现。比如在《正蒙》中他说："爱必兼爱。"他又说："物无孤立之理"，意思就是，事事物物都互相联系。这同我多次提到的东方文化的特点：整体概念、普遍联系，是一个意思。表现天人合一思想最鲜明、最深刻的例子，是张载著名的《西铭》（后收入《正蒙》中）。《西铭》极短，我不妨全文抄出：

乾称父，坤称母；予兹藐焉，乃混然中处。故天地之塞，吾其体；天地之帅，吾其性。民吾同胞，物吾与也。大君者，吾父母宗子；其大臣，宗子之家相也。尊高年，所以长其长；慈孤弱，所以幼其（吾）幼。圣其合德，贤其秀也。凡天下疲癃残疾、惸独鳏寡，皆吾兄弟之颠连而无告者也。于时保之，子之翼也；乐且不忧，纯乎孝者也。

张载就补充这样多。在当时，张载同程朱一派的理学家意见是不同的，甚至是矛盾的。但是对张载这种鲜明的天人合一的思想，程朱也是赞赏的。可见这种思想，在中国哲学史上，是深入人心的。

现在我想补充一点关于日本的资料。日本深受中国宋明理学的影响，对于天人合一的思想并不陌生。这一点在讲日本思想史的书中，在许多中国学家的著作中，很容易可以找到，无需我再加以详细论列。前不久，我接到日本神户大学教授、哲学和日本学专家仓泽行洋博士的新著《東洋と西洋》，其中有的地方讲到天人合一：第一章，"世界観の東西"，"13. 衆生本来佛"；"14. 万物我と一体"。我请人①把14译为汉文，附在这里，以供参考：

14. 万物与我一体

这样，在佛教中认为人与万物并无差别，同为佛，实质上同为一物。当然，我们即使不以佛作为依据，在其他许多地方也同样可以发现人与万物本质上完全相同。

譬如，在印度有一种古老的哲学，叫"奥义书"。这种哲学出现在佛教尚未形成之时。奥义书哲学的根本理念、根本思想就是 ātman 与 brahman 同一。ātman 就是自我的本质、我的实体。brahman 就是宇宙的原理，译为"梵"。这里就是讲我与梵，自我的本体与宇宙的原理是相同之物。日本明治时代的某位学者把它称为"梵我一如"。奥义书思想之本就在于"梵我一如"。这

---

① 北京大学东方学系于荣胜同志，谨向他表示谢意。

是一个十分出色的表现。"梵我一如"也是我、人与人以外的万物完全相同的另一种讲法。

另外，还有一种十分简洁、十分明确的说法，这就是"天地与我同根，万物与我一体"。这句话出自中国的一本古书《碧岩录》。此句的意义，我想是不说自明的。

与此十分相似的还有《庄子》中的一句话："天地与我并生，而万物与我为一。"

《庄子》中还有这样一句话："万物皆一，万物一齐。"此处的万物中包含着人类。包括人类在内的万物从本质上看都是相同的。"万物一齐"的"一齐"就是相同、相等之意，所以就等于说万物毫无例外都是平等的。

此类例子不胜枚举。[1]

现在补充一点关于朝鲜的资料。

朝鲜有比较悠长的哲学发展的历史，一方面有自己本土的哲学思想，另一方面又受到了邻国中国哲学思想的影响。中国儒家思想在三国时期已传入朝鲜，儒家的天命观影响了朝鲜思想。到了高丽末李朝初期，宋代程朱之学传入。作为宋代理学基础的"天人合一"思想，也在朝鲜占了上风。在这时期出现了一批程朱理学的代表人物，比如李穑（1328年—1396年）、郑梦周（1337年—1392年）、郑道传（1337年—1398年）等等，在他们的学说中，都有一些关于天地万物之理的论述；但是，明确提出"天人合一"思想的是权近（1352年—1409年）。他用图表来解释哲学思想，其中最重要的是"天人心性合一之

---

[1] 仓泽行洋《东洋と西洋》，日本大阪东方出版社，1992年，页52—54。

图",他把这张图摆在所有图的最前面,以表示其重要性。他反对天人相胜论。他说:

> 就人心性上,以明理气善恶之殊,以示学者　人兽草木千形万状,各正性命者,皆自一太极中流出。故万物各具一理,万理同出一源,一草一木各一太极,而天下无性外之物,故中庸言,能尽其性,则能尽人之性,能尽物之性,而可以赞天地之化育,呜呼,至哉。

权近又提出了天人相类相通的学说,他说:

> 盖天地万物,本同一体,故人之心正,则天地之心亦正;人之气顺,则天地之气亦顺。是天地之有灾祥,良由人事之有得失也。人事得,则灾祥顺其常;人事失,则灾祥反其正。

他还说:

> 人众胜天,天定亦能胜人。天人之际,虽交相为胜,然人之胜天,可暂而不可常;天之胜人,愈久而愈定也。故淫者必不能保其终,而善者必有庆于后矣。

李朝前半期的哲学思想,以及那以后的哲学思想,仍然或多或少地呈现出"天人合一"的色彩[①]。因此我们可以说,这种

---

① 以上的叙述根据朱红星、李洪淳、朱七星《朝鲜哲学思想史》,延边人民出版社,1989年。

东方特有的"天人合一"的思想，在朝鲜哲学史上也是比较明确的。

补充就这样多。

在《"天人合一"新解》里，我论述了中国和印度的天人合一的思想。现在，我又补充了日本和朝鲜（韩国）的天人合一的思想。东方几个有代表性的国家，我都谈到了。因此，我说，天人合一的思想，是东方文明的主导思想，应该说是有坚实可靠的根据的。

我在下面介绍两篇文章，第一篇是李慎之教授的《中国哲学的精神》[①]。

在进入正文之前，我想先讲一点琐事，也可以算是"花絮"吧。

我最初并不认识李慎之先生。只在中国国际交流协会的理事会上见过几次面。我认为他不过是一个外交官，一个从事国际活动的专家，给我没有留下多么深刻的印象。前几年，台湾的星云大师率领庞大的僧尼代表团，来大陆访问。赵朴老在人民大会堂设素斋招待。排座位，我适与他邻座。既然邻座，必然要交谈。谈了没有几个回合，我心里就大吃一惊，我惊其博学，惊其多识，我暗自思忖："这个人看来必须另眼相看了。"

《吴宓与陈寅恪》一书出版，在懂行者的人们中，颇引起一点轰动。报刊杂志上刊出了几篇文章，从不同的角度上对陈吴二师的思想学术和交谊，做了一些探讨，极有见地，相当深刻，发潜德之幽光，使二师的真相逐渐大白于天下，我心中窃以为慰。

---

① 《传统文化与现代化》，1993年第2期，页3—11。

有一天，见到李先生。他告诉我，他看到我为那一本书题的封面，我在书名之外写上了"弟子季羡林敬署"。这本是一件微末不足道的小事，他却大为感慨。我小时候练习过毛笔字，后来长期在国外，毛笔不沾手者十有余年。我自知之明颇有一点，自知书法庸陋，从不敢以书法家自命。不意近若干年以来，竟屡屡有人找我写这写那。初颇惶恐觳觫，竭力抗拒。人称谦虚，我实愧怩。于是横下了一条心："你不嫌丑，我就不脸红！"从而来者不拒，大写起来。但是，《吴宓与陈寅恪》却不属于这个范畴。为两位恩师的书题写书名，是极大的光荣。题上"弟子"字样，稍寓结草衔环之意。这一切都是在有意与无意之间进行的。然而慎之却于其中体会出深文奥义，感叹当今世态浇漓，师道不尊，"十年浩劫"期间，学生以打老师为光荣，而今竟有我这样的傻子、呆子，花岗岩的老脑袋瓜，仍遵古道，自署"弟子"。他在慨叹之余，提笔写了一篇关于《吴宓与陈寅恪》一书的文章，寄了给我。不知何故，没能收到。他又把文章复制了一份，重新付邮，并附短札一通。文章的名字叫《守死善道　强哉矫》，副标题是"读《吴宓与陈寅恪》"。信与文章都是一流的。我现在先把信抄在下面：

季先生：

　　拙文于六月底草成后即寄上请正。既然没有收到，就再次挂号寄上。

　　上次信中，还写了一些对陈吴两先（生）表示钦仰的话，并且希望两先生的老节能为中国知识分子之操守立一标准。这次就都不说了。只是仍然深感自己才力薄弱，不足以发两先生的潜德幽光，滋有愧耳。

专此即颂

秋安

李慎之　1992年中秋夜

看了这封信，我相信，读者会认为我抄它是应该的。至于那一篇文章，我力劝他发表，现已在《瞭望》1992年第42期上刊出。我劝对陈吴两师有意研究了解者务必一读。我认为这是一篇难得的好文章，有见解，有气势，有感情，有认识；对两先生毕生忠于自己的信念，不侮食自矜，不曲学阿世，给予了最高的评价；对两先生生死全交终生不渝的友谊给予了最高的赞美。文章说："陈先生的悲剧并不在他的守旧而正在于他的超前，这就是所谓'先觉有常刑'。"真可以掷地作金石声！

这就是我认识李慎之的经过，这就是我认识的李慎之。

这"花絮"实在有点太长了。但是，我相信，读者读了以后，或许还有人认为，它还应该再长一点。

现在来介绍《中国哲学的精神》。

按照平常的做法，我应当先对本文加以概述，然后选取某些点加以详细评论，或赞同，或否定，或誉，或毁，个人的看法当然也要提到，于是一篇文章便大功告成。我现在不想这样办。我觉得，这样办虽符合新八股的规律，然而却是"可怜无补费精神"。大家不是常说"求同存异"吗？我想反其道而行之，来一个"求异存同"，并非想标新立异，实不得不尔耳。

说到"求异存同"，我又不得不罗嗦几句。李慎之先生在《守死善道　强哉矫》那一篇文章里引用了古人的话："朋友，以义合者也。"我认为，这是涵义深刻的一句话。但是，什么叫"义"呢？韩文公说："行而宜之之谓义。"这仍然是"妻者，齐也"同音相训的老套。我个人觉得，"义"起码包含着肝胆相照这样一层意思，就是说，朋友之间不说假话，要讲真实的话。慎之做到了这一点，我现在努力步其后尘。

在这个思想的指导下，我介绍《中国哲学的精神》一文，不谈本文，只谈《后记》。慎之说："我过去看到季先生一些短篇论东西文化的文章，总以为他的思想与我大相径庭。这次看到他的长篇论述，才发觉我们的看法原来高度一致。"（原文页10，第二栏）这对我无疑是一个极大的鼓舞，给了我极大的安慰。关于"高度一致"的地方，我就不再谈了。我现在专谈"高度不一致"的地方。

这样的地方我归纳为以下三点，分别谈谈我的意见。

一、西方科学技术的副作用问题

李慎之先生说："季先生似乎对西方科学技术的副作用看得多了一点。"可我自己觉得，我看得不是太多，而是太少。关于这个问题，我并不是先知先觉。西方有识之士早已看到了，而且提出了警告。不但今天是这样，而且在一百多年以前已经有人提出来了。下面介绍郑敏教授的文章时，我还将谈论这个问题。这里就暂且不谈了。

前几天，我在香山召开的"东方伦理道德与青少年教育国际研讨会"上听到一位女士说，她最近读了一本外国某专家的书，书中列举了大量类似我在《新解》中所指出的西方科技产生出来的弊害，有说明，有理论，他最后的结论是：到了21世纪末，人类就到了"末日"，实在让人惊心动魄。我还没有像他那样悲观,原因大概就是因为我并非科技专家,也非社会学家。我所能看到的并且列举出来的弊害,并不全面。虽然我在列举弊害时,往往在最后加上"等等",甚至两个"等等"这样的字样,看来是胸有成竹,种种弊害罗列心头,唾手可得。实际上是英雄欺人,是我耍的一种手法。我限于能力,再也列举不出更多更具体更有力的证据了。

但是,就拿我所能列举出来的弊害来看,这些都是确确实实存在着的,而且还日益发展蔓延。这决不是我个人的幻想,而是有目共睹的。可怜当今世界上那些有权势的能在这方面有所作为的大人物,对这些问题视而不见,懵懵懂懂,如在梦中,仍然在争名于朝、争利于市,自我感觉极端良好哩。

慎之在《后记》中又提到:"去年六月讨论环境问题的全球首脑会议前夕,有一批当今世界上在各种学科居于领导地位的科学家特地写信给首脑会议发出呼吁,认为只有发展科学,发展技术,发展经济,才有可能最后解决环境问题。决不能为保护环境而抑制发展,否则将两俱无成。我是赞成他们的意见的。"①直白地说,我是不赞成他们的意见的,我期期以为不可。为了保护环境决不能抑制科学的发展、技术的发展和经济的发展,这个大前提绝对是正确的。不这样做是笨伯,是傻瓜。但是,处理这个问题,脑筋里必须先有一根弦,先有一个必不可缺的指导思想,而这个指导思想只能是东方的"天人合一"的思想。否则就会像是被剪掉了触角的蚂蚁,不知道往哪里走。从发展的最初一刻起(from the very beginning),就应当在这种思想的指引下,念念不忘过去的惨痛教训,想方设法,挖空心思,尽上最大的努力,对弊害加以抑制,决不允许空喊:"发

---

① 《传统文化与现代化》,1993年第2期,页10—11。

展！发展！发展！"高枕无忧，掉以轻心，梦想有朝一日科学会自己找出办法，挫败弊害。常言道："道高一尺，魔高一丈。"到了那时，魔已经无法控制，而人类前途危矣。中国旧小说中常讲到龙虎山张天师打开魔罐，放出群魔，到了后来，群魔乱舞，张天师也束手无策了。最聪明最有远见的办法是向观音菩萨学习，放手让本领通天的孙悟空去帮助唐僧取经。但同时又把一个箍套在猴子头上，把紧箍咒教给唐僧。这样可以两全其美。真无愧是大慈大悲的观世音。西方科学家们决不能望其项背。他们那一套"科学主义"是绝对靠不住的。事实早已证明了：科学决非万能。

二、东西方文化融合的问题

李慎之先生说："事实上，人类已经到了全球化的时代，各种文化的融和已经开始了。"①

笼统地说，我是同意这个看法的。因为，文化一经产生并且发展到了一定的程度，就会融合；而只有不同的文化的融合才能产生更高一层的文化。历史事实就是如此。

在这里，关键问题是"怎样融合"？也就是慎之所说的"如何"（how）的问题。这也就是我同他分歧之所在。他的论点看样子是东西文化对等地融合，不分高下，不分主次，像是酒同水融合一样，你中有我，我中有你，平起平坐，不分彼此。这当然是很理想的，很美妙的。

但是，我却认为，这样的融合是不能解决问题的，倒不是因为我们要争一口气。融合必须是不对等的，必须以东方文化

---

① 见《辨同异 合东西》。

为主。

这不是有点太霸道了，太不讲理了吗？为了说明这个问题，话必须扯得远一点。

英国历史学家汤因比（Toynbee）在他的巨著《历史研究》(*Historical Studies*)中，把人类在几千年的历史上所创造的文明归纳为23种或26种。意思就是说，任何文明都不能万岁千秋，永存不朽。这个观点是符合人类历史发展情况的。我归纳了一下，认为人类的文明或者文化大体上有五个阶段：诞生，成长，繁荣，衰竭，消逝。这种消逝不是毫不留踪迹地消失了，而是留有踪迹的，踪迹就存在于接它的班的文化中。这其实也是一种文化融合；但却不是对等的，而是有主有从的。

我们现在所说西方文化，是指汇合了古代希腊文化和希伯来文化而发展下来的欧美文化。其思想基础是分析的思维模式。其繁荣期是在工业革命以后，与资本主义的诞生有密切联系。这个文化把人类文化的发展推向一个空前的高度，创造的物质财富使全人类皆蒙其利，无远弗届。这一点无论如何也要强调的。但是，中外少数有识之士，已经感到，到了今天，这个文化已呈强弩之末之势。它那分析的特点碰到了困难，一些西方的物理学家提出了"夸克封闭"的理论。我于此是一个完全的外行，不敢赞一辞。即使是还能分析下去，也决不能说永远能分析下去。那种"万世不竭"的想法，恐怕只是一种空想。反正一向自认为已经抓到了真理，无所不适、无所不能的自然科学家并不能解决或者解释自然界和人类躯体上的一切问题，这已经是有目共睹的了。

西方文化衰竭了以后怎样呢？我的看法是：自有东方文化在。

可是，李慎之先生在这里又提出了问题。他在《辨同异 合东西》这一篇发言里说："首先是，所谓东方与西方文化究竟何所指，就很难弄清楚。"这话自有其道理。一直到今天，主张东西文化有别的人还没有哪一个能够条分缕析地，翔实而又确凿地，令人完全信服地说出个道理来。这有待于我们进一步地思考与研究。但是决不能因噎废食，就说东西文化分不清楚了。世界上万事万物，没有哪一个是绝对地纯的。连"真空"也不是百分之百地"真"。自其大者而言之，东西文化确有差别，而且差别极为明显，这一点无法否认。人类创造的文化很多，但是从总体上来看，可以分为东西两大文化体系。人类的思维模式，尽管名目繁多；但是从总体上来看也只能分为两大体系：综合的思维模式与分析的思维模式。这与东西两大文化体系适相对应。我在上面已经谈到，西方文化决不能万岁千秋，西方的科学技术也决非万能。自然界和人体内许多现象，西方科技无法解释。比如人体特异功能、中国的气功，还有中国傩文化中的一些现象，按照西方自然科学的规律是无法说得通的。把这些东西过分夸大，说得神乎其神，我并不相信；但是这种现象确实存在，又无法否认。

怎样来解释这些现象呢？西方的科学技术已经无能为力，也就是说，西方以分析思维模式为主导的探讨问题的方式已经无能为力了。换一个方式试试看怎样呢？在这里，alternative只有东方文化，只有以综合思维模式为主导的东方探讨问题的方式。实迫处此，不得不尔。一个人的个人爱好在这里是无能为力的。

东西方文化的差别表现在众多的地方。原来我以为只有在社会科学和人文科学方面是这样的。后来我读了一些书和文章，才知道区别并不限于上述两种科学，连自然科学也不例外。给我启发最大的两篇文章，一篇是吴文俊教授的《关于研究数学在中国的历史与现状》，副标题是"东方数学典籍《九章算术》及其刘徽注研究序言"，发表在《自然辩证法通讯》，第12卷，总68期，1990年第四期，页37—39上。第二篇是关士续先生的《科学历史的辩证法与辩证唯物主义的历史观》，副标题是"由吴文俊教授一篇序言引起的思考和讨论"，发表在《自然辩证法研究》，1991年第5期，页27—31上。两位作者都根本不是讨论东西方文化的问题；然而对探讨这两种文化之差别是有非常深刻的启发意义。我郑重推荐给对这个问题有兴趣的同行们读一读。

话扯得有点太远了，是收回来的时候了。话虽然多，但我深信并不是废话。看了这些话以后，读者自然就能明白，我理解的东西文化融合与慎之理解的大相径庭。我理解的不是对等的融合，而是两个文化发展阶段前后衔接的融合，而是必以一方为主的融合，就是"东风压倒西风"吧。试问一个以综合思维为基础的文化怎样能同一个以分析思维为基础的文化对等地融合呢？那样产生出来的究竟会是一种什么样的文化呢？

这里有一个十分关键的问题，必须加以解决，否则的话，我上面的那一些论证都成了肥皂泡，一吹就破。这就是：中国文化，或者泛而言之的东方文化，也已有了若干千年的历史，难道这个文化就不受我在上面提出来的文化发展的五个阶段的制约吗？难道在这里必须给东方文化以"特权"吗？否，否，东方文化也必须受那五个阶段的制约。在规律面前，方方平等。我拿中国文化作一个例子来解释一下这个问题。汤因比在他的书中曾把中国文化分为几个文明。其说能否成立，姑置不论。但是中国文化作为一个整体,在几千年的发展过程中,有过几次"输液"或者甚至"换血"的过程。印度佛教思想传入中国,是第一次"输液"。明清之际西方思想传入,是第二次"输液"。五四运动也可以算是第三次"输液"。有这样几次"输液"的过程,中国文化才得以葆其青春。这样的"输液",西方文化是不明显的。工业革命以后的繁荣阶段,更是根本没有。这是东西方文化最显著的区别之一。

基于上述理由,我不能同意慎之的意见。

三、"三十年河东,三十年河西"的问题

这个问题在上面二里实际上已经解决了。但是,慎之在《后记》里十分强调说:"季先生所提出的'三十年河东,三十年河西'论,是我最不能同意的。"因此,我觉得还有必要,再唠叨上几句。

这个问题,与其说是一个理论(慎之的"论"),毋宁说它是一个历史事实。既然在人类历史上有过许多文化或者文明,生生灭灭,变动不已,从广义上来看,这就是"三十年河东,三十年河西"。把范围缩小一点,缩为东西两大文化体系,情况稍有不同。在这里,历史上曾有过"三十年河东",现在正是"三十年河西",是否能再一个"三十年河东",这就有点理论味道了,因为历史还没有证明其"是"与"否"。我认为是"是",理由上面二里已经陈述过了。至于究竟如何,那就有待于历史的证明。黑格尔用正—反—合这个公式说明事物发展规律。我觉得,在东西文化的关系上应该是正—反—正。但是我对于理论不是内行,提出来求教于通人。

写到这里，我想起了一个古老的笑话，是关于两个近视眼看匾的，内容大家都知道的。我同慎之以及其他先生讨论的问题，等于还没拿出来的那一块匾。这样的问题只有历史的发展能最终解决，理论不管多么完美，多么奇妙，在没有被事实证明以前，都只能说是空想。因此，我对这个问题的考虑就到此为止，今后不想再写21世纪"畅想曲"了。这个问题留给文学家，留给诗人去处理吧。

下面介绍第二篇文章：郑敏教授的《诗歌与科学：世纪末重读雪莱〈诗辩〉的震动与困惑》①。雪莱（1792年—1822年）这一篇文章是一篇极为重要的文章，真正闪耀着"天才的火花"。西人有言："诗人是预言家"，这话极有见地。诗人大概比我在上面提到的看（猜）匾的近视眼要高明得多多了。郑敏先生又以自己诗人的敏感写出了重读这篇文章的震动与困惑，极具有启发性。这与我在《新解》中提出的看法几乎完全符合。我不禁有点沾沾自喜了。

我在下面就郑敏教授的文章谈几点意见。

一、雪莱预言工业发展的恶果

英国浪漫主义诗人雪莱以惊人的诗人的敏感，在西方工业发展正如火如荼地上升的时候，预先看到了它能产生的恶果。因为我自己没有读《诗辩》，我只能依靠郑敏先生的介绍，我还是抄一点她的文章吧：

---

① 《外国文学评论》，1993年第一期，页45—51。

在他的感受里19世纪上半期的英国文化和人民的心态可谓病入膏肓。人们醉心于利用新兴的科学占领财富，一味放纵钻营的才能，而忽视心灵的培养。人们以机械的生产压制真正的创造性，而只有创造性才是真正的知识的源。在《诗辩》中雪莱指控工业革命将人们引上贪财、自私、愚昧的道路。①

郑敏先生接下去在下面又写道：

从17世纪到19世纪，西方文明在强大富裕的路上疾驰，价值观念经受强大的冲击，科技的惊人成就使得人文科学黯然失色。为积累财富所需的知识和理性活动成为文教界所重视的，而诗和想象力由于其无助于直接换取市场上的优势而受到忽视，前者雪莱称之为钻营的本领，诗人意识到物质的丰富并不必然促成文明自低向高发展。②

这些话对我们今天的中国也还有其借鉴的意义。我并不主张一切的财富积累都必须反对。那是某些宗教教派的信条，为我所不取。但在积累财富的同时不应该进行点精神文明方面的教育吗？

接下去，郑敏教授根据雪莱的预言列举了一些随着高科技在20世纪的发展而产生出来的"罪恶"：原子弹、艾滋病、民族仇恨的战火、森林的被破坏、海洋受污染、动物种类不断减

---

① 《外国文学评论》，1993年第一期，页45b。
② 《外国文学评论》，1993年第一期，页46a。

少、臭氧层遭破坏、吸毒的蔓延、国际贩毒活动猖狂、黑手党的暴力活动、灭绝种族的纳粹大屠杀、恐怖的夜间失踪、精神病院的黑暗等等。这同我在一些文章中列举的"弊端",大同而小异。真是触目惊心,令人不寒而栗。

二、雪莱开出的药方

上面列举的那一些现象,不管称之为什么,反正都是确确实实存在的,必须有解救的办法,必须有治这些病的药方。

根据郑先生的介绍,雪莱开出来的药方是诗与想象力,再加上一个爱。

根据郑先生的解释,"诗",在很多情况下指的是诗的功能。雪莱认为,诗是神圣的,它具有一种道德的威力,它能克服邪恶。"想象力",雪莱在《诗辩》中提出了它作为对物质崇拜和金钱专政相对抗的解毒剂。这种想象力的成分有柏拉图的理念、康德的先验主义,以及大量带有非理性(不是反理性)色彩的人文主义。在《诗辩》看来,那在富与高尚之间遗失的环节,就是想象力和诗。

雪莱医治人类创伤的另一剂良药就是"爱"。在《解放了的普罗米修斯》中,地下凶神德漠高更说爱这双有医疗功能的翅膀拥抱满目疮痍的世界。

总之,雪莱的浪漫主义想以爱来医治人的创伤,以想象力来开拓人的崇高,以诗来滋润久旱的土地。他的这一些想法,我们不见得都能接受。但是,这对我们会有很大的启发性,则是必须肯定的。

三、人与大自然的关系

一讲到爱，就会同人与大自然的关系挂上了钩。在这个问题上，郑敏教授有非常中肯的论述。我在下面抄一段她的话：

> 譬如当一部分人为了发财而疯狂的破坏自然时，诗心使得一些人抗议滥杀野生动物，破坏原始森林，破坏臭氧层。愈来愈多的人走出以"人"为中心的狭隘、愚昧的宇宙观，认识到自然并不是为人而存在的，反之，人若要存在下去，要了解自然、保护自然。盲目破坏自然环境，最终是要受到自然的惩罚。在工业的初期，人类兴奋于一些科技的发明而以为人类万能，自我膨胀 使人类在愚蠢的谋财过程大量伤害了自然，今天我们已看到人和自然间的文本的关系，人的存在因自然受伤也面临危机。①

这些意见同我在《新解》和其他文章中的意见完全一致。我们必须承认这些意见的正确。中国和东方一些国家自古以来的"天人合一"的思想，表达的正是这种思想和感情。拯救全人类灭亡的金丹灵药，雪莱提出来的是想象力、诗和爱，我们东方人提出来的是"天人合一"的思想，殊途同归，不必硬加轩轾。

---

① 《外国文学评论》，1993年第一期，页47b—48a。

四、西方向东方学习

写到这里，已经接近西方必须向东方学习的问题了。

关于这个问题，郑敏先生介绍了一些情况。她说，随着西方社会走向后工业化时代，西方思潮中发展了一股向东方文化寻找清热解毒的良药的潜流。她举出了一些例子，比如本世纪初的费诺罗萨（Fenollosa）和庞德（Ezra Pound）对中国文字和古典文学的兴趣。"这一支向东方文明寻找生机的学派虽然在20世纪以前已经开始，但在19世纪与20世纪发展成西方文化中一支颇有影响的亚文化。从道家、儒家、印度佛教近年在西方文化中的影响来讲，就可以看出西方思想家是如何希望将东方文化作为一种良药来疏浚西方文化血管中物质沉淀的阻塞。"在这里，郑敏教授举出了F.卡普拉（Fritjof Capra）和海德格尔，还有日本学者Tezuka（手冢），以及德里达关于语言的讨论。

总之，西方向东方学习古已有之，于今为烈。我个人认为这是不可避免的，而且是一件大好的事情。特别值得思考的是这样一个事实：西方在第一次世界大战和第二次世界大战以后，都曾掀起了向东方学习的高潮。其中原因实在值得我们认真去思考。

五、两种思维方式

最后我想着重谈一谈东西两种思维方式或模式的问题。

几年以前，我提出了世界上两大思维模式的想法，东方的综合的思维模式和西方的分析的思维模式。我在本文中，在上面，也谈到了这个想法。我有点自知之明，自己决不是什么哲学家，至多不过胡思乱想而已。可是对这种胡思乱想偏偏又有点沾沾自喜。这或许是人类的弱点之一吧，我也未能免俗。虽然对读者同意的反应和不同意的反应我并不怎样介意，但看到赞成的意见，心里总是有点舒服。这或许是人类的另一个弱点吧。

在郑敏教授的这一篇文章里，我无意中找到了同我的看法几乎完全相同的论述，窃以为慰。我先把有关的地方抄在下面：

> 20世纪后半期，西方结构主义与解构思维都以语言为突破口，对人类文化的各方面进行阐释，最后落实到两类思维模式，结构主义带着浓厚的崇尚科学的客观性的倾向，企图将文字、语言及文化的各个方面纳入脱离人性及主观想象力的活动而独立存在的结构符号系统的世界。解构思维则对这种崇尚逻辑分析并以此为中心的智性活动的垄断进行反抗。[①]

再往下，郑敏先生又从人类智能的倾向方面把智能分为两大类：

> 分析的、重实的和综合的重穿透和超越的。雪莱认为科技属于前者，而诗的想象为后者。[②]

这同上面讲到的人类的两种思维模式完全相当。根据郑先生的

---

① 《外国文学评论》，1993年第一期，页48b。
② 《外国文学评论》，1993年第一期，页49a。

论述，这两种模式表现在很多方面，我先归纳一下，列出一个简明扼要的表，然后再逐项稍加解释：

分析知性（理性）　　分析力　　　结构主义
综合悟性　　　　　　想象力　　　解构思维

为了真实和准确起见，我在解释时少用自己的话，而多用郑文原文。

先谈分析和综合。"从18世纪以来，由于科技的突飞猛进，人们更重视分析的逻辑思维，而忽视想象力的海阔天空的创造性。"（郑文，页48b）"但现在这类分析活动，正试用压倒创造发明的功能（指想象力——作者注）的直接表述。"（页49b）"综合"，上面引文中已有，不再重复。

谈知性和悟性。"忘记了想象力、悟性是保护人类崇高精神和创造能力的一种天性。"（页49a）"但他坚信这一切必须置于诗的功能和想象力的悟性（非狭隘的理性）之下"。页48b有"智性活动"这个词儿。"理性的运用强调分析、知性和实证，而忽略悟性，虽然悟性是凌驾于事实之上的一种超越的穿透性。"（页48b）

谈分析力和想象力。上面的引文已经涉及这方面了。现在再引上几句话。"想象力的集中表现为诗和哲学，分析力的集中表现为科技（与科学理论有别）；想象力的发展走向是超越物质世界，走向无拘束、无边无限的精神世界，而分析活动的发展产生了人对征服自然的强烈欲望。"（见49a—b）我在别的地方讲过，"征服自然"是西方文化有别于东方文化的重要特点。郑文还提到，雪莱的《诗辩》主张以诗的功能和想象力来与分析性的功利主义和实用主义抗衡（页49a）。

结构主义和解构思维，上面已引过。我现在再补充上一条:"解构思维反对定型的僵化的系统和抽象,因此吸收了东方哲学的'道'、'无常道'、'无名天地始'、'常无观其妙'(羡林按:原文如此)、'玄者无形'等强调'无'的思维。"(页48b)这样解构思维就同东方文化挂上了钩。

郑敏教授的论文就介绍到这里。

雪莱的《诗辩》和郑先生的文章,都是好文章。但是,是否我就完全同意不敢赞一辞了呢?也不是的。我现在就根据自己的理解做一点补充,并且谈一谈自己的看法。

雪莱所谓的"诗",不可能指世界上所有的诗。在过去的几千年中,各国人民创造了不少的种类繁多、内容和形式各异的诗,诗的功能也各种各样,有的诗显然并不具备雪莱所说的那一种"诗的功能"。我猜想,雪莱心目中的诗就是"浪漫主义"的诗。

其次,郑文中谈到了综合思维和分析思维,但是没有指出,这二者是否在地球上有所区别。我在上面已经指出,世界上没有绝对纯的东西,东西方都是既有综合思维,也有分析思维。但是,从宏观上来看,从总体上来看,这两种思维模式还是有地域区别的:东方以综合思维模式为主导,西方则是分析思维模式。这个区别表现在各个方面。东方哲学思想的特点的"天人合一"思想,就是以综合思维为基础的。

最后,我还想对诗人诅咒金钱谈上几句话。我觉得,金钱本身是没有什么善与恶的。善与恶决定于:金钱是怎样获得的?金钱又是怎样使用的?来的道路光明正大,使用的方式又合情合理,能造福人类,这就是善。否则就是恶。这个常识,很多人都会有的。

在结束本文之前，我再补充一点关于中国少数民族纳西族的类似汉族"天人合一"思想的哲学思想。

我在《新解》中和本文里讲的人与大自然合一的思想，都讲的是汉族的。对于少数民族的哲学思想，我很少涉猎，不敢妄说。不久以前我收到云南朋友们赠送的《东巴文化与纳西哲学》①，赠送者就是本书的作者李国文先生。读后眼界大开。书中使我最感兴趣的是"三、古老的宇宙观"。在这一章里，作者叙述了"动物崇拜型的世界血肉整体联系说"。这里讲了三种动物：虎、牛、青蛙。对于这三种动物与世界血肉整体联系，本书有很简明扼要的叙述，读者请参阅原书，我不再引证。为了给读者以具体的印象，我引用东巴经《虎的来历》中的一段话：

> 大地上很好的老虎，虎头是天给的。虎皮是大地给的。虎骨是石头给的。虎肉是土给的。虎眼是星宿给的。虎肚是月亮给的。虎肺是太阳给的。虎心是铁给的。虎血是水给的。虎气是风给的。虎的声音是青龙给的。虎爪是大雕给的。虎胆是胜利神和白牦牛给的。虎耳是豺狗给的。②

不用加任何解释，天地万物为一体的精神，跃然纸上。

这种"天人合一"的精神，其他少数民族中一定还有。我现在暂且不去探索了。

---

① 云南人民出版社，1991年，著者李国文。
② 云南人民出版社，1991年，著者李国文，页115—116。

我这一篇长达一万五千字的拙文到此为止。它看似凌乱，实则有一条主轴思想贯串其中。明眼人自能看出，我就不再罗嗦了。

1993年6月6日写完

一点补充：

今夏，韩国东国大学校佛教大学院院长吴亨根教授率佛教代表团访华。到北大以后，我应吴教授之邀，给全体团员（僧、尼均有）做了一个简短的报告，内容就是：天人合一思想是东方思想的特点和精华，只有东方的天人合一的思想才能够拯救人类。讲的时间只有40分钟，讲话和翻译各占一半，我不能够充分发挥，是可以想见的。不意竟受到韩国朋友的热烈赞扬。最近接到吴亨根教授8月20日来函，对我的想法做了重要的补充。现在我把信的一部分抄在下面，完全抄原信，没有更改一个字：

季羡林先生您好。

最近好吗？上次您为我们学校的学生演讲，真的非常谢谢。对学生，当然包括我在研究东洋思想上帮助是很大的。先生您发表的论文"天人合一"，我已经读过了。我个人想："天人合一"的思想是否和大乘起信论中的"色心一如"思想是否相通呢？中国僧肇大师说："天地与我同根，万物与我一体"，此思想全是东洋思想的最极至。彼此好的因在一起就有果，相扶相助。华严思想中的法界缘起可以说是东洋思想的最好代表。我想此种思想，要是能有所觉悟，则人类相互之间才能互相爱护，同体大悲思想才能出现。

原信就抄到这里。

1993 年 9 月 19 日

从宏观上看中国文化

羡林按：

此文原为国家教委主持的1989年"五四"科学讨论会而作。当时限于时间，未能畅所欲言。最后一部分显然给人以仓猝鸣金收兵的印象。我对于文化问题涉猎不深。此文所谈的看法，知音恐亦不多。但我自问立论是公允有据的，决非一时心血来潮而发。对当今社会上泛滥的"月亮只有外国的圆"的思潮，即使不能是一声断喝，至少也能起振聋发聩的作用。既然我自己认为是正确的、有益的，我就希望多多益善地让人能够了解我的看法。适值中华书局征稿，我对文化问题思考的那一点本钱已经用光，"江郎才尽"，再也写不出比较好的文章来了，在再三考虑之余，决定以此文滥竽。但又不能原封不动端上去，于是就把旧文加以充实、扩大，增加了一些新东西，观点则原封不动。以此祝贺中华书局成立八十周年。

最近几年，在全国范围内，掀起了一股"文化热"的高潮。这是完全可以理解的。我们国家的社会主义建设发展到了今天这个地步，在接受几十年来的经验和教训的基础上，大家都认识到，文化建设的任务已经提到议事日程上来了。我想大家都会同意，人类历史上任何社会，都不能专靠科技来支撑，物质文明与精神文明同步建设。我们今天的社会也决不能是例外。

在众多的讨论中国传统文化与现代化问题的论文和专著

中，有很多很精彩的具有独创性的意见。我从中学习了不少的非常有用的东西。我在这里不详细去叙述。我只有一个感觉，这就是，讨论中国文化，往往就眼前论眼前，从几千年的历史上进行细致深刻的探讨不够，从全世界范围内进行最广阔的宏观探讨更不够。我个人觉得，探讨中国文化问题，不能只局限于我们生活于其中的这几十年、近百年，也不能局限于我们居住于其中的960万平方公里。我们必须上下数千年，纵横数万里，目光远大，胸襟开阔，才能更清楚地看到问题的全貌，而不至于陷入井蛙的地步，不能自拔。总之，我们要从历史上和地理上扩大我们的视野，才能探骊得珠。

我们眼前的情况怎样呢？从19世纪末叶以来，我们就走了西化的道路。当然，西化的开始还可以更往前追溯，一直追溯到明末清初。但那时规模极小，也没有向西方学习的意识，所以我不采取那个说法，只说从19世纪末叶开始。从中国社会发展的需要来看，从全世界文化交流的规律来看，这都是不可避免的。近几百年以来，西方文化，也就是资本主义文化，垄断了世界。资本主义统一世界市场的形成，把世界上一切国家都或先或后地吸收过去。这影响表现在各个方面。不但在政治、经济方面到处都打上了西方的印记，在文学方面也形成了"世界文学"，从文学创作的形式上统一了全世界。在科学、技术、哲学、艺术等等方面，莫不皆然。中国从前清末叶到现在，中间经历了许多惊涛骇浪，帝国统治、辛亥革命、洪宪窃国、军阀混战、国民党统治、抗日战争、解放战争，一直到中华人民共和国建立后的社会主义初级阶段，我们西化的程度日趋深入。到了今天，我们的衣、食、住、行，从头到脚，从里到外，试问哪一件没有西化？我们中国固有的东西究竟还留下了多少？我看，除了我们的一部分思想感情以外，我们真可以说是"全盘西化"了。

我并不认为这是一件坏事。我认为，这是一件天大的好事。无论如何，这是一件不可抗御的事。我一不发思古之幽情，二不想效法九斤老太；对中国自然经济的遭到破坏，对中国小手工业生产方式的消失，我并不如丧考妣，惶惶不可终日。我认为，有几千年古老文明的中国，如果还想存在下去，就必须跟上世界潮流，决不能让时代潮流甩在后面。这一点，我想是绝大多数的中国有识之士所共同承认的。

但是，事情还有它的另外一面，它也带来了不良后果。这最突出地表现在一些人的心理上。在解放前，侨居上海的帝国主义者在公园里竖上木牌，上面写着："华人与狗不许入内。"这是外来的侵略者对我们中华民族的污辱。这是容易理解的。但是，解放以后，我们号称已经站起来了，然而崇洋媚外的心理并未消失。古已有之，于今为烈。这是十分令人痛心的事。50年代曾批判过一阵这种思想，好像也并没有收到预期的效果。到了十年浩劫，以"四人帮"为首的一帮人，批崇洋媚外，调门最高，态度最"积极"。在国外读过书的知识分子，几乎都被戴上了这顶帽子。然而，实际上真正崇洋媚外的正是"四人帮"及其爪牙自己。现在，"四人帮"垮台已经十多年了，社会上崇洋媚外的风气，有增无减。有时简直令人感到，此风已经病入膏肓。贾桂似的人物到处可见。多么爱国的人士也无法否认这一点。有识之士悆然忧之。这种接近变态的媚外心理，我无论如何也难以理解。凡是外国的东西都好，凡是外国人都值得尊敬，这是一种反常的心理状态。中国烹调享誉世界。有一些外国食品本来并不怎么样；但是，一旦标明是舶来品，立即声价十倍，某一些味觉顿经改造的人们，蜂拥而至，争先恐后。连一些外国朋友都大惑不解，只有频频摇头。

在这样的情况下，要来谈中国文化，真正是戛戛乎难矣哉。在严重地甚至病态地贬低自己文化的氛围中，人们有意无意地抬高西方文化，认为自己一无是处，只有外来的和尚才会念经。这样怎么能够客观而公允地评价中国文化呢？我的意思并不是要说，要评价中国文化，就必须贬低西方文化。西方文化确有它的优越之处。19世纪后半叶，中国人之所以努力学习西方，是震于西方的船坚炮利。在以后的将近一百年中，我们逐渐发现，西方不仅是船坚炮利，在精神文明和物质文明方面，他们都有许多令人惊异的东西。想振兴中华，必须学习西方，这是毫无疑问的。20年代，就有人提出了"全盘西化"的口号。今天还有不少人有这种提法或者类似的提法。我觉得，提这个口号的人动机是不完全一样的。有的人出于忧国忧民的热忱，其用心良苦，我自谓能充分理解。但也可能有人别有用心。这问题我在这里不详细讨论。我只想指出，人类历史证明，全盘西化（或者任何什么化）理论上讲不通，事实上办不到。但这并不影响我们向西方学习。我们必须向西方学习，今天要学习，明天仍然要学习，这是决不能改变的。如果我们固步自封，回到老祖宗走过的道路上去，那将是非常危险的。

但是，我始终认为，评价中国文化，探讨向西方文化学习这样的大问题，正如我在上面已经讲过的那样，必须把眼光放远，必须把全人类的历史发展放在眼中，更必须特别重视人类文化交流的历史。只有这样，才能做到公允和客观。我是主张人类文化产生多元论的。人类文化决不是哪一个国家或民族单独创造出来的。法西斯分子有过这种论调，他们是别有用心的。从人类几千年的历史来看，民族和国家，不论大小，都或多或少地对人类文化宝库做出了自己的贡献。这恐怕是一个历史事实，是无法否认掉的。同样不可否认的事实是，每一个民族或国家的贡献又不完全一样。有的民族或国家的文化对周围的民族或国家产生了比较大的影响，积之既久，形成了一个文化圈或文化体系。根据我个人的看法，人类自从有历史以来，总共形成了四个大文化圈：古希腊、罗马一直到近代欧美的文化圈、从古希伯来起一直到伊斯兰国家的闪族文化圈、印度文化圈和中国文化圈。在这四个文化圈内各有一个主导的、影响大的文化，同时各个民族或国家又是互相学习的。在各个文化圈之间也是一个互相学习的关系。这种相互学习就是我们平常所说的文化交流。我们可以毫不夸大地说，文化交流促进了人类文化的发展，推动了社会前进。

倘若我们从更大的宏观上来探讨，我们就能发现，这四个文化圈又可以分为两大文化体系：第一个文化圈构成了西方大文化体系；第二、三、四个文化圈构成了东方大文化体系。"东方"在这里既是地理概念，又是政治概念，即所谓第三世界。这两大文化体系之间的关系也是互相学习的关系。仅就目前来看，统治世界的是西方文化。但是从历史上来看，二者的关系是三十年河东，三十年河西。

人类历史上曾出现过许多文化，欧洲史学家早有这个观点，最著名的代表是英国历史学家汤因比。他在他的巨著《历史研究》里（索麦维尔节录，曹未风等译，上、中、下三册，上海人民出版社，1986年第5次印刷），从世界历史全局出发，共发现了23个或26个文化（汤因比称之为社会或者文明）：西方社会、东正教社会（又可以分为拜占庭和俄罗斯两个东正教)、伊朗社会、阿拉伯社会、印度社会、远东社会(又可以分为中国和朝鲜、日本两部分)、古希腊社会、叙利亚社会、古印度社会、古代中国社会、米诺斯社会、印度河流域社会、苏末社会、赫梯社会、巴比伦社会、埃及社会、安第斯社会、墨西哥社会、尤卡坦社会、玛雅社会、黄河流域古代中国文明以前的商代社会(见原书上册,页43)。

汤因比明确反对只有一个社会——西方社会这一种文明统一的理论。他认为这是"误入歧途",是一个"错误"。虽然世界各地的经济和政治的面貌都已经西化了,其他的社会(文明)大体上仍然维持着本来的面目。文明的河流不止西方这一条(原书上册,页45—48)。

汤因比在本书的许多地方,另外在自己其他著作,比如《文明经受着考验》(沈辉等译,1988年第一版,浙江人民出版社)中,提出了一个观点:文明发展有四步骤:起源、生长、衰落、解体。在《文明经受着考验》页10—11,他提到了德国学者斯宾格勒的名著《西方的没落》,对此书给了很高的评价,也提到了斯宾格勒思想方法的局限性。在《历史研究》的结尾处,页429—430,他写道:

> 当作者进行他的广泛研究时发现他所搜集到的各种文明大多数显然已经是死亡了的时候,他不得不作出这样的推论:死亡确是每个文明所面对着的一种可能性,作者本身所隶属的文明也不例外。

他对每一个文明都不能万岁的看法是再明确不过的了。

了解了我在上面谈到的这些情况,现在再来看中国文化,我们的眼光就比以前开阔多了。在过去相当长的历史时期内，中国文化对世界文化的发展产生了影响，这是我们的骄傲，这也是一个历史事实。汤因比对此也有所论述，他对中国过去的文化有很好的评价。但是，到了后来，我们为什么忽然不行了呢？为什么现在竟会出现这样崇洋媚外的思想呢？为什么西方某一些人士也瞧不起我们呢？我觉得，在这里，我们自己和西方一些人士，都缺少历史的眼光。我们自己应该避免两个极端：一不能躺在光荣的历史上，成为今天的阿Q；二不能只看目前的情况，成为今天的贾桂。西方人应该力避一个极端，认为中国什么都不行，自己什么都行，自己是天之骄子，从开天辟地以来就是如此，将来也会永远如此。

那么，我们应该怎么办呢？我们东西双方都要从历史和地理两个方面的宏观上来看待中国文化，决不能囿于成见，鼠目寸光，只见片段，不见全体；只看现在，不看过去，也不看未来。中国文化，在西方人士眼中，并非只有一个看法，只有一种评价。汉唐盛世我不去讲它了，只谈十六七世纪以后的情况，也就能给我们许多启发。这一段时间，在中国是从明末到清初，在欧洲约略相当于所谓"启蒙时期"。在这期间，中国一方面开始向西方学习；另一方面，中国的文化也大量西传。关于这个问题，中西双方都有大量的记载，我没有可能，也没有必要一一加以征引。方豪在他的《中西交通史》（华冈出版有限公司，1977年第6版，第5册，《明清之际中西文化交流史》下）中有比较详细而扼要的介绍。我在下面利用他的资料介绍一下在这期间中国文化流向西方的情况。

中国经籍之西传

　　四书、五经在中国历史上有至高无上的权威。如果中国经籍西传，首当其冲的理所当然地就是这些书。明朝万历二十一年（1593年），利玛窦将四书译为拉丁文，寄还本国。天启六年（1626年），比人金尼阁将五经译为拉丁文，在杭州刊印。到了清朝，殷铎泽与郭纳爵合译《大学》为拉丁文，康熙元年（1662年）刻于建昌。殷氏又将《中庸》译为拉丁文，于康熙六年（1667年）和康熙八年（1669年）分别刻于广州及印度果阿。《论语》之最早译本亦出殷、郭二人之手，亦为拉丁文。康熙二十年（1681年），比教士柏应理返回欧洲。康熙二十六年（1687年）在巴黎发刊其著作《中国之哲学家孔子》。中文标题虽为《西文四书解》，但未译《孟子》，名实实不相符。康熙二十六年（1687年），奥国教士白乃心用意大利文写的《中国杂记》出版。康熙五十年（1711年），布拉格大学图书馆出版卫方济用拉丁文翻译的四书及《孝经》《幼学》，1783年至1786年译为法文。卫氏又以拉丁文著《中国哲学》，与上书同时同地刊出。白晋著有拉丁文《易经大意》，未刊。康熙四十年（1702年），白晋自北京致书德国大哲学家莱勃尼兹，讨论中国哲学及礼俗。现在梵蒂冈图书馆中尚藏有西士研究《易经》之华文稿本十四种，宋君荣曾译《书经》，刘应译《礼记》的一部分。康熙末年，马若瑟节译《书经》《诗经》。康熙四十六年（1707年），马若瑟自建昌府致函欧洲，讨论儒教。雷孝思参加绘制《皇朝一统舆地全图》，对中国古籍亦有研究。傅圣泽有《道德经评注》，为拉丁文及法文合译稿本。他又用法文译《诗经》。赫苍璧于康熙四十年（1701年）来华，亦曾从事翻译《诗经》。

到了雍正乾隆年间，中籍西译继续进行。宋君荣所译之《书经》于乾隆三十五年（1770年）刊于巴黎。他还研究中国经籍之训诂问题。孙璋为后期来华耶稣会神父中最精通汉学者。他所译拉丁文《诗经》附有注解。他又译有《礼记》，稿成未刊。蒋友仁制作圆明园中的喷水池，为人所艳称。他又深通汉籍，用拉丁文译有《书经》《孟子》等书。乾隆时有一个叫钱德明的人，精通满汉文，译有《盛京赋》，并研究我国古乐及石鼓文等，他是西人中最早研究我国苗族及兵学者。乾隆四十年（1775年）在北京著《华民古远考》，列举《易经》《诗经》《书经》《春秋》及《史记》为证。乾隆四十九年（1784年），又在北京刊印《孔子传》，为钱氏著作中之最佳者。此外，他还有《孔门弟子传略》，以乾隆四十九年（1784年）或次年刊于北京。韩国英译有《大学》及《中庸》，又著有《记中国人之孝道》。韩氏可能是19世纪前西人研究我国经籍的最后一人。他的本行是生物学。

从明末到乾隆年间，中国经籍之西传，情况大体如上。既然传了过去，必然产生影响。有的影响竟与热心翻译中国经书之耶稣会神父的初衷截然相违。我在下面介绍方豪一段话：

> 介绍中国思想至欧洲者，原为耶稣会士，本在说明彼等发现一最易接受"福音"之园地，以鼓励教士前来中国，并为劝导教徒多为中国教会捐款。不意儒家经书中原理，竟为欧洲哲家取为反对教会之资料。而若辈所介绍之中国康熙年间之安定局面，使同时期欧洲动荡之

政局,相形之下,大见逊色;欧洲人竟以为中国人乃一纯粹有德性之民族,中国成为若辈理想国家,孔子成为欧洲思想界之偶像。(五,页197)

中国俗话说:"搬起石头砸自己的脚",颇与此相类了。

受中国经籍影响的,以法、德两国的哲学家为主,英国稍逊。举其荦荦大者,则有法国大哲学家笛卡尔等。法国百科全书派也深受中国思想之影响。在德国方面,启蒙时期的大哲学家斯宾诺莎、莱布尼兹等,都直接受到了笛卡尔的影响,间接受到中国影响。康德认为,斯宾诺莎的泛神论完全受的是老子的影响。莱布尼兹21岁就受到中国影响。后与闵明我、白晋订交,直接接受中国思想。1697年,莱氏的拉丁文著作《中国近事》出版。他在书中说:"在实践哲学方面,欧洲人实不如中国人。"有人认为,康德的哲学也受了中国哲学的影响,特别宋儒理学。

中国经籍西传,不但影响了欧洲哲学,而且也影响了欧洲政治。在德国,莱布尼兹与华尔弗利用中国哲学推动了德国的精神革命。在法国,思想家们则认为中国哲学为无神论、唯物论与自然主义。这三者实为法国大革命之哲学基础。百科全书派全力推动革命的发展。法国大革命实质上是反宗教之哲学革命。法国的启蒙运动,也是以反宗教为开端。形成这种反宗教的气氛者,归根结蒂是中国思想传播的结果。法国大革命前夕,中国趣味在法国以及整个欧洲广泛流行。宫廷与贵族社会为中国趣味所垄断。而宫廷与贵族又是左右法国政治的集团。则中国趣味对法国政治之影响,概可想见了。

百科全书派把反宗教和鼓吹革命的思想注入所撰写的百科

全书中。他们与中国文化有深刻的接触。但因认识中国之渠道不同,对中国的意见也有分歧。孟德斯鸠与卢梭谈的多是欧洲旅客的游记等,对中国遂多有鄙薄之论。荷尔巴旭、服尔德、波勿尔、魁斯奈等等,所读多是耶稣会士之报告或书札,对中国文化多有钦慕之意。孟德斯鸠著《法意》第一卷第一章,给法律下定义,提出"万物自然之理",主张"有理斯有法",完全是宋儒思想。服尔德七岁即在耶稣会士主办的学校中受教育,对中国文化无条件地赞赏,在自己的小礼拜堂中,供孔子画像,朝夕礼拜。他认为,孔子所说"仅为极纯粹之道德,不谈奇迹,不涉玄虚"。他说:"人类智慧不能获得较中国政治更优良之政治组织。"又说:"中国为世界最公正最仁爱之民族。"他还根据《赵氏孤儿》写了一部《中国孤儿》。第德洛对中国有批评意见,但认为中国文化在各民族之上。卢梭承认中国为文明最高古国,但他认为文明并非幸福之表记,中国虽文明,而不免为异族所侵凌,他是"文明否定论者"。中国思想除了影响了上述的哲学家之外,还影响了所谓政治经济学上的"重农学派"。这一学派以自然法代替上帝的功能。他们倡导"中国化",不遗余力,甚至影响了国王路易十五。英国经济学家亚当·斯密受了法国思想家的影响,在《原富》一书中应用中国材料颇多。

在德国,中国影响同样显著。大文豪歌德是一个突出的代表。哲学家也深受中国思想影响。莱勃尼兹、斯宾诺莎,上面已经谈到。其他哲学家,康德、菲希特、谢林、黑格尔等,都受了莱勃尼兹的影响,也可以说,间接受了中国影响。叔本华哲学中除了有印度成分外,也受了朱子的影响。

中国美术之西传

随着中国哲学思想之西传,中国美术也传入欧洲。欧洲美术史上的罗柯柯时代约始于 1760 年,即乾隆二十五年,至 18 世纪末而未衰。此时中国美术传入,产生了显著影响。在绘画上重清淡之色彩。在建筑上力避锐角方隅,多用圆角。在文学上则盛行精致的小品。在哲学上采用模棱两可的名词。这与流行于当时的"中国趣味"或"中国风"是分不开的。

中国情趣表现在许多方面,首先是在园林布置方面。欧洲人认为,中国园艺兼有英、法二国之长。他们说,中国园艺匠心独运,崇尚自然,不像欧洲那样整齐呆板。于是中国式的庭园一时流行于欧洲各国,法国、英国、德国等地都出现了中国庭园的模仿物,遗迹至今尚能见到。

中国绘画也传入欧洲,主要是中国的山水画和人物画,在瓷器上表现最为突出。有一些画家也作有中国情趣的绘画,比如孤岛帆影、绿野长桥之类。据说梵高也学过中国泼墨画。

除了绘画之外,中国用具也流行欧洲。轿顶围的质料与颜色,受到中国影响。中国扇子、镜子传入欧洲。17 世纪后半,法国能制绸。中国瓷器西传,更不在话下。同时中国瓷器也受到西洋影响。

明末至清朝乾隆年间中国经籍和美术西传的情况大体上就是这个样子。

我现在举一个说明西方人如何看待中国文化的具体的例子。我想举德国最伟大的诗人歌德,他的一生跨越 18、19 两个世纪,是非常关键的时期。他在 1827 年 1 月 31 日同爱克曼谈话时说道:

（中国传奇）并不像人们所猜想的那样奇怪。中国人在思想、行为和感情方面几乎和我们一样，使我们很快就感到他们是我们的同类人，只是在他们那里一切都比我们这里更明朗，更纯洁，也更合乎道德。在他们那里，一切都是可以理解的，平易近人的，没有强烈的情欲和飞腾动荡的诗兴　　他们还有一个特点，人和大自然是生活在一起的。你经常听到金鱼在池子里跳跃，鸟儿在枝头歌唱不停，白天总是阳光灿烂，夜晚也总是月白风清。月亮是经常谈到的，只是月亮不改变自然风景，它和太阳一样明亮　　还有许多典故都涉及道德和礼仪。正是这种在一切方面保持严格的节制，使得中国维持到几千年之久，而且还会长存下去。（《歌德谈话录》，朱光潜译，人民文学出版社，1978年，页112）

这是歌德晚年说的话，他死于1832年。他死后没有过多少年，欧洲对中国的调子就逐渐改变了。据我个人多年的观察与思考，这与发生在1840年的鸦片战争有关。在这以前，中国这个天朝大国，虽然已经有点破绽百出，但仍然摆出一副纸老虎的架势，吓唬别人，欺骗自己。鸦片战争一下子把这只纸老虎戳破，真相暴露于光天化日之下。西方对中国的政治、经济，进而对中国文化逐渐贬低起来。他们没有历史观点，以为从来就是这个样子，中国从来就没有好过。他们自己的老祖宗所说的一些话和所做的一些事，他们也忘了个一干二净。随着他们科学技术的发展，政治、经济的发展，环顾海内，唯我独尊，气焰万丈了。

第一次世界大战给他们敲了一下警钟。他们之中的有识之士开始反思。于是出了像斯宾格勒《西方的没落》这样发人深思的书，可惜好景不长。到了20年代末30年代初，法西斯思潮抬头，把西方文化，特别是所谓"北方"文化捧上了天，把其他文化贬得一文不值。中国人在法西斯分子眼中成了劣等民族，更谈不到什么欣赏中国文化了。不久就爆发了第二次世界大战，比第一次大战还要残酷，还要野蛮。这又一次给西方敲了警钟。西方有识之士又一次反思，汤因比可以做为代表。预言已久的第三次世界大战，始终没有爆发。虽然在全球范围内大大小小的战争从未停止过，大家总算是能够和平共处了。到了今天，人类共同的公害，比如人口问题、粮食问题、污染问题、土地问题等等，一个个被认识得越来越清楚。两个超级大国似乎也认识到，靠武力征服世界的美梦是不现实的，他们似乎也愿意和平共处了。在这样的情况下，人们要怎样来认识西方文明，怎样来认识东方文明——中国文明，怎样来认识文化交流，就非常值得我们注意了。

我在上面提到的英国历史学家汤因比，对中国文化和中国未来的作用有自己的看法。在同日本宗教活动家池田大作的谈话中（见《展望二十一世纪——汤因比与池田大作对话录》，荀春生、朱继征、陈国梁译，国际文化出版公司，北京，1985年），他详细阐述了自己的看法。为了把他的观点介绍得明确而翔实起见，我想在这里多引用他的一些话。汤因比说：

> 因此按我的设想，全人类发展到形成单一社会之时，可能就是实现世界统一之日。在原子能时代的今

天，这种统一靠武力征服——过去把地球上的广大部分统一起来的传统方法——已经难以做到。同时，我所预见的和平统一，一定是以地理和文化主轴为中心，不断结晶扩大起来的。我预感到这个主轴不在美国、欧洲和苏联，而是在东亚。

由中国、日本、朝鲜、越南组成的东亚，拥有众多的人口。这些民族的活力、勤奋、勇气、聪明，比世界上任何民族都毫无逊色。无论从地理上看，从具有中国文化和佛教这一共同遗产来看，或者从对外来近代西欧文明不得不妥协这一共同课题来看，他们都是联结在一条纽带上的。并且就中国人来说，几千年来，比世界任何民族都成功地把几亿民众，从政治文化上团结起来。他们显示出这种在政治、文化上统一的本领，具有无与伦比的成功经验。这样的统一正是今天世界的绝对要求。中国人和东亚各民族合作，在被人们认为是不可缺少和不可避免的人类统一的过程中，可能要发挥主导作用，其理由就在这里。

如果我的推测没有错误，估计世界的统一将在和平中实现。这正是原子能时代唯一可行的道路。但是，虽说是中华民族，也并不是在任何时代都是和平的。战国时代和古代希腊以及近代欧洲一样，也有过分裂和抗争。然而到汉朝以后，就放弃了战国时代的好战精神。汉朝的开国皇帝刘邦重新完成中国的统一是远在纪元前二○二年。在这以前，秦始皇的政治统一是靠武力完成的。因此在他死后出现了地方的国家主义复辟这样的反动。汉朝刘邦把中国人的民族感情的平衡，从地方分权主义持久地引向了世界主义。和秦始皇带有蛊惑和专制性的言行相反，他巧妙地运用处世才能完成了这项事业。

将来统一世界的人，就要像中国这位第二个取得更大成功的统一者一样，要具有世界主义思想。同时也要有达到最终目的所需的干练才能。世界统一是避免人类集体自杀之路。在这点上，现在各民族中具有最充分准备的，是两千年来培育了独特思维方法的中华民族。不是在半个旧大陆，而是在人们能够居住或交往的整个地球，必定要实现统一的未来政治家的原始楷模是汉朝的刘邦。这样的政治家是中国人？日本人？还是越南人？或者朝鲜人？

池田说：

从两千年来保持统一的历史经验来看，中国有资格成为实现统一世界的新主轴。您这一说法，在考虑今后世界问题时，具有极为重要的启示。（页294—295）

这两位著名的国际活动家，主要是从历史上和政治上谈论了中国的和世界的未来，其中也涉及文化。他们的意见，我觉得非常值得注意。至于我自己是否完全同意他们的意见，那是一个次要的问题。重要的是，在目前我们国内有那么一小撮人，声嘶力竭地想贬低中国，贬低中国文化，贬低中国的一切，在这样的时候，有像汤因比这样的通晓世界历史发展规律的大学者，说出了这样的意见，至少可以使这些人头脑清醒一下。你不是说月亮是外国的圆吗？你们中间不是有人竟认为中国连月亮都没有吗？现在有外国人来说，中国有月亮，中国的月亮也是圆的，而且圆得更美妙。这一小撮人不是应该好好地反思一下吗？这一些人也许根本不知道汤因比是何许人。但那没有关系。他们最怕外国人，反正汤因比是外国人，这一点是错不了的。对这些人来说，这一点也就够了。我决非听了外国人说中国月亮圆而飘飘然忘乎所以，把久已垂下的尾巴又翘了起来。中国的月亮也有阴晴圆缺，并不总是亮而圆的。但这是另一个问题。我们目前当务之急是全面地、实事求是地从最大的宏观上来考虑中国文化在世界上已经起过的作用和将来能够起的作用。在这样的时刻，兼听则明，汤因比和池田大作的意见是值得我们深思的。

对于人类文明前途的问题，我也曾胡思乱想过一些。我现在想从哲学上或者思想方法上来谈一谈我的想法。西方哲学或者思想方法是分析的，而东方的则是综合的。这两种方法异曲同工，各臻其妙。这已几乎是老生常谈，没有不同的看法。但是，对于分析的前途则恐怕是仁者见仁，智者见智。首先一个问题是：能不能永恒地分析下去？庄子说："一尺之棰，日取其半，万世不竭。"从理论上和逻辑上来讲，这是毫无问题的。但是，对具体的东西的分析，比如说对原子的分析，能不能越分越细，一至万世不竭呢？西方的自然科学走的就是分析的道路。一直到今天，这一条路是走得通的。现在世界上的物质文明就来源于此。这是事实，不容否认。但是，这一条路是否能永远走下去呢？在这里有两种意见：一种认为可以永远走下去，越分析越小，但永不能穷尽。一种认为不行，分析是有尽头的。我自己赞同后一种意见。至于我为什么赞同后者，我认为，这不是一个理论问题，而是一个实践问题。我自己解释不了，我也不相信别人的解释。只有等将来的实践来解答了。

我觉得，目前西方的分析已经走得够远了。虽然还不能说已经到了尽头，但是已经露出了强弩之末的端倪。照目前这样子不断地再分析下去，总有一天会走到分析的尽头。那么怎么办呢？我在上面已经说过，东西两大文化体系的关系从几千年的历史上来看是三十年河东，三十年河西。现在球已经快踢到东方文化的场地上来了。东方的综合可以济西方分析之穷，这就是我的信念。至于济之之方究竟如何，有待于事物（其中包含自然科学）的发展来提供了。

我从宏观上看中国文化，结果就是这样。希望有识之士共同来讨论。

1989 年 10 月 25 日写完

东方文化

我是研究语言的,但对文化也有些想法,可谓"野狐谈禅",真正的专家讲东方文化与我讲的完全不一样,因为他是专家。但"野狐"有"野狐"的好处,脑子里没有框框,辩证地说,两者各有利弊。这里,我想讨论三个问题:一、文化与文明;二、东方文化与西方文化;三、东方文化。

文化与文明

文化与文明两词在报纸上随处可见,但它们究竟是什么关系呢?如果你查英文词典,会得不到答案,因为 culture 和 civilization 均既指文明又指文化。尽管如此,它们之间还是有差别的,虽然,这两个范畴有相交的地方。具体而言,首先从字源上说,culture 有"培养"的意思,指"栽种",而 civilization 是从 civil 来的,字源不一样,有差别。其次,从对立面讲,文化的对立面是愚昧;文明的对立面是野蛮。愚昧主要指智慧的低下,而野蛮则主要指言行粗俗,因而区分是显而易见的。社会科学不同于自然科学,定义非常难下,现存的对文明与文化的定义不下五六百个,谁也不能说服谁。因而我们求其理解,不求定义,明白文化与文明有统一也有区别。国外对他们的理解也有区别,英国汤因比(Arnold J.Toynbee,1889—1975)的《历史研究》(*Historical Studies*)中把 7000 年来人类创造的文化归为23种文明，而在中国，应该是用文化而非文明。咱们现在天天讲弘扬中国文化，我觉得有很多人混淆了这两个概念。

东方文化与西方文化

东方文化与西方文化，也可称为东方文明与西方文明。文化（明）是如何产生的？有一元论和多元论之分。一元论是指由一个地方、一个民族创造，而多元论则认为文化是由多个地方、多个民族创造。我没有研究这个问题，但我认为一元论是不确切的。希特勒是主张一元论的，他认为世界上创造文明的只有日耳曼民族，主要指欧洲北方的白人。他认为，瑞典、挪威、丹麦、荷兰、德国是产生文明的，而其他民族或是受益于或破坏这个文化，因而闹了很多政治笑话。我认为，多元论优于一元论。关于人类起源，至今还争论不休，但从文化与文明的起源看，应该不是由一个民族创造的。世界上民族很多，有大有小，历史有长有短，但每个民族对文化都有贡献，只是贡献不一而已。现在是欧美文化的天下，西方人就自以为是天之骄子，这其实是自欺欺人。

汤因比把世界文化分成23或26种文明（化），就没有细分下去。我想，自从有人类以来，世界文化可以分成四大体系：中国文化、印度文化、伊斯兰的闪族文化及欧美文化。日本、韩国、朝鲜、越南文化均属于中国文化圈，从希伯来直到现在的穆斯林文化为伊斯兰的闪族文化圈，加上印度文化圈，这三者可总称为东方文化；而从古希腊一直到今天的欧美文化，可称为西方文化，其间并无其他第三种文化。中国文化对其他文化特别是中国文化圈内国家有极其深刻的影响。如日本等国家,虽然有自己的民族文化,但其文化基础根源于中国文化。日本的文字中,有1750个汉字[①]。日本发展到今天,是中、日文化共同作用的结果,如果没有中国文化的影响,日本的发展就恐怕不是这样。有些国家,坚决反对本国文化受中国文化影响的观点,认为"浪漫主义"、"象征主义"等词非源于中国,而是语言上的偶合。认为去掉外文中的中国字就是爱国主义,其实,研究历史,首先要实事求是,否认事实绝不是爱国主义。

东方文化与西方文化有何区别呢?我认为最根本的区别是思维模式、思维方式的不同。西方文化注重分析,一分为二;而东方文化注重综合,合二为一。前人在这方面就已有所体现:吴文俊在《九章算经》序中写道:"欧州(洲)的数学与中国不同,它从公理体系开始,而中国数学从实用出发。"充分表明了分别以分析和综合作为两种思维方式。另外,庄子曾言:"一尺之棰,日取其半,万世不竭。"西方则将物质细分,从原子分到电子再到介子,生动地说明两种不同的思维模式。

东方文化注重综合,综合出技术;西方文化注重分析,分析出理论。《丝绸之路》的作者,伊朗籍法国人,在书中曾写道:在穆斯林初期(相当于中国的唐初),在阿拉伯和伊朗(波斯),有个说法:"世界民族很多,希腊人是一只眼,中国人是两只眼,而其他民族则为瞎子。"意思是说,希腊只出理论,如柏拉图、亚里士多德、苏格拉底等大思想家;而中国出技术,如四大发明。这是东西方文化差异的结果。其实发展地说,中

[①] 1946年日本文部省规定"当用汉字"为1850字;后来考虑到"当用汉字"不敷应用,又规定了"带用汉字"1945个。同时又追加了166个汉字为人名用字,以《人名用汉字别表》颁发。

国也有自己的理论,如诸子百家,但希腊没有技术却是事实。综合和分析是思维方式的主流,虽说没有第三种,但也没有纯粹的百分之百的综合和分析。

但是现在,领导世界科技的是西方,西方人自以为是天之骄子。诚然,工业革命后,西方对世界的发展影响极大,不可否认。但他们歧视东方的想法是没有远见的。他们目前已经暴露出很多的矛盾和巨大弊端:人口爆炸、淡水资源匮乏、臭氧层出洞。这些危险的问题联合起来,不堪设想。人类社会的发展道路是曲折的(同人生道路一样),坎坎坷坷,不可能一帆风顺。因而,西方文明辉煌了二三百年,这是三十年河西,下一个将是三十年河东,亟需东方文化的纠正,否则,世界前途危机重重。西方的邪教宣传"世界末日裁判",这些都是从现象而不是从本质上看问题。人类进步就如同人跑400米接力赛,后者是建立在前者的基础上的。在二三百年以前,中国的地位不是今天这样,是"两只眼",而希腊只是"一只眼"。因而,我们应该回头看看一百年来中国的发展道路,总结经验,吸取教训。西方这样发展下去是不行的,必须改弦易张。我曾在一次国际会议上发言:"只有中国文化、东方文化可以拯救世界。"

东方文化

东方文化是以中国文化为基础的。中国文化对人一生要解决的三个问题有自己的看法。这三个问题是:(一)人与大自然的关系;(二)人与人的关系,即社会关系;(三)人自身内部情感冲突与平衡。

人与大自然的关系 在人不为人之前,人是大自然的一部分，没有人与自然的对立，而一旦人成为人，人就成为大自然的对立面。人一生的衣食住行，都仰仗大自然。向大自然索取有两种办法：一是强取豪夺；二是朋友相赠。用第一种办法是征服（conquer），目前西方的结果就是征服来的。大自然有规律地运转着，而恰当地掌握规律则很难。如果征服过度，大自然一定会给予惩罚。所谓"天灾人祸"，很大部分是人祸。如云南滇池的围湖造田，西双版纳的森林砍伐，这些都是洪水泛滥的直接人为原因。第二种方法是比较合理的，相互了解，中国古话称之为"天人合一"。中国的道家、儒家均有此论。宋朝的张载言："民我同胞，物吾与也。"简称"民胞物与"，把大自然看成是人类的伙伴，可惜的是中国有此思想无此言行。如1958年的"浮夸风"，所谓"人有多大胆，地有多大产，就怕你不解放思想"，因而经济遭受莫大损失。到21世纪，只有采用"天人合一"的思想才能解决问题，我最近出了《"天人合一"新解》及《天人合一续本》①，提出的建议是非常公论，有待于21世纪实践证明。因为现在看21世纪，就好比两个近视眼看匾。有这么一个故事，有两个人，谁也不承认自己是近视眼，决定第二天到庙里看挂匾一决高低。其中一人先向他人打听到匾文，所以第二天两人并排向前走时，他没走几步就嚷："我看到了，我看到了，是'光明正大'！"旁边不知情者惊问："你看到何物？匾尚未挂出呀！"

现在有一种说法，认为弊端是事实，但科技发展会解决之。我想这是不可行的，科技的发展只会使情况更糟。在香港召开的"21世纪前沿科学讨论会"上，中国科学院自然科学史研究所所长认为："要用天人合一作指导思想研究科技。"与我

---

① 《天人合一续本》：即《关于"天人合一"思想的再思考》。

竟是这样的不谋而合，我备受鼓舞。

人与人之间的关系 人与人之间的关系，即社会关系。中国儒家有一套处理人与人关系的办法，概括起来是八个字"格、致、诚、正、修、齐、治、平"。"格"即"格物"，研究万事万物；"致"是"致知"，在研究中找到规律，其余含义分别为"诚意、正心、修身、齐家、治国、平天下"，做好这八字，不但可以处理人际关系，还可以平天下。另外，中国百家均有一套处理人际关系的准则。

人的内部情感 关于人的内心情感，中国哲学史上争论最多的问题是性善、性恶。儒家曾有这样一个故事来测量善与恶：某人用两只筐和两种颜色的石子，每产生一善念就拿白石子放入一筐子，每产生一恶念就拿黑石子放入另一筐子中，用以计量一天善、恶念总数（据考究，这故事实源于印度）。关于性善、性恶，儒家分为两派，荀子认为"人之初，性本恶"；而孟子则认为性善，且说："恻隐之心，人皆有之。"我表示怀疑。"食色性也"，性即本能，无善、恶之分。生存、温饱、发展均是人的本能，但人人如此，则必有冲突，因而，善恶的区分标准在于在冲突中能否为别人着想。《三国演义》中的曹操，有言曰："宁教我负天下人，休教天下人负我。"因而被认为是反面人物。当然一心为人之人，我不敢肯定有，但毫不利人、专门利己之人，肯定是有的。一个人能百分之六十以上替别人着想，就可以认为是善者。所以，我之所谓善是压制本能，多替别人着想。这是人能做到而动物不可能有的，因而，处理人的内心感情就是压制生物的本能，压制得越多越好。

1996 年 8 月

再谈东方文化

最近一年多以来,我经常考虑东方文化与西方文化的关系问题。初步考虑的结果已经写在《从宏观上看中国文化》那一篇文章中。我的总看法是,从人类全部历史上来看,东方文化和西方文化的关系是"三十年河东,三十年河西"。目前流行全世界的西方文化并非从来如此,也决不可能永远如此。这个想法后来又在几篇短文和几次发言中重申过,而且还做了进一步的发展,这就是,到了 21 世纪,三十年河西的西方文化就将逐步让位于三十年河东的东方文化,人类文化的发展将进入一个新时期。

我对自己这个看法,虽然几经考虑,慎思明辨,深信不疑;但自知不是此道专家,提出这样的意见,似乎有点冒昧;说不好听的,就是有点近乎狂妄。因此,口头上虽然一而再再而三地这样讲,心里有时未免有点打鼓,有点信心不足。

那么,为什么我又很自信地认为,到了 21 世纪西方文化就将让位于东方文化呢?我是从一种比较流行的、基本上为大家接受的看法出发的:东方的思维方式、东方文化的特点是综合,西方的思维方式、西方文化的特点是分析。从总体上来看,我认为这个看法是实事求是的。在西方,从伽利略以来 400 年中,西方的自然科学走的是一条分析的道路。越分越细,现在已经分析到层子(夸克);有人认为,分析还没有到底,还能够分析下去的。

在这里，自然科学界和哲学界发生了一场争论：物质真是无限可分吗？赞成这个观点的人占绝大多数，他们相信庄子的话："一尺之棰，日取其半，万世不竭。"如果真是这样的话，西方的分析方法、西方的思维方式、西方的文化就能永远存在下去，越分析越琐细，西方文化的光芒也就越辉煌，以至无穷。三十年河东，三十年河西，这一条人类历史发展启示的规律，就要被扬弃。

反对这种物质无限性观点的人，只占极少数。金吾伦同志的新著《物质可分性新论》，可以作为代表。我自己是赞成这个看法的。最近金吾伦同志给了我一封信，我现在就借用信中的一段话，这样的意见我自己写不出来：

我认为，"物质无限可分论"无论在哲学上还是科学上都缺乏根据。在哲学上不能用归纳法支持一个关于无限的命题，休谟对归纳法的批判是深刻的。

在科学上：（1）夸克禁闭，即使夸克再可分，也不能证明物质粒子无限可分；（2）宇宙学研究表明宇宙有起源，我们无法追溯到起源以前的东西；（3）量子力学新进展否定了层层往下追索的隐变量理论。无限可分论玩的是一种"套层玩偶"。

分析方法曾对科学和哲学的繁荣做过极大的贡献，但决不能无限夸大，而且正日益显示它的局限。当代物理学和自然科学的新进展表明，宇宙是一个不可分割的整体，而无限分割的方法与整体论是相悖的。无限可分论是机械论的一种表现。

金吾伦同志这一段话，言简意赅，用不着我再加以解释了。

在这里，我联想到一种目前已开始显露光芒、方兴未艾的新学说：混沌学。一位美国学者格莱克写了一本书《混沌：开创新科学》，此书已有汉文译本。周文斌同志在《光明日报》1990年11月8日写了一篇书评，介绍这本书。我现在也仿前例，借用周文中的一段话：

> 混沌学是关于系统的整体性质的科学。它扭转了科学中简化论的倾向，即只从系统的组成零件夸克、染色体或神经元来作分析的倾向，而努力寻求整体，寻求复杂系统的普遍行为。它把相距甚远的各方面的科学家带到了一起，使以往的那种分工过细的研究方法发生了戏剧性的倒转，亦使整个数理科学开始改变自己的航向。它揭示了有序与无序的统一，确定性与随机性的统一，是过程的科学而不是状态的科学，是演化的科学而不是存在的科学。它覆盖面之广，几乎涉及自然科学与社会科学的各个领域。它不仅改变了天文学家看待太阳系的方式，而且开始改变企业保险决策的方式，改变政治家分析紧张局势导致武装冲突的方式。难怪有的学者竟然这样断言，20世纪的科学只有三件事将被记住：相对论、量子力学和混沌学。他们认为，混沌学是本世纪物理科学的第三次大革命。

这些话也是言简意赅的，我自己写不出来。

以上两例都应当引起我们的深刻认真的反思：为什么到了20世纪末年，西方文化正在如日中天光芒万丈的时候，西方有识之士竟然开创了与西方文化整个背道而驰的混沌学呢？答案只能有一个，这就是：西方有识之士已经痛感，照目前这样分析是分析不下去的。必须改弦更张，另求出路，人类文化才能重新洋溢着活力，继续向前发展。

我对哲学几乎是一个门外汉。但是，我最近几年来就感觉到，西方的哲学思维是，只见树木，不见森林；只从个别细节上穷极分析，而对这些细节之间的联系则缺乏宏观的概括；认为一切事物都是一清如水。而实际情况并非如此。我是相信辩证法的。我认为，中国的东方的思维方式从整体着眼，从事物之间的联系着眼，更合乎辩证法的精神。连中医在这方面也胜过西医，西医是头痛治头，脚痛治脚，而中医则是全面考虑，多方照顾，一副中药，药分君臣，症治关键，医头痛从脚上下手，较西医更合乎辩证法。我还认为，现在世界上流行的模糊数学，也表现了相同的精神。

因此，我现在的想法是，西方形而上学的分析已经快走到穷途末路了，它的对立面东方的寻求整体的综合，必将取而代之。这是一部人类文化发展史给我的启迪。以分析为基础的西方文化也将随之衰微，代之而起的必然是以综合为基础的东方文化。这种取代在21世纪中就将看出分晓。这是不以人们的主观愿望为转移的社会发展的客观规律。

1990年12月8日

续补：

文章写完了，读到申小龙先生的文章《关于中西语言句型文化差异的讨论》（见香港《语文建设通讯》1990年12月第31期，页40—41）。受到启发，再补写一点。

申先生的文章，正如篇名所揭示的那样，是讨论中西语言句型分歧的背后文化差异问题的。文中列举了吕叔湘先生、史有为先生以及申小龙先生自己对这个问题的看法。除了讨论中西语言句型外，还涉及东西方有关绘画的理论问题。他们的讨论有相当的深度和启发性。我在这里不想参加讨论。我只是觉得，文中的一些意见颇符合我对中西文化分歧的看法。因此，我想引用一下，目的是把我观察这个问题的面再扩展大一些，使我得出的结论更富于说服力，更确凿可靠。

申小龙先生先引用中西绘画理论中的一对范畴：焦点视和散点视，来解释语言现象。他说："把汉语句子格局概括为'散点透视'，我以为有两方面的涵义。一是汉语句子格局是有流动性。它以句读为单位，多点铺排，如中国山水画的格局，可以步步走，面面观，'景内走动'。二是汉语句子格局具有整体性。它不欣赏个体语言单位（如单个句法结构）的自足性，而着意使为完成一个表达意图而组织起来的句读群在语义、逻辑、韵律上互为映衬，浑然一体。这时单个句读（词组）的语义和语法结构的'价值'须在整个句子格局中才能肯定。这在中国山水画格局来说即'景外鸟瞰'，从整体上把握平远、深远与高远。"他又引用他祖父和父亲两位山水画家的意见：构图首先是整体视觉。他还提到李约瑟、普利高津等所理解和欣赏的汉民族的有机整体思维方式。

我个人觉得，申小龙先生这些意见是很有启发性的。至于三位先生之间的一些术语，比如"散点透视"、"散点视"等不同意见，我不去讨论。我在本文正文中提到的中国思维方式是倾向于综合，而不是分析。在中国山水画中和汉语句型中，我的意见得到了证据。不这样也是不可能的。一个民族典型的思维方式，是一切精神文明（甚至一些物质文明）生产的基础，它必然表现在各个方面。

1990 年 12 月 18 日

21世纪：东方文化的时代

人类创造的文明或文化从世界范围来说可分为东方文化和西方文化两大体系，每一个文明或文化都有一个诞生、成长、发展、衰落、消逝的过程，不可能是一成不变的。从人类的全部历史来看，我认为，东方文化和西方文化的关系是：三十年河东，三十年河西。目前流行全世界的西方文化并非历来如此，也绝不可能永远如此，到了21世纪，三十年河西的西方文化将逐步让位于三十年河东的东方文化，人类文化的发展将进入一个新的时期。

为什么我认为到了21世纪西方文化将让位于东方文化呢？我是从东西方文化的基础的最根本的差别在于思维方式不同这一点来考虑的。东方的思维方式、东方文化的特点是综合；西方的思维方式、西方文化的特点是分析。举个最简单的例子，从我们坐的凳子来说，看看太和殿皇帝的宝座，四方光板，左不能靠，右不能靠，后又不能靠，坐久了会很不舒服。再看看西方人做的凳子，中间一道略为隆起，两边稍凹，这样坐着会很舒服，但要换个姿势就会硌得难受。而我们太和殿的宝座，光板一块，虽然坐久了不舒服，但是用什么姿势坐都可以。从这件小事，可说明东方人的思维和西方人不一样。在西方，从伽利略以来的四百年中，西方的自然科学走的是一条分析的道路，越分越细，现在已经分到层子（夸克），而且有人认为分析还没有到底，还能往下分。东方人则是综合的思维方式；用哲学家的语言说即是西方是一分为二，东方是合二为一。

在这方面，自然科学界和哲学界是有争论的。物质是无限可分的吗？有不少人相信庄子的话："一尺之棰，日取其半，万世不竭。"果真如此，则西方的分析方法、西方的思维方式、西方的文化就能永远存在下去，越分越琐细以至无穷，西方文化的光芒也就越辉煌。"三十年河东，三十年河西"这一条人类历史发展启示的规律就要被扬弃。但是庄子所说的是一个数学概念，我所说的分析是物理概念，二者不可混同。

国际上对物质是否无限可分也有两派之争。反对物质无限性观点的代表、大科学家海森堡（Heisenberg）认为物质不是永远可分的，最后有个界限，这个界限是夸克，称之为夸克封闭。其理由是夸克虽能被电子对撞机击碎，但击碎后仍是夸克，并未产生出新的物质。国内金吾伦同志著有《物质可分性新论》，也主张夸克封闭。我是同意这种看法的，因为对物质永远可分的这个观点现在无法证实。我认为夸克现在不能封闭，但将来总有一天要封闭的。我们的一切文明、一切文化现象甚至科技不同于西方。即使是数学，看起来应该是东西方没有差别，一加三等于四，而且还有公式，但是前两年我在《自然辩证法通讯》中，看到中科院数学所吴文俊教授对《九章》一书所写的序言里讲到东方和西方解决数学问题的方法不一样。对数学这个自然科学的基础尚且不一样，何况其他科学？

多年前，我就讲过21世纪是东方的世纪。西方在资本主义发展到帝国主义阶段，自认为是天之骄子，第一次世界大战从1914年打到1918年，基本上是欧洲人打欧洲人，战后20年代初期，欧洲思想界出现了反思的热潮，他们思考的是为何自认为文化至高无上的欧洲都要自相残杀？看来西方不行了，要看东方。有本风行一时的书叫《欧洲的沦亡》，说欧洲要垮台、要灭亡，仰望东方。当时中国的《老子》《庄子》非常流行，《老子》德文译本有五六十种。有一位我认识的牙医，既非汉学家，又非文学家，却凭着一本字典、一股傻劲硬是把《老子》翻译了一遍。这说明当时不论是否搞哲学都向东方看齐。第二次世界大战打了六年，死的人比一战还要多。战后，欧洲再次出现一股眼望东方的反思热潮。当时除《老子》《庄子》外，又增加了禅宗、中医、《易经》，还有印度大乘佛教。一位英国的史学家汤因比在他所著的《历史研究》中，把各国民族的历史作了个总结，他认为人类共同创造了23个或26个文明，每个文明或文化都有其诞生、生长、繁荣、衰微、消逝的过程，没有任何一种文明或文化可以贯穿千秋。从他的哲学基础出发得出的结论是西方的文化将来要消灭。至今欧美思想界仍感觉他的反思比较深沉。

我们还可以从20世纪后半期西方兴起的几种新的科学模糊学、混沌学中进一步的说明。模糊学是从模糊数学开始的，以后又有模糊逻辑、模糊语言……就说模糊语言，我们天天开口讲话，从未怀疑过自己的语言是模糊的，但是说天气好，怎么叫好？天气暖，怎么叫暖？长得高，怎么叫高？这件事情好，怎么叫好？都是模糊的。我们可以对这些问题仔细分析、追根到底，但是要讲清楚却很难。混沌学被誉为继爱因斯坦的相对论和普朗克的量子力学之后20世纪科学的第三个伟大的发现。关于混沌学，美国学者格莱克写过一本书《混沌:开创新科学》，此书有汉译本，我国周文斌先生在1990年11月8日《光明日报》写有书评，文中有一段话说："混沌学是关于系统的整体性质的科学，它扭转科学中简化论的倾向，即只从系统的组成零件夸克、染色体或神经元来作分析的倾向，而努力寻求整体，寻求复杂系统的普遍行为。它把相距甚远的方面的科学家带到了一起，使以往的那种分工过细的研究方法发生了戏剧性的倒转，亦使整个数理科学开始改变自己的航向。它揭示了有序与无序的统一，确定性与随机性的统一，是过程的科学而不是状态的科学，是演化学而不是存在的科学。它覆盖面之广，几乎涉及自然科学与社会科学的各个领域。"为什么在20世纪后半期，西方有识之士开创了与西方文化整个背道而驰的模糊学、混沌学呢？这说明他们已经痛感西方分析的思维方式不行了。世上万事万物没有绝对的、百分之百的正确，金无足赤，人无完人，绝对的好、绝对的美是不存在的，一切都是相对的。分析的方法有限度，要把一切都弄得清清楚楚是办不到的。必须改弦更张、另求出路，这样人类文化才能继续向前发展。

我说三十年河东，三十年河西，许多事情就是这样。从整个世纪来看中国文化在世界上占领导地位，这是东方，三十年河东。到明朝末年、西方文化自天主教传入起，至今几百年了，西方资本主义的物质文明给人类带来很大的福利，但另一方面也带来灾难，癌症、艾滋病、淡水资源短缺、环境污染、生态平衡的破坏等等。这些灾难中任何一个解决不了，人类就难以继续生存。怎么办？人类到了今天，三十年河西要过，我们就像接力赛一样，在西方文化的基础上，接过这一棒，用东方文化的综合思维方式解决这些问题，去除掉这些弊端。所谓综合，就是"整体观念、普遍联系"这八个字。西方的哲学思维是只见树木不见森林，只从个别细节上穷极分析，而对这些细节之间的联系则缺乏宏观的概括，认为一切事物都是一清如水，而实际情况并非如此。我认为中国的东方的思维方式从整

有关人类文化发展方向，季羡林主张21世纪是东方文化的时代。图为1994年3月29日，季羡林在"东方文化的时代使命座谈会"上发言。

体着眼，从事物之间的联系着眼更合乎辩证法的精神。就像中医治病是全面考虑、多方照顾，一副中药，药分君臣，症治关键，医头痛从脚上下手，较西医的头痛治头、脚痛治脚更合乎辩证法。

总之，我认为，西方形而上学的分析已快走到尽头，而东方的寻求整体的综合必将取而代之。以分析为基础的西方文化也将随之衰微，代之而起的必然是以综合为基础的东方文化。"取代"不是"消灭"，而是在过去几百年来西方文化所达到的水平的基础上，用东方的整体着眼和普遍联系的综合思维方式，以东方文化为主导，吸收西方文化中的精华，把人类文化的发展推向一个更高的阶段。这种取代，在21世纪中就可见分晓。21世纪，东方文化的时代，这是不以人们的主观愿望为转移的客观规律。

1992年3月10日

东方文化要重现辉煌

中国和印度是世界上两个人口最多的国家。这个事实,全世界都看到了,都承认了。但是,有一个事实,即我们这两个伟大的国家文化交流已经超过两千多年,从来没有中断过——这个事实在世界上还没有引起人们的注意。最近,我在思考一个问题,即人类社会总是要向前发展的,要进步的。但进步的动力和原因是什么?对这个问题似乎有不同的见解。我个人认为,文化交流是其中最重要的动力之一。中印两个伟大的国家在两千多年里互相学习,这对两国的发展和进步起了重要作用。今天讲"回顾",我们有一个非常美好的、非常有意义的历史值得回顾。那么,"展望"怎么样呢?

许多学者认为西方文化为人类创造了巨大的福利,做出很大贡献,这是不能否定的;但是,其中一些弊端也已经渐渐地显露出来,大家都看得到,比如生态环境的破坏,臭氧层的破坏,新疾病的产生,人口的爆炸,等等,等等。如果人类解决不好这些弊端中的任何一个,人类前途就会有困难。这不是夸大。

那么,问题怎样解决?我个人认为,我们东方的思想是一个很好的出路,中国和印度都有一个"天人合一"(Unification of the nature and mankind)的思想,印度叫"Brahmātmaikyam"(梵我一如)。这是哲学名词,解释起来也很简单。西方主张征服自然,把自然作为对立面甚至敌人进行征服。征服的结果产生了上述我所说的那些弊病。我们人类的衣食住行等所有东西都取自于大自然。索取的方法，我们东方与西方不一样。西方的方式是，你不给我，我就征服你。我们东方的主张是，向自然索取的同时，把自然当作朋友、兄弟。这种认识西方一些科学家像施本格勒、汤因比已经注意到了。

再过几年就是21世纪了。在21世纪，我们人类应该认识到西方自然科学带来的弊端。认识固然重要，但更重要的是行动。刚才我讲到的东方的思想，我们也没有很好实践。21世纪，需要以我们中国和印度为首的东方国家不仅能够"知道"，并且能够"行动"。我并不否定西方工业革命之后的几百年光辉历史，这是事实。我们要在西方文化发展的基础上，再把人类文化提高一步。我是说东方文化要重现辉煌。

刚才我听索尼娅·甘地夫人介绍了拉吉夫·甘地总理的想法，我是完全同意的。希望我们在展望21世纪时，不但要"知"，而且要"行"。知，就是知天人合一，梵我一如。"行"，就是行动起来。在西方几百年文化的基础上，发扬东方文明，使整个人类文明更上一层楼。

1996年8月27日

东方文化与东方文学

最近几年来,我经常考虑东方文化的问题。虽然我并不是什么文化学家,自己不擅长义理,对义理兴趣也不大,我是敬鬼神而远之;但是,由于自己是一个天生的"杂家",翻看不少的有关文化的书籍,使我不得不考虑东方文化的问题;细说起来,我考虑的有东方文化的特点、东方文化与西方文化的关系,等等。我的初步认识已经写成了几篇论文,在一些国内和国际学术会议上也讲过。出我意料的是,国内外反应相当强烈,而且几乎都是同意我的看法的。这更增强了我的自信心,决心继续探讨下去。

详细阐述,此非其地。我只能极其简略地讲上几点。归纳起来,我的想法大体上是,在人类五六千年的文化史上,人类创造的文明或文化的数目相当多。根据我的看法,人类总共创造了四个文化体系,这四个文化体系又可以分为两大文化体系:一个是东方文化,一个是西方文化。两者的根本区别在于思维模式的不同,而思维模式又是一切文明或文化的基础。简而言之,我认为,东方的思维模式是综合的,它照顾了事物的整体,有整体概念,讲普遍联系,接近唯物辩证法。用一句通俗的话来说就是,既见树木,又见森林,而不是只注意个别枝节。中国天人合一的思想,印度的梵我一体的思想,是典型的东方思想。而西方的思维模式则是分析的。它抓住一个东西,特别是物质的东西,分析下去,分析下去,分析到极其细微的程度。可是往往忽视了整体联系，这在医学上表现得最为清楚。西医是头痛治头，脚痛治脚，完全把人体分割开来。用一句现成的话来说就是，只见树木，不见森林。而中医则往往是头痛治脚，脚痛治头，把人体当做一个整体来看待。两者的对立，十分明确。

我的另一个想法是，文明或文化不是一成不变的，都有一个诞生、成长、兴盛、衰微、消逝的过程。历史上，哪一个文明或文化都不能万岁。

我还有一个想法是，从人类全部历史上来看，东西两大体系之外，没有第三个大体系，而东西两大体系的关系是，"三十年河东，三十年河西"。东方文化或文明到了衰微和消逝的阶段，接之而起的必是西方文化或文明。等到西方文化或文明濒临衰微和消逝的阶段时，接之而起的必是东方文化或文明。

我最后的一个想法是，到了今日，世界面临着另一个世纪末，20 世纪的世纪末。西方文化或文明已经繁荣昌盛了几百年了，到了今天，在很多方面已经呈现出强弩之末之势，看来是面临衰微了。代之而起的必然只能是东方文化或文明。我之所谓"代"，并不是完全地取代，更不是把西方文化消灭。那是不可能的，也是完全没有必要的。我的意思是，在西方文化已经取得的成就的基础上，矫正其弊病，继承它的一切有用的东西。用综合思维逐渐代替分析思维，向宇宙间一切事物进行更深入的探讨，把人类文化提高到一个崭新的阶段，从相对真理向绝对真理再靠近一步。这一个转折点我认为就将从 21 世纪开始。

极其简略地说，我的想法就是如此。

同时，我还发现，西方一些有识之士也认识到自己的文化的偏颇之处。他们之中有的人提倡模糊学，有的人提倡浑沌学。内容我无法在这里详细阐述。他们的想法不可能同我的完全一样；但是其间相似之处则是可以肯定的。这些新兴的西方边缘科学，强调普遍联系，强调整体概念，与东方的综合的思维模式是非常接近的。为什么习惯于分析思维方法的西方有识之士会忽然转变看法呢？我的解释是，存在决定意识。到了21世纪来临之际，到了20世纪的世纪末，按照辩证唯物主义规律发展的事物，其发展规律更接近事物的真相。这种规律反映到西方有识之士的心中，就产生了这样一些新兴学科。

上面讲的是东方文化，现在谈东方文学。

文学本来属于文化范畴，东方文学当然属于东方文化的范畴。为了突出文学，所以分开来谈。

我想先举几个具体的例子。

温庭筠的名句：

鸡声茅店月，人迹板桥霜。

描绘深秋旅人早起登程的寂寞荒寒之感，到了今天，已经有一千多年了，然而并没有失去其感人之处。这两句诗十个字列举了六件东西，全是名词，没有一个动词。用西方的语法来衡量，连个句子都成不了。这六件各不相干的东西平铺直叙地排列在那里。它们之间的关系一点也不清楚，换句话说就是模模糊糊。然而妙就妙在模糊，美就美在模糊。诗人并没有把这六件东西排好位置，他把安排位置的自由交给了读者。每一个读者都可以根据自己的经验或自己的理解，去任意安排位置。每个人的经验不同，所安排的位置也决不会相同。读者有绝对的完全的自由来放开自己的幻想，美就在其中矣。反之，如果一定把六件东西的位置安排得死死的，这会限制读者的自由，美感享受从而为之减少。我认为，这就是东方综合的思维方式或者模糊的思维方式在文学创作中的表现。其优越性是显而易见的。

这样的例子在中国文学作品中可以说是俯拾即是。元代马致远的那一首著名的曲是大家都熟悉的：

枯藤老树昏鸦，小桥流水人家，古道西风瘦马，夕阳西下，断肠人在天涯。

曲中列举了很多东西，其位置都是模糊的。勉强搜求，只有"下"和"在"二字可以算是动词。这一首曲对读者审美活动所起的作用，同上举温庭筠的诗完全一样，用不着再详细阐述。

中国诗歌中其他例子不再举了。

我想举一首中国诗，同它的英译文对比，从中窥探出中西语言之不同对文学创作的影响，以及中国文学语言的不可穷尽性和朦胧性（借用陶东风同志的用语）。陶东风同志有一部非常精彩的书：《中国古代心理美学六论》（百花文艺出版社，1990年）。里面就有现成的例子。我且做一个文抄公，从中抄一个例子，这个例子是李白的那一首非常著名的诗《静夜思》：

床前明月光，疑是地上霜。

举头望明月，低头思故乡。

陶东风的解释是：

> 这是一首意境深幽的好诗，诗中的人称和时态都不加限定，思念的主体被隐去，可以是诗人，可以是别的他，也可以是你自己；动词"举头"、"望"、"低头"、"思"等词都没有时态的限制，它的时间性是灵活的，读者可以自己去想，去补充，如果你把诗的主人公理解为诗人，那么，时间当在过去；而如果你设想自己正置身于诗的境界，是你自己在"望"在"思"，那么，时间也可以是当下。但此诗的英译却把这不确定不落实的一切都确定了，落实了：
>
> So bright a gleam on the foot of my bed——
> Could there have been a frost already.
> Lifting myself to look, I found that it was moonlight.
> Sinking back again, I thought suddenly of home.
>
> 译诗加上"I"（我），使原诗不确定的人物关系变得确定，即只能理解为李白自己；"found"和"thought"是否译得准确且不去管他，单是把不确定的时态限定为过去时，就使诗的意境大为逊色；"望"本可以是一个连续的动作，而用"found"（发现）就使之变成一个终止于过去的动作；"思"也是如此。一个连续性的思念变成了"突然想到"（thought suddenly of），不能不使人感到沮丧。

陶东风的解释，基本上符合我的想法。他未必知道我那一套关于东西方文化的看法，他也没有提到综合思维模式和西方思维模式的问题，但是对于中国诗歌的看法却是如此地接近，难道这就是所谓殊途同归，英雄所见略同吗？我在本文开头讲到，思维模式是一切文明或文化的基础。东方综合的思维模式，当然就是东方文明或文化的基础，表现在诗歌创作上，就是不确定性和朦胧性。西方文学使用的西方语言是分析思维模式的产物，它同东方文学，比如说中国文学所使用的汉语是完全不同的。两者比较起来，正如我在上面分析的那样，中国的汉语有明显的优越之处。

我在这里还要添上几句。现在西方新兴的模糊学、浑沌学等等，其思想基础不像是西方的分析思维模式，而接近东方的综合思维模式。何以产生这个现象，我在上面已略加解释，这里不再谈了。

我在上面曾提到我的一个想法：东方文化将逐渐取代西方文化而兴。属于东方文化范畴的东方文学怎样呢？过去我对于这个问题没有考虑过。现在的考虑也不成熟。无论如何，东方语言，比如说汉语，是无法被西方所接受的。从几千年的文化交流史上来看，物质文明容易输出，也容易被接受，中国的几大发明可以为证。而精神文明则较为困难。在精神文明的接受中，因事物之异而异。比如绘画、音乐、建筑风格等等容易被接受。而文学，特别是文学语言，则十分困难。美国近代诗人Ezra Pound曾模仿过中国诗歌的创作方法，主要就是我在上面讲到的温庭筠的诗和马致远的曲。但是影响也不十分显著。用分析性的语言模仿综合性语言的诗歌，恐怕是有不可逾越的鸿沟吧。至于将来的发展如何，那是以后的事，我不是算命先生，就此打住吧。

1992年4月24日写完

在中国亚非学会第四次会员代表大会上的报告

我的这个报告曾经在亚非学会常务理事会上讲过，即"东方文化问题"。因为再过六年，我们就要进入21世纪。到了21世纪，我们的中国文化以及东方文化在世界上究竟还占有什么位置？这是大家都感兴趣的一个问题。我这个人大家知道，不是搞什么哲学的，更没有受过这方面的训练。但我经常喜欢思考一些问题，也可以说是胡思乱想吧。当然，胡思乱想也有正确与不正确之分，其中我认为正确的部分不妨与大家谈谈，至于不正确的部分就不值得一提了。此外，在我们国内思想意识界里争论的一些问题也给大家谈一谈，因为这跟我们也有联系。所以，我今天的报告不是什么学术报告，没有什么稿子，甚至连发言提纲都没有，因为我们是在谈家常，我想到什么就说什么，可能讲的很零乱，那也没关系。

过去有个笑话（我已忘记是在什么书上记载的），说是有两个近视眼的人，彼此的视力都很差，但谁也不服谁，总说自己的视力比别人强。某日，镇上有一大户要悬挂大匾，这两个近视眼的人约好以辨认匾上的字来测试谁的视力好，以便比出高低，决一胜负。其中一位事前搞了一个小动作，向大户的家人打听了匾上的字。届时，这两个近视眼的人如约前往，参加比试。第一位近视眼的人抬头远望，高呼认出了匾上的字比如说是"光明正大"四字。当这两位近视眼的人在争论不休之际,旁观的人却告诉他们:大户门上的匾尚未悬挂出来哩,哪来的什么字呢?这个笑话很有意思。现在我们在谈论21世纪,其实21世纪尚未来临,任何人的谈论无异于近视眼的人在观匾一样,姑妄言之而已。现在任何人对21世纪中的东方文化问题的看法都是一种假设,不是什么理论问题,因为理论问题可能会引起争论。就上述问题我写了几篇文章,第一篇文章刊在《传统文化与现代化》上,第二篇文章刊在《中国文化》上。又零零碎碎写了几篇,现在外边有所反映,我也收到了不少来信,有非常赞成我的看法的,但也有许多人不赞成,我觉得这是正常的现象。我的态度是这样的:既然我们都是近视眼,大家都在猜匾,都处在同等的位置上。你赞成我的意见,我也不特别高兴;你反对我的意见,我也不特别不高兴,我主张我们大家一起唱一出《三岔口》。《三岔口》大家都知道,打的很热闹,但是谁也打不着谁,你打你的,我打我的。有人问我:某某人写文章反对你,你为什么不答复呢?我说我绝不答复,任何人反对我,我都不答复,因为大家都在猜匾嘛!现在《文汇报》在讨论国学问题,国学跟东方文化是有很密切的关系,我下面将要讲一讲关于国学的一些情况。他们也给我来了信,还附了好多文章,并希望我写文章,参加战斗。我没有答复他们,如果答复的话,第一,我不参加战斗;第二,要参加战斗的话,还是演一出《三岔口》——你打你的,我打我的。我刚才已经讲过,不是什么理论的争论问题,还是你猜你的,我猜我的,大家都在猜测嘛!

究竟有没有东方文化?现在社会上有人从根本上加以否定,说什么根本不存在什么东方文化和西方文化。这话恐怕有点问题了,我们都是唯物主义者,东方文化和西方文化都是客观存在，你不承认，它也是客观存在的。我举一个很有趣的例子，有一本书名叫《丝绸之路》，是一位在伊朗出生的法国籍的学者写的，他名叫玛扎海里。该书很厚，最近已由中华书局翻译出版。这本书我希望大家有时间不妨一读，非常有趣。该书不仅是一本研究《丝绸之路》的著作，而且对中国、欧洲也颇有研究。该书涉及的语言非常之多，我们中国人掌握不了那么多语言，欧洲人也不行。这个玛扎海里生在伊朗，讲波斯语，阿拉伯语也不在话下，另外他还掌握突厥语系的许多语言，几乎丝绸路上的沿途语言他都能掌握，所以这本书很值得注意。它里边讲的好多东西我们自己都不知道是中国人发明的。我最近写了一篇很长的文章，叫做《丝绸之路与中国文化》，发表在北师大学报上。李约瑟讲中国的科技发展中，其中好多事情连我们中国人都不知道，可是李约瑟是英国的科学家，不是东方人，他讲这个东西是中国发明的，那个东西是中国创造的，实际上李约瑟讲的比玛扎海里这本书中讲的还要多。有许多稀奇古怪的东西，因为我们天天在接触，就不以为意，不觉得奇怪，如两片刀片合在一起，中间加一扣子，就成了一把剪刀，剪刀也是中国发明的。我们祖先对人类文明的贡献多极了，过去西方人是竭力加以抹煞的。但我们也有些同志不从实际出发，无限地夸大，夸大到包括卫星、导弹等高科技，都说是古已有之，这样说恐怕也不大对头，这两种极端我是不赞成的。我们应该实事求是，以事实为根据，这是最有说服力的。

《丝绸之路》这本书讲了一个很有趣的情况：在穆斯林的初期，大家知道穆罕默德这个人生于中国宋齐梁陈时代的最后一个朝代，在唐初去世，他的一生跨越了隋代。据说远在1300

年以前，在伊朗和阿拉伯就流传着这样一种说法，即世界上所有的民族，古希腊人只有一只眼睛，中国人却有两只眼睛，其余的人都是瞎子。这种说法我觉得有其客观性。在公元7世纪时，人类文化基本上是两大体系，即东方文化体系、西方文化体系。西方文化以古希腊、罗马文明为源头，中间虽有断层，直至现在形成以欧洲、美国为代表的文化。东方文化是以中国为主，加上印度、日本、韩国。东西方的思维模式、思维方式也是不一样的，西方是分析，越分越细；东方是综合，讲整体概念、普遍联系。将这两个在当时最有智慧的国家作一对比，中国人比希腊人多一只眼睛。后来又进一步说，希腊出理论，中国出技术。这话有道理，希腊的哲学家除了苏格拉底、柏拉图、亚里斯多德外，还有很多，可是像中国的四大发明，古希腊一个也没有，古希腊在技术方面没有什么东西。根据李约瑟、玛扎海里的意见，我们中国在科技方面的发明何止四大，恐怕四十大、四百大都有，这是没有任何偏见的看法。最近，塞缪尔·亨廷顿的《文明的冲突》一文引起了争论，我认为他是为某种政治服务的，没有什么道理。总而言之，人类的文化是很多的，但客观地说，只有东西两个，第三个是找不出来的。远在1300年以前，伊朗和阿拉伯人就定了一个标准：一个是有理论，一个是有技术，希腊出理论，中国出技术。这话我有点修正，说中国一点理论都没有也是不对的。希腊出理论，中国出技术，这是他的看法，但我认为这种看法有道理。分析出理论，综合出技术，是不是也可以这样说：一个是一分为二，要分析；一个是合二而一，要综合；是否能这样说，请同志们考虑。

中国科学院应用数学研究所的吴文俊教授给《九章算经》

写了一篇序言，很值得一读。数学是自然科学的基础，但在东方、中国与希腊乃至欧美各国，对待数学的态度是不同的，怎么不同呢？欧洲对待数学，是从定理、公理出发；中国对待数学是从应用、实用出发。这是一位数学家的观察。吴文俊的观察跟我所思考的问题可以说合得来。从公理、定理出发，就是理论，从理论出发。而我们是在于运用。由此可见，中国与欧洲在研究数学的出发点上也是不一样的，从而也可以看出在自然科学领域内东方文化和西方文化也是根本不同的。是否可以这么说，也请同志们考虑。

至于东方文化，我认为是有的，这是无法否定的，而且与国学也是有联系的。譬方说我们的汉语没有形态变化。19世纪时，马建中写了《马氏文通》，该书是以拉丁文、英文为依据的，马建中认为中国汉语跟西方的语言不一样。尤其到了五四运动，胡适等人，还包括鲁迅在内，他们主张要改革，不是文字改革，而是语言改革。大家知道鲁迅有一句名言：中国人糊涂，思想糊涂，语言糊涂，他的意思是指我们中国的语言不精密，不像英国人那样精密。我们的语言没有形态变化，过去、现在和未来都是一个字，比如我吃，昨天的吃是这个"吃"字，今天的吃也是这个"吃"字，明天的吃仍然还是这个"吃"字，没有变化。他认为这就是不精密。再譬如有人打电话，问对方是哪儿？对方答曰："我是北京大学。"这就不通，你怎么能是北京大学呢？你应该说"我是北京大学某系的某人"，这样就精密了；如果只说"我是北京大学"，这就不精密。其实这么一来，反而罗嗦了，多此一举。胡适和鲁迅当时就主张改革语言，他们当然也主张简化，鲁迅也赞成拉丁化，但他们的目的是要改造语言，将中国的语言改造成像英语那样精密。有一个笑话，年轻的同志恐怕不知道，我国过去已有一个"他"字，五四时期又造了三个：一个是人字傍的"他"，表示男人；一个是女字傍的"她"，表示女人；还有一个是牛字旁的"牠"，表示中性。我们虽然都继承下来了，但有其毛病，不如就是一个"他"字更好。比如今天我碰上他们，他们中有一半是男人，一半是女人，究竟要写哪个字（"他"与"她"）呢？我觉得这个"他"字不改更好。此外，鲁迅在20年代末翻译书时常用"历史底地"一类的词儿。大家知道"历史"（history）是名词，"historical"是所有格，用"底下"的"底"。再加上"ly"，成为"historically"，成了副词写成"历史底地"。鲁迅等对语言的改革，其实是一出闹剧。解放后，成立了文字改革委员会，我从一开始就参加该项工作，至今已40年了。中间经过了好多过程。后来又经过好多次的沧桑变化，现在仅以拉丁化为辅助，汉字仍然保留。

　　大家知道，现在有什么模糊语言、模糊数学、模糊逻辑等，几乎所有的学问都模糊了。数学怎么是模糊的呢？数字是很精确的，我也不大懂。模糊语言的道理非常清楚，比如今天天气好，什么叫好？谁也说不出来，千言万语也讲不出好来。今天有阳光，阳光的温度是几十度？多少度才算好啊？是28度、29度？怎么也解释不清楚。只说今天天气好，我们听懂了就行了。再比如你比他高，你一定要问什么叫做高？什么叫做低？我们的语言，世界上没有一个地方不模糊的，问题是模糊现象符合宇宙的本象。据自然科学家讲，宇宙间没有哪个东西是完全清楚的，真的没有，百分之百的纯金也没有。"水至清则无鱼，人至察则无徒！"

　　上面已经讲过，东方是讲整体概念、普遍联系，但西方不讲整体概念，不讲普遍联系。大家知道，头疼医头，脚疼医脚，这是西方的。在中国则不然，你如果头疼的话，可能在脚底下扎针，因为人是一个整体，不能分割的。但在西方的医学里，就是分割开，脑袋是脑袋，脚是脚，截然分开。现在西方又兴起了几种学问，模糊学是其中之一，浑沌学也在其中。他们认为20世纪以来，只有三大学问：即爱因斯坦的"相对论"，第二是"量子力学"，第三就是"浑沌论"。"浑沌论"是自然科学，我也不大懂，不过看过有关介绍。浑沌论是讲世上万物都有普遍联系，是讲整体性，如北京发生的事情，会影响到别处，这就叫"浑沌"。当然其中是很复杂的，我觉得很有意思。西方的科学技术革命，大约与资本主义是同时开始的，对人类作出了极大的贡献，如电灯、电话都是自然科学应用的结果。现在有一个词叫做"科学主义"，"科学主义"就接近迷信。大家知道中国的特异功能，特异功能用自然科学是解释不了的。我们贵州省有一些有特异功能的人曾来京表演，他能在烧红的鏊子上行走而不被烧坏。另外，他还能在用锋利的刀片扎成的梯子上拾级攀登而不伤皮肉。这些现象要作何解释呢？现在看来，西方的自然科学也不是万能的，虽然它曾造福于人类。这一点西方人也是有所感觉的，所以开始从分析转向综合，从越分越细转向模糊，就是要看整体，这就是"整体概念"、"普遍联系"。这其实是东方文化的真正内容，最根本的精神。当然，主张"浑沌论"、"模糊论"的人与我的解释不一定相同。

　　东方文化，第一它是存在的，第二我们应该加以弘扬。弘扬我们中华的优秀文化，不能把它说成是民族主义，甚至是民族沙文主义。到了21世纪，东方文化将在世界文化这个领域里起主导的作用，我们并不是要把西方文化加以消灭，那才是傻瓜，也是不可能的。我们要在西方文化发展的基础上再提高一步。我们所有从事科研工作的、所有的学会都面对21世纪的问题，我们亚非学会当然也不能例外，大家都来考虑这些问题，这对我们的工作是很有意义的。

现在我给同志们讲一讲国学问题。国学问题与东方文化有关系，因为国学弘扬了东方文化，弘扬了中华民族的优秀文化。北京大学从去年开始研究国学，我们过去有研究国学的传统，后来断了，尤其在"文化大革命"期间，国学是被打倒的东西，被认为是影响我们前进的绊脚石。我们东方文化是有些好东西，如中国古书上的一句话："己所不欲，勿施于人。"能做到这八个字，到共产主义也不过这个水平。类似这么精辟的话多得很。历史上讲宋太祖时赵普曾说过以半部《论语》治天下的话，有人说这是胡说八道，我看实际上用不了半部论语，有几句话就能治天下。我们中央领导同志号召大家要弘扬中华民族的优秀文化，这是很正确的。可是现在有人反对，说什么提倡新国学，其目的就是否定马克思主义，如一些书上就有文章反对东方文化、反对国粹、反对国学。最近《文汇报》开辟专栏，专门讨论国学问题，这很有意义。我觉得我们老祖宗的有些话很有用，当然，我们不是要把封建社会搬到社会主义社会里来，不是这个意思。昨天我接到一封来自通州运河中学的来信，运河中学是非常有名的学校，该校培养了很多有用的人材，1947年朱自清先生曾去该校讲学，现在又邀请我去讲学。该校通过研究国学，通过弘扬中华民族的优秀文化来进行爱国主义教育，我觉得这种做法很好。当然，我们也不能说中国的文化都是精华，没有糟粕，不能那样说。问题是精华和糟粕是非常难分的，有时它还会变化。如孝敬父母的孝，到底是糟粕，还是精华？"五四"时代，孝一定是糟粕，毫无疑问；到了六七十年代，孝还是糟粕；可是到了今天，我们不是还提倡要孝敬父母和尊敬老人吗？我是不赞成"二十四孝"的，但孝敬父母，恐怕到了将来共产主义社会也得孝敬父母，因为父母老了，从人道主义出发也应该得到赡养和尊敬。所以说精华与糟粕有时是不易分清的。

我刚才说过，我思考的问题当然不止这些，倘若要让我讲下去的话，恐怕要讲三天三夜也讲不完。今天就把这些意见提出来，有好些问题连我自己也搞不清楚。总之，对我们亚非学会、对即将来临的21世纪究竟如何研究亚非问题，特别是对东方文化问题提出自己的看法，讲得不对的地方，请同志们批评指正。

谢谢大家。

1994年10月22日

《东方文化集成》总序

我们正处在一个新的"世纪末"中。所谓"世纪"和"世纪末",本来是人为地创造出来的。非若大自然中的春、夏、秋、冬,秩序井然,不可更易,而且每岁皆然,决不失信。"世纪"则不同,没有耶稣,何来"世纪"?没有"世纪",何来"世纪末"?道理极明白易懂。然而一旦创造了出来,它就产生了影响,就有了威力。上一个"世纪末",19世纪的"世纪末",在西方文学艺术等意识形态领域中就出现过许多怪异现象,甚至有了"世纪末病"这样的名词,这是众所周知的事实,无待辩论与争论。

当前这一个"世纪末"怎样呢?

我看也不例外。世界上许多国家和地区都出现了政治方面天翻地覆的变化,不能不令人感到吃惊。就是在意识形态领域内,也不平静。文化或文明的辩论或争论就很突出。平常时候,人们非不关心文化问题,只是时机似乎没到,争论不算激烈。而今一到世纪之末,人们非常敏感起来,似乎是憬然醒悟,于是东西各国的文人学士讨论文化的兴趣突然浓烈起来,写的文章和开的会议突然多了起来。许多不同的意见,如悬河泄水,滔滔不绝,五光十色,纷然杂陈。这样就形成了所谓"文化热"。

在这一股难以抗御的"文化热"中,我以孤陋寡闻的"野狐"之身,虽无意随喜,却实已被卷入其中。我是一个有话不说辄如骨鲠在喉的人，在许多会议上，在许多文章中，大放厥词，多次谈到我对文化，特别是东方文化与西方文化的联系，以及东方文化在未来的新世纪中所起的作用和所占的地位等等的看法。颇引起了一些不同的反响。

为说明问题计，现无妨把我个人对文化和与文化有关的一些问题的看法简要加以阐述。我认为，在过去若干千年的人类历史上，民族和国家，不论大小久暂，几乎都在广义的文化方面做出了自己的贡献。这些贡献大小不同，性质不同，内容不同，影响不同，深浅不同，长短不同；但其为贡献则一也。人类的文化宝库是众多的民族或国家共同建造成的。使用一个文绉绉的术语，就是"文化多元主义"。主张世界上只有一个民族创造了文化，是法西斯分子的话，为我们所不能取。

文化有一个很突出的特点，就是，文化一旦产生，立即向外扩散，也就是我们常说的"文化交流"。文化决不独占山头，进行割据，从而称王称霸，自以为"老子天下第一"，世袭珍藏，把自己孤立起来。文化是"天下为公"的。不管肤色，不择远近，传播扩散。人类到了今天，之所以能随时进步，对大自然，对社会，对自己内心认识得越来越深入细致，为自己谋的福利越来越大，重要原因之一就是文化交流。

文化虽然千差万殊，各有各的特点；但却又能形成体系。特点相同、相似或相近的文化，组成了一个体系。据我个人的分法，纷纭复杂的文化，根据其共同之点，共可分为四个体系：中国文化体系，印度文化体系，阿拉伯伊斯兰文化体系，自古希腊、罗马一直到今天欧美的文化体系。再扩而大之，全人类文化又可以分为两大文化体系：前三者共同组成东方文化体系，后一者为西方文化体系。人类并没有创造出第三个大文化体系。

东西两大文化体系有其共同点，也有不同之处。既然同为文化，当然有其共同点，兹不具论。其不同之处则亦颇显著。其最基本的差异的根源，我认为就在于思维方式之不同。东方主综合，西方主分析，倘若仔细推究，这种差异在在有所表现，不论是在人文社会科学中，还是在理工学科中，我这个观点曾招致不少的争论。赞成者有之，否定者有之，想同我商榷者有之，持保留意见者亦有之。我总觉得，许多人（包括我自己在内）对东西方文化了解研究得都还不够深透，有的人连我的想法了解得也还不够全面，不够实事求是，却唯争论是尚，所以我一概置之不答。

有人也许认为，我和我们这种对文化和东西文化差异的看法，是当代或近代的产物。我自己过去就有过这种看法。实则不然。法国伊朗学者阿里·玛扎海里所著《丝绸之路》这一部巨著中有许多关于中国古代发明创造的论述，大多数为我们所不知。我在这里不详细介绍。我只引几段古代波斯人和阿拉伯人论述中国文化和希腊文化的话：

由扎希兹转载的一种萨珊王朝（226—Ca.640年）的说法是：

> 希腊人除了理论之外从未创造过任何东西。他们未传授过任何艺术。中国人则相反。他们确实传授了所有的工艺，但他们确实没有任何科学理论。（页329）

羡林按：最后一句话不符合事实，中国也是有理论的。这就等于黑格尔说：中国没有哲学。完全是隔膜的外行话。

书中还说：

在萨珊王朝之后，费尔多西、赛利比和比鲁尼等人都把丝绸织物、钢、砂浆、泥浆的发现一股脑儿地归于耶摩和耶摩赛德。但我们对于丝织物和钢刀的中国起源论坚信不疑。对于诸如泥浆——水泥等其余问题，它们有99%的可能性也是起源于中国。我们这样一来就可以理解安息—萨珊—阿拉伯—土库曼语中一句话的重大意义："希腊人只有一只眼睛，唯有中国人才有两只眼睛。"约萨法·巴尔巴罗于1471年和1474年在波斯就曾听到过这样的说法。他同时还听说过这样一句学问深奥的表达形式："希腊人仅懂得理论，唯有中国人才拥有技术。"（页376）

关于一只眼睛和两只眼睛的说法，我还要补充一点：其他人同样也介绍了另外一种说法，它无疑是起源于摩尼教：

> 除了以他们的两只眼睛观察一切的中国人和仅以一只眼睛观察的希腊人之外，其他的所有民族都是瞎子。（页329）

我之所以这样不厌其烦地引这许多话，决不是因为外国人夸中国人有两只眼睛而沾沾自喜，睥睨一切。令我感兴趣的是，在这样漫长的时间以前，在波斯和阿拉伯地区就有了这样的说法。我们今天不能不佩服他们观察的细致与深刻，一下子就说到点子上。除了说中国没有理论我不能同意之外，别的意见我是完全同意的。在当时的世界上，确实只是中国和希腊有显著、突出、辉煌的文化。现在中国那一小撮言必称希腊的学者们或什么"者们",可以憬然醒悟了。

但是这也还不是令我最感兴趣的问题,我最浓烈的兴奋点在于,正如我在上面所说的那样,畅谈东西文化之分,极富于近现代的摩登色彩。波斯和阿拉伯传说都证明:东西文化之分的说法,古已有之,于今为烈而已。其次,令我感到欣慰的是,文化的东西二分法,我并非始作俑者,古代的"老外"已先我言之矣。令我更感到欣慰的是我讲的东西方思维方式是东西文化的基础。波斯和阿拉伯古代的说法,我认为完全证实了我的看法。分析出理论,综合出技术,难道不是这样子吗?

时至今日,古希腊连那一只眼睛也早已闭上,欧洲国家继承并发扬了古希腊辉煌的文化,使欧洲文化光照寰宇。工业革命以后,技术也跟了上来,普天之下,莫非欧风。欧美人昏昏然陶醉于自己的胜利之中,以"天之骄子"自命,好像有了两三只眼睛。但他们完全忘记了历史,忽视了当前的危机。而中国呢,则在长时期内,由于内因和外因的缘故,似乎把两只眼睛都已闭上。古代灿烂文化不绝如缕。初则骄横自大,如清初诸帝那样,继则震于西方的船坚炮利,同样昏昏然拜倒在西方的什么裙下,一直到了今天,微有苏醒之意,正在奋发图强中。

从上面谈到的历史事实中,我得出了一个结论:上下五千年,纵横十万里,东西文化的变迁是"三十年河东,三十年河西"。这本来是两句老生常谈,是老百姓的话,并不是我的发明创造。我提出来说明东西文化的关系,国内外都有赞成者,国内也有反对者,甚至激烈反对者。我窃以为这两句话只说明了一个事实。中国古代哲学讲变易,佛家讲无常,连辩证法也讲事物时时都在变化中。大自然、人类社会和人类内心，无不证明这两句话的正确。我不过捡来利用而已。《三国演义》开宗明义就说："话说天下大势，分久必合，合久必分。"说的不也就是这个浅显的道理吗？

可是东西方都有人昧于这个浅显的道理。特别是在西方，颇有人在有意识或无意识中，觉得自己的辉煌文化会万岁千秋地辉煌下去的。中国追随者也大有人在。他们根本没有意识到，文化也像世间的万事万物一样，不会永驻的，也是有一个诞生、发展、成长、衰竭、消逝的过程的。

但是，中国有一句俗话：是非自在人心。人是能够辨是非，明事理的。以自己的文化自傲的西方人也不例外。在第一次世界大战以前，西方这种人简直如凤毛麟角。一战爆发，惊醒了某一些有识之士。事实上在一战爆发前，就有人有了预感。德国学者奥斯瓦尔德·斯宾格尔（Oswald Spengler）在1911年就预感到世界大战迫在眉睫。后来大战果然爆发。从1917年起，斯宾格尔就开始写《西方的没落》。书一出版，立即洛阳纸贵。他的基本想法是：文化都可以分为四个阶段：一，青春；二，生长；三，成熟；四，衰败。尽管他的推论方法，收集资料，还难免有主观唯心的色彩。但是，他毕竟有这一份勇气，有这一份睿智，敢预言当时如日中天的，他认为在世界历史上八个文化中唯一还有活力的文化也会"没落"。我们不能不对他表示敬意。美中不足的是，他还没有认识到东方文化和西方文化的存在和交流关系。（参阅齐世荣等译《西方的没落》上下册，商务印书馆，1995年）

在西方，继斯宾格尔而起的是英国历史学家汤因比（Arnold J.Toynbee，1889—1975年）。他自称是受到了前者的影响。二人同样反对"欧洲中心主义",是他们有先见卓识之处。汤因比继承了斯宾格尔的意见,认为文化——他称之为"文明"——都有生长一直到灭亡的过程。他把人类历史上的文明分为21种,有时又分为26种。这些意见都表述在他的巨著《历史研究》中（1934—1961年）,共12卷。他比斯宾格尔高明之处,是引入东方文化的讨论。到了20世纪70年代,他同日本社会活动家池田大作对话时,更进一步加以发挥,寄希望于东方文化。（参阅《展望二十一世纪》,国际文化出版公司,1985年）

我并不认为,斯宾格尔和汤因比（继他们之后欧美一些国家还有一批哲学家和历史学家、社会学家,赞成他们的意见,我在这里不具引）等的看法都百分之百正确。但在举世昏昏,特别是欧美人昏昏的情况下,唯独他们闪耀出一点灵光,是十分难能可贵的。他们的看法从大体上来看,我认为是正确的。如果借用上面提到的古代波斯和阿拉伯人的说法,我就想说：希腊人及其后代的那一只眼睛,后来逐渐变成了两只眼睛；可物极必反,现在快要闭上了。中国人的两只眼睛,闭上了一阵,现在又要睁开了。

闭上眼睛的欧美人士,绝大多数一点也不了解东方,而且压根儿也没有了解的愿望。我最近多次听人说到,西方至今还有人认为中国人还缠小脚,拖辫子,抽大烟,养小老婆。甚至连文人学士还有不知道鲁迅为何许人者。在这样地球越变越小,信息爆炸的时代,西方之"文明人"竟还如此昏聩,真不能不令人大为惊异。反观我们中国,情况恰恰相反。欧美的一切,我们几乎都加以崇拜。汉堡包、肯德基、比萨饼,甚至莫须有的加州牛肉面,只要加一个洋字,立即产生大魅力,群众趋之若鹜。连起名字,有的都带有点洋味。个人名字与店铺名字，莫不皆然。至于化妆品，外国进口的本来就多。中国自造的也多冠以洋名，以广招徕。爱国之士，无不痛心疾首，谴责这种崇洋媚外的风气和行为。然而，从一分为二的观点上来看，也有其有利的一面。孙子说："知己知彼，百战不殆。"专就东西而论，现在的情况是，我们对西方几乎是了若指掌，而西方对东方则如上面所说的那样，是一团漆黑。将来一旦有事，哪一方面占有利条件和地位，昭如日月矣。

对西方的文化，鲁迅先生曾主张"拿来主义"。这个主义至今也没有过时。过去我们拿来，今天我们仍然拿来，只要拿得不过头，不把西方文化的糟粕和垃圾一并拿来，就是好事，就会对我们国家的建设有利。但是，根据我上面讲的情况，我觉得，今天，在拿来主义的同时，我们应该提倡"送去主义"，而且应该定为重点。为了全体人类的福利，为了全体人类的未来，我们有义务要送去的，但我们决不会把糟粕和垃圾送给西方。不管他们接受，还是不接受，我们总是要送的。《诗经·大雅》说："投我以桃，报之以李。"西方文化给人类带来了一些好处。我们中国人，我们东方人，是懂得感恩图报的民族。我们决不会白吃白拿。

那么，报些什么东西呢？送去些什么东西呢？送去的一定是我们东方文化中的精华。送去要有针对性，针对的就是我在上面提到的那一个西方文化产生的"危机"。光说"危机"，过于抽象。具体地说，应该说是"弊端"。近几百年以来，西方文化产生的弊端颇多，举其大者，如环境污染、大气污染、臭氧层破坏、生态平衡破坏、物种灭绝、人口爆炸、新疾病丛生、淡水资源匮乏，等等。此等弊端，如不纠正，则人类前途岌岌可危。弊端产生的根源，与西方文化的分析的思维方式有紧密联系。西方对为人类提供生存所需的大自然分析不息，穷追不息，提出了"征服自然"的口号。"天何言哉！"然而"天"——大自然却是能惩罚的，惩罚的结果就产生了上述诸种弊端。

拯救之方，我认为是有的，这就是"改弦更张"、"改恶向善"，而这一点只有东方文化能做到。东方文化的基本思维方式是综合，表现在哲学上就是"天人合一"，张载的《西铭》是一篇表现"天人合一"思想最精辟的文章："乾称父，坤称母，予兹藐焉，乃浑然中处。故天地之塞吾其体，天地之帅吾其性。民吾同胞，物吾与也。（下略）"印度哲学中的"梵我一如"，也表达了同样的思想。总之，东方文化主张人与大自然是朋友，不是敌人，不能讲什么"征服"。只有在了解大自然，热爱大自然的条件下，才能伸手向大自然索取人类衣、食、住、行所需要的一切。也只有这样，人类的前途才有保障。

我们要送给西方的就是这种我们文化中的精华。这就是我们"送去主义"的重要内容。

我们的"李"送了出去，接受不接受呢？实际上，我们还没有正式地送，大规模地送。连我们东方人自己，其中当然包括中国人，还不知道，还不承认自己有这种宝贝，我们盲目追随西方，也同样向自然界开过战，我们也同样有那一些弊端，立即要求西方接受，不也太过分了吗？不过，倘若稍稍留意，人们就会发现，现在世界各国，不管出于什么动机，也不管是根据什么哲学，注意到上述弊端而又力求改变的人越来越多了。今年《日本经济新闻》刊载了高木韧生的文章，说21世纪科研重点将是"人类生存战略"。这的确是见道之言。我体会，这里所说的"科研"包括文理两个方面。作者把科研提高到"人类生存"这个高度来看,不能不谓之有先见之明,应该受到我们大家的最高的赞扬。至于惊呼人口爆炸的文章,慨叹新疾病产生的议论,让人警惕环境污染、臭氧层破坏、生态平衡的破坏、淡水资源的匮乏等等的号召,几乎天天可见。人类变得聪明起来了,人类前途不是漆黑一片了。我想,世界各国每一个有心人,无不为之欢欣鼓舞。我这一个望九之年的耄耋老人,也为之手舞足蹈了。

我在上面刺刺不休说了那么多话,画龙点睛,不出一点:我曾在一次国际学术讨论会上说过一篇短话,题目叫做"只有东方文化能够拯救人类"。我在上面说的千言万语,其核心就是这一句短短的话。至于已经来到我们门前的21世纪究竟会是什么样子?西方文化究竟如何演变?东方文化究竟能起什么具体的不是空洞的作用?人类的前途究竟何去何从?所有这一切问题,都有待于历史发展的进程来加以证明。从前我读过一个近视眼猜匾的笑话。现在新的一个世纪还没有来临,匾还没有挂出来,上面有什么字,我们还不能知道。不管自诩眼睛多么好,看得多么远,在这一块尚未挂出来的匾前,我们都是近视眼。

在这样的情况下,我认为,我们最重要的任务就是学习,就是了解。我们责怪西方不了解东方文化,不了解东方,不了解中国,难道我们自己就了解吗?如果是一个诚实的人,他就应该坦率地承认,我们中国人自己也并不全了解中国,并不全了解东方,并不全了解东方文化。实在说,这是一出无声的悲剧。

了解的唯一途径就是学习,而学习首先必须有资料。对我们知识分子来说,学习资料首先是文字,也就是书籍。环顾当今世界,在"欧洲中心论"还有市场的情况下,在西方某一些人还昏昏然没有睁开眼睛的时候,有关东方的书籍,极少极少。有之,亦多有偏见,不能客观。西方如此,东方也不例外。即使我们有学习的愿望,也是欲学无书。当然,东方各国的情况不尽相同,各国刊出书籍的多寡也不尽相同。但总之是很少的。有的小一点的国家,简直形同空白。有个别东方国家几乎毫无人知,它们存在于一团迷雾中,若明若暗,似有似无。这也是一出无声的悲剧。

就是为了这个缘故,我们这一批人不自量力——或者更明确地说是认真"量"过了自己的"力",倡议编纂这一套巨大空前的《东方文化集成》。虽然,我们目前的队伍,由于历史造成的原因,还不是太大,我们的基础还不是太雄厚,但是,我们相信主观能动性。我们想"挽狂澜于既倒",我们决非徒托空言。世界人民、东方人民、中国人民的需要,是我们的动力。东方人民和西方人民的相互了解,是我们的愿望。东方人民和西方人民越来越变得聪明,是我们的追求。我们老、中、青三结合,而对著作的要求则是高水平的。我们希望,能通过这个活动,既提高了中国对东方文化的研究水平,又能培养出一批学有专长的人才,收得一举两得之效。

我们既反对"欧洲中心主义",我们反对民族歧视,但我们也并不张扬"东方中心主义"。如果说到或者想到,在21世纪东方文化将首领风骚的话,那也是出于我们对历史发展的观察与预见,并不出于什么"主义"。本着这种精神,我们对东方几十个国家一视同仁。国家不论大小,人口不论多寡,历史不论久暂,地位不论轻重,我们都平等对待,决不抬高与贬低,拜倒与歧视。每一个东方国家都在我们丛书中占有地位。

但国家毕竟不同，资料毕竟多寡悬殊。我们也无法强求统一。有的国家占的篇幅多一点，有的少一点。这是实事求是，与歧视毫无关联。我们虔诚希望，在即将来临的21世纪中，中国的两只眼睛都能睁开，而且睁得大大的，明亮而睿智。西方的一只眼睛能变成两只，也同样睁开，而且睁得大大的，明亮而且睿智。世界上各个民族也都有了两只眼睛，都要睁得大大的，明亮而且睿智。我们共同学习，努力互相了解。我们坚决相信，只要能做到这一步，人类会越来越能互相了解，世界和平越来越成为可能，人类的日子会越来越好过，不管还需要多么长的时间，人类有朝一日总会共同进入太平盛世，共同进入大同之域。

1996年3月20日

中国青年与现代文明

当前中国青年正面对着一个新的世纪末，20世纪的世纪末。

所谓世纪和与之相联系的"世纪末"，完全是人为地造成的，与人类社会的发展没有任何必然的联系。但是，上一个世纪末，19世纪的世纪末，世界上，特别是文化中心的欧洲，却确实出现了一些特异的现象，在意识形态领域里更为显著，比如文学创作之类。

到了今天，一百年过去了，另一个世纪末又来到了我们眼前。世界形势怎样呢？有目共睹，世界上，特别是在欧洲，又出现了一些特异的，甚至令人震惊的事件。在政治方面，存在了七八十年的苏联突然解体了，东欧国家解体的解体，内讧的内讧，等等，等等。在经济方面，人们也碰到了困难。难道这还不足以引起人们的深思吗？

在寰球激荡中，我们中国相对说来是平静的。这正是励精图治，建设我们国家的大好时机。但是，有一些现象也不容忽视，我指的是社会风习方面。在这方面，并不是毫无问题的。有识之士早已悊然忧之，剀切认为，应当认真对待，不能掉以轻心。

在不良风气中，最使我吃惊的是崇洋媚外。这种极端恶劣的风气，几乎到处可见。我们中华泱泱大国过去的声威，现在不知哪里去了。我坚决反对盲目排外那种极端幼稚可笑的行动。从中华民族的历史上来看，我们的先民都是肯于、善于、敢于学习外国的好东西的,我们的民族文化之所以能够无远弗届历久不衰,其根源就在这里。到了今天,外国的好东西,特别是在科技方面的好东西,我们必须学习。不但现在学,而且将来也要学,这是毫无可疑的。然而眼前是什么情况呢?学习漫无边际,只要是外国东西,一律奉为至宝。给商品起名字,必须带点洋味,否则无人问津。中国美食甲天下,这一点"老外"都承认的,连孙中山先生都曾提到过。然而今天流行中国市面的却是肯德基、麦当劳、加州牛肉面、比萨饼。门市一开,购者盈万。从事涉外活动的某一些人,自视高人一等。在旧中国,"华人与狗,不许入内",立这样的牌子的是外国侵略者。今天,在思想上,在行动上树立这样牌子的却是某一些中国人自己。

哀莫大于心死,我们某一些人竟沦落到这样可笑又可怜的地步了吗?

上面这种情况,你可以说是在新旧文明交替时代不可避免的。这话有几分道理,完全避免是不可能的。但是,听之任之,视而不见,也不见得是正确的做法。我们必须敢于面对现实,不屈服于这个现实,不回避这个现实。我认为,在这里,关键是提高我们的认识,提高我们对祖国文化以及西方文化的认识。我们要得到一种完全实事求是的、不偏不倚,深刻而不是肤浅的认识。

尽人皆知,祖国文化是光辉灿烂的文化,对人类作出了极大的贡献。要完全实事求是地认识祖国文化,必须从宏观上来看,"风物长宜放眼量",不能鼠目寸光,不能只看眼前。我国汉唐时期,文化广被寰球。我最近看到了一则报导。如果我没有记错的话,根据最新考古发掘的成果来看,唐代的长安(今西安）面积比现在大 20 倍。这简直是一个难以想象的数字。长安真是当年世界文化和经济的中心。万国商贾会萃于此，交流商品，交流文化。八方风雨会长安，其繁荣情况至少可以与今天的纽约、巴黎、柏林、东京相媲美，何其盛哉！

据我自己的思考，中国在外国人眼中失去光辉是从 1840 年鸦片战争开始的。在欧洲，17、18 世纪不必说了。那时候流行的是"东化"，而不是今天的"西化"。一直到 19 世纪 20 年代，在 1827 年 1 月，欧洲最伟大的天才之一，德国最伟大的诗人，可以说是欧洲文化化身的歌德，在同爱克曼谈话时，还盛赞中国文化，盛赞中国伦理道德水平之高，认为远非欧洲所能比。仅仅在 13 年之后，到了 1840 年的鸦片战争，英国侵略者用大炮轰开了中国的国门，把鸦片送了进来，中国这一只貌似庞然大物的纸老虎被戳破了。从此中国的声望在只知崇拜武力的欧洲人眼中一落千丈。

在这以前，中国的某一些人，特别是那几位皇帝老子，以及一些贵族大臣，愚昧无知，以为自己真是居天下之中，自己真是真龙天子和天上的星宿下凡，坐井观天，不知天高地厚，骄纵狂妄，可笑不自量。可是，一旦当头棒加，昏眩了一阵以后，清醒过来，就变成了另外的人。对洋人五体投地，让洋人的坚船利炮吓得浑身发抖。上行下效，老百姓中也颇有一些人变成了贾桂。

旧社会有这种情况，是完全可以理解的。1949 年建国以后，中国人民真正站起来了。有相当长的一段时间，中国人自尊自爱，精神状态是正常的、健康的。中间几经变乱，特别是"十年浩劫"，把中国人的思想又搞乱了。到了今天，就发展成了我上面说的那种情况。岂不大可哀哉！

我们究竟怎样看待西方文明呢？首先我们对人类历史上文明或文化的发展，有一个正确的看法。人类历史的发展告诉我们，任何时代，任何国家的文明都不是一成不变的。它们都有一个诞生，成长，繁荣，衰微，消逝的过程。这是一个客观规律，是不以人的主观意志为转移的。中国文明如此，西方文明也是如此。

在欧洲，自从文艺复兴以后，随着资本主义的萌芽和发展，文化也逐渐发展起来。不管是在科学技术领域里，还是在文学艺术领域里，西方人都获得了极其辉煌的空前的成就，他们把人类文化推到了一个崭新的阶段上。一直到今天，西方文化还占有垄断的地位。世界各国，包括我们国家在内，无不蒙受其影响。上而至于政治、经济、文学、艺术、哲学、教育等等，下而至于衣食住行各个方面，没有一个地方没有西方文化的烙印。西方资本主义和以后的帝国主义，对全世界弱小民族的剥削和压迫，我们当然也不会忘记。那是另一本账，我认为，可以与西方文化分开来算。

这样的西方文化是不是就能万岁千秋永远繁荣下去呢？根据我上面谈到的人类文化的发展规律，那是决不可能的。西方文化也会有一个盛极而衰的过程的。而且据我看，这个衰的过程已经露出了端倪。西方有识之士也已承认，自己的文化并非万能。自己的政治和经济问题，它也并不能解决。两次杀人盈野的大战都源于欧洲，就是一个具体的证明。有人主张，资本主义能够自我调节。这是事实，但是调节的作用是有限的，只能治标，不能治本。正如人们服食人参鹿茸，只能暂时生效，不能长生不老。

就连西方文化表现得最突出的自然科学方面，西方人，甚至一些东方人，认为那就是真理，可是有许多自然现象它仍然解决不了，比如中国的气功和特异功能，还有贵州傩文化的一些特异现象。把这些东西说得神乎其神，我并不相信。但是这些现象确实存在，却也无法否认。

摆在我们眼前的东西方文化的情况就是这样。人类文化的发展将何去何从呢？

我不搞意识形态的研究，探讨义理，非我所长。但是，近几年来，一些社会和自然现象逼着我思考一些问题。我觉得，一部人类文化史告诉我们，几千年来人类发展的文化不外两大体系，一个是东方文化，一个是西方文化。东方文化的基础是综合的思维模式，西方则是分析的思维模式。所谓"综合"，其核心是强调普遍联系，注重整体概念。用句通俗的话来说，就是"既见树木，又见森林"。拿治病来作个例子，头痛可以医脚。所谓"分析"，就是"只见树木，不见森林"，"头痛医头，脚痛医脚"。这只是一个极其概括的说法，百分之百纯粹的综合思维或分析思维是没有的。

此外，我还发现，在历史上，东西方文化的关系是"三十年河东，三十年河西"。以中国文化为基础的东方文化，曾在世界上占主导地位。资本主义兴起以后，西方文化逐渐取代了东方文化，垄断世界达数百年之久。现在似乎是渐渐成了强弩之末。济其穷者必然是而且也只有东方文化。

我的意思并不是让东方文化消灭西方文化。那是完全荒谬绝伦的。我只是想说，在西方文化的基础上，用综合的思维方式来纠正分析的思维方式的某一些偏颇之处，能够解决西方文化迄今无法解决的一些自然和社会问题，把人类文化推到一个更高的阶段。

这样一个艰巨的任务决非一代人或几代人在一两百年内就能完成的。我认为，下一个世纪就会是一个转折点。

今天的青年是迈向一个新世纪的一代新人，这个任务的开端工作就落在他们肩上。

1992年7月8日

从中国文化特点谈王国维之死

将近60年前在清华读书时,经常徘徊在"王静安先生纪念碑"前,和同学们指指点点,谈论陈寅恪先生写的纪念碑文。其中有几句话:

> 士之读书治学,盖将以脱心志于俗谛之桎梏,真理因得以发扬。思想而不自由,毋宁死耳。斯古今仁圣所同殉之精义,夫岂庸鄙之敢望。先生以一死见其独立自由之意志,非所论于一人之恩怨,一姓之兴亡。

与此事有联系的,寅恪先生还有一段话:

> 凡一种文化值衰落之时,为此文化所化之人,必感苦痛,其表现此文化之程量愈宏,则其所受之苦痛亦愈甚;迨既达极深之厚,殆非出于自杀无以求一己之心安而义尽也。(《王观堂先生挽词并序》)

这些话意思是明白的,但是我们却觉得,它与王静安先生之死挂不上钩。静安先生自己写得非常清楚:"五十之年,只欠一死。经此事变,义无再辱。"原来溥仪被驱逐出宫时,他曾与罗振玉、柯绍忞等相约同殉。后未果。他认为这是耻辱。到了1927年,韩复渠兵临北平城下,他不想再一次受辱了,于是自沉于颐和园内昆明湖。这是一种忠君思想,是再清楚不过的了,同什么"俗谛"、"思想自由",又同什么"文化"有何关联呢?这个问题多年来耿耿于怀,没有得到认真的解决。我也就把它放到一边,不再考虑。

最近,我因为给一册纪念寅恪先生的论文集写一篇序,又认真读了一些陈先生的著作,浏览了时贤关于他的专著和论文。有的学者在自己的著作中谈及王静安先生之死,作了一些解释。读了以后,我学习了不少的东西,得到了许多启发。可是将近六十年前我碰到的那个问题,仍然没有解决。学者们的一些看法,我认为有点隔靴搔痒,没有搔到痒处。在这样的情况下,我只好重新独立思考了。我觉得,要想满意地回答我的问题,只能从中国文化的特点出发来考虑、探讨。

什么叫做文化呢?世界各国的学者给文化下的定义,据说有好几百个。定义数目这样多,正好证明这个问题并没有解决,难以解决。我现在不想再给定义的宝库增添新的负担。我个人没有这个能力,也认为没有必要。我只想考虑一下中国文化的特点,由此来解决自己的问题。

世界各国人民的文化有共性,也有个性。中国文化的个性或者特点是什么呢?讨论这个问题的学者也是非常多的。我不想远求,我顺手拿过了一本《中国文化书院讲演录第一集·论中国传统文化》,又随便从里面选了四位学者的文章,加以节引。第一位是梁漱溟先生。他在《中国文化要义》中说:

> 中国人的心思、思想、精神用到哪里去了呢?用到人与人之间去了,用到人伦关系上面去了。所谓父慈子

孝、兄友弟恭、夫妇和好都是人与人之间的关系问题、人偶的问题。

第二位是冯友兰先生。他在《中国哲学的特质》中说：

> 中国文化有一个特点，就是对人的评价很高　中国的文化讲的是"人学"，着重的是人。中国哲学的特点就是发挥人学，着重讲人。

庞朴先生是我想提到的第三位学者。他在《中国文化传统的继承和发扬问题》中说：

> 我想是不是可以说人文主义是中华文化的一个精神呢　孔子的一个很重要的概念就是"仁义礼智信"中的那个"仁"字，就是以人为本位，以人作为自己学说的目的，是尊重人的一种学说。

第四位是任继愈先生。他在《唐宋以后的三教合一思潮》中说：

> 任何一个理学家都认为三纲五常是与生俱来的、天地间的至理，最高真理，不能问为什么要忠君、孝父母，因为这是人类善的本性的必然要求，这种天性与生命共存亡，只要活着就必须在这个规律中生活。

学者们的意见就征引到这里。他们的说法虽然似乎有一些差异，但是意思则基本上是一致的，也就是说，他们认为，中国文化的特点在于重视人，重视人的社会关系和伦理关系。我认为，这种看法是正确的，是同我经过长时期考虑的结果相一致的。

这样一来，王静安先生之死的原因与中国文化的特点完全可以挂上钩了。既然中国文化偏重伦理道德方面，与西洋和印度的迥乎不同；那么，中国伦理道德的骨架是三纲六纪，君为臣纲是三纲之一。王静安之死表面上是臣殉君，事实上也是臣殉君，但从更深一层的内涵上来看，说他是殉中国文化，不是完全合情合理吗？寅恪先生关于王静安先生之死的那一些话不也完全豁然开朗了吗？

1990 年 10 月 26 日

东西文化比较

季羡林

古代穆斯林论中西文化的差异
——读《丝绸之路》札记

法国伊朗学者阿里·玛扎海里的巨著《丝绸之路——中国—波斯文化交流史》,已由耿昇先生译为汉文。中国学人,懂英文者多,通法文者少。耿君此举,功德无量。

作者原籍伊朗,波斯文是他的母语,又精通阿拉伯文及多种突厥系语言。他能直接使用这些语言写成的典籍。这一点许多国家的学者都难以做到,我国学者也不例外。本书就是在这样的基础上写成的。因此,读此书真如入宝山,到处是宝,拣不胜拣。我曾写过一篇论文:《丝绸之路与中国文化》,文中拣了一些宝。现在我专就中西文化差异这个主题,再写这一篇文章。

我先抄几段原书:

在伊斯兰教初期,还流传着有关中国人的另一种传说:"中国是雅弗的后裔",他们创造了大部分专门艺术(艾敏·艾哈迈德·拉齐:《七大洲世界》,约为公元1617—1618年)。根据这种在17世纪时还可以解释一种事实真相的传说认为,中国在工艺和技术方面都较西方民族发达,是中国发明了大部分艺术。在当代的欧洲,大家还认为是希腊创造了所有的艺术,"希腊奇迹"是官方教育中所热衷的内容。在波斯，大家则持另一种观点。他们在承认希腊人于科学理论领域中无可争异（似应作"议"——羡林注）的功德的同时，却发现他们在技术领域中完全无能。

由扎希兹转载的一种萨珊王朝时代的说法是："希腊人除了理论之外从未创造过任何东西。他们未传授过任何艺术。中国人则相反。他们确实传授了所有的工艺，但他们确实没有任何科学论理（似应作"理论"——羡林注）。"

羡林按：这话说得似乎太绝对了一点，中国不能说没有一点科学理论。再接着抄：

其他人同样也介绍了下面另外一种说法，它无疑是起源于摩尼教："除了以他们的两眼睛观察一切的中国人和仅以一只眼睛观察的希腊人之外，其他的所有民族都是瞎子。"（扎希兹：《书简，论黑人较白人的优越性》）这些作者们认为，这种观察证明了中国人（如同"阿拉伯人"一样也属于有色人种）较希腊人、波斯人和"突厥人"（费尔干纳人，即锡尔河上游的塔吉克人）等民族（他们都是"白人"）的优越性。波斯国王哈桑（1453—1478年）也向威尼斯的使节约萨约·巴尔巴罗提到了这句谚语，但把"希腊人"译成了"法兰克人"。由于该使节非常欣赏波斯君主向他出示的中国产品，承认在威尼斯意大利都不能生产如此漂亮的东西。所以国王回答他说:"先生,当然如此。您当然知道这一句波斯谚语:中国人有两只眼,同时法兰克人则只有一只。"(《若萨法(羡林按:恐即上面的"约萨约")·巴尔巴罗游记》,哈克鲁特出版社,1873年版,第58页)然而,意大利当时已经过了两个世纪的"文艺复兴"。西方人在技术上的优势仅仅在18世纪初才成为事实。(页329)

下面再抄一段原书:

继萨珊王朝之后,费尔多西、赛利比和比鲁尼等人都把丝绸织物、钢、砂浆、泥浆的发现一古脑儿地归于耶摩和耶摩赛德。但我们对于绸织物和钢刀的中国起源论坚信不疑。对于诸如泥浆—水泥等其余问题,它们有99%的可能性也是起源于中国。我们这样一来就可以理解安息—萨珊—阿拉伯—土库曼语中一句话的重大意义:"希腊人只有一只眼睛,唯有中国人才有两只眼睛。"约萨法·巴尔巴罗于1471年和1474年在波斯就曾听到过这样的说法。他同时还听说过这样一句学问深奥的表达形式:"希腊人仅仅懂得理论,唯有中国人才拥有技术。"(古希斯:《论有色人种较白人之优越性》)(页376)

羡林按:这里讲的同上面讲的是一码事。所谓"吉希斯:《论有色人种较白人之优越性》"一书,实即上面的"扎西兹:《书简,论黑人较白人的优越性》"。译者一时疏忽,把著者译成几乎完全不同的名字,又误译"有色人种"为"黑人"。

但这不是我要研究的问题。我要讲的是，上面两段引文中所叙述的事实和谈到的说法，实有重大意义。到了今天，其意义更为突出。我的意思是说：这一个说法中实际上蕴含着一种中国文化和希腊文化的比较研究。我决不是由于古代的穆斯林，特别是波斯的穆斯林，说了中国的好话，而沾沾自喜，想同古希腊争一日之长，尽管在今日世界上"言必称希腊"的氛围中这个"一日之长"还是可以争一争的。我所说的"比较研究"，是指古代穆斯林们在中希文化的对比中所做的分析和观察，含有非常深的意义，对我们有极大的启发。

在漫长的历史上，不同的民族创造了一些不同的文化。每当两个文化相接触相撞击时，敏感的人们就能从中体会出、感觉出、观察出两个文化间的同或异，特别是差异，更能引起人们的注意。

要举这样的例子，是颇能举出一些来的。但是，我现在要探讨的范围仅限于以中国为一方的文化撞击。所以，我举例子，也只举这方面的例子。

从中国全部历史来看，同外来文化的撞击，大大小小，为数颇多。但是，其中最大的仅有二次：一次是佛教输入，一次是西学东渐。这两次撞击所产生的影响，可以说是贯串在自佛教传入以后一直到今天的全部历史中。外来的文化同中国固有的文化，在长达两千年的历史时期中，边撞击，边矛盾，边和解，边融合，一步步深入，一步步提高，外来文化在改变着中国文化，同时也改变着自己，结果形成了现在这个样子的中国文化。这个过程到今天还没有结束，还会继续下去，永远也不会结束。

佛教至迟到了汉代已经传入中国。尽管在最初它也做了一些姿态，甚至依附于鬼神方术，以期能在这一块陌生的土地上立定脚跟；但是，这并不能掩盖它同中国文化的根本差异，敏感的人士不久就觉察到了。牟子《理惑论》援引世俗非难佛道的话说：

> 孔子曰：未能事人，焉能事鬼？未知生，焉知死？此圣人之所纪也。今佛家辄说生死之事，鬼神之务，此殆非圣哲之言也。

佛教教义与中国文化其他差异也表现出来了。《理惑论》又说：

> 向佛道言人死当复更生，仆不信此言之审也。

甚至佛教最根本的教义之一：无我（Anātman）也有所流露。《四十二章经》说：

> 佛言，孰自念身中四大，名自有名，都为无吾，我者寄生亦不久，其事如幻耳。

"无吾"就是"无我"。此外，佛教还有一些行动规范，比如沙门不拜王者之类，都是与中国的传统的道德规范针锋相对的。佛教为一方，中国土生土长的儒家和道家为另一方，它们之间的矛盾与斗争就是不可避免的了。

关于这方面的记载，中国古代儒释道的典籍中都能找到一些。具体的例子我不列举了。唐代高僧玄奘实际上也观察到了中印文化的差异，并且做出了自己的评价。我在这里只举一个平常不引起人们注意的小例子，来说明这种情况。唐太宗应天竺童子王（Kumāra）之请，让僧道协作，把《道德经》译为梵文，以流布五天竺。但是翻译一开始，就碰到了难题：经中的"道"字怎样翻？道士们主张译为"菩提"，也就是梵文的bodhi，是佛家名词。玄奘以为不妥，坚持译为Mārga（末伽），梵文的意思是"道路"。双方争执，各不相让。《集古今佛道论衡》卷丙详细地记载了这一件事。我从中选出关键性的一节，抄录如下：

自此众锋一时潜退，便译尽文。河上序胤，缺而不出。成英曰："老经幽秘，闻必具仪。非夫序胤，何以开悟？请为翻度，惠彼边戎。"奘曰："观老存身存国之文，文词具矣。叩齿咽液之序，序实惊人。同巫觋之婬哇，等禽兽之浅术，将恐西关异国，有愧卿邦。"英等不惬其情，以事陈诸朝宰。中书马周曰："西域有道如李庄不？"答："彼土尚道九十六家，并厌形骸为桎梏，指神我为圣本。莫不沦滞情有，致使不拔我根。故其陶练精灵，不能出俗。上极非想，终坠无间。至如顺俗四大之术，冥初（物）六谛之宗，东夏老庄所未言也。若翻老序，彼必以为笑林。奘告忠诚，如何不相体悉！"当时中书门下同僚，咸然此述，遂不翻之。（《大正新修大藏经》，卷52，页387a—b）

从这一段引文中，我们可以看到，玄奘在体会到中印文化有差异的基础上，既贬抑了老子《道德经》河上公的序，又贬抑了老庄本身。这是唐代佛道矛盾的一个小小的例子。

到了宋代，高僧赞宁在他的《高僧传》，卷二十七，《含光传》后面，写了一个"系"。里面讲到佛教"倒传西域"的问题。他由此而讲到中国人和印度人著述体裁的差异，对待哲学宗教态度的差异，其基础也就是文化的差异。我引一段话：

> 盖东人之敏利，何以知耶？秦人好略，验其言少而解多也。西域之人淳朴，何以知乎？天竺好繁，证其言重而后悟也。由是观之，西域之人利在乎念性，东人利在乎解性也。（《大正藏》，卷50，页879）

在这里，关键的字眼儿是"念性"和"解性"。对于这两个词儿，我在《佛教的倒流》一文中作了详尽的分析，请参阅。我在这里只笼统地解释几句。所谓"性"，在佛典中有很多含义。梵文的 prakṛti、svabhāva 都能译为性，意思是"本体"、"自性"、"本质"，平常所说的"真如"，有时也等于"性"。"念性"，就是"忆念性"，着重在传录，不重创新。"解性"，就是"解释性"、"分析性"，着重在创新。一传承，一创新，中印的区别就在这里。我个人认为，赞宁这个对中印思维和行动的差异所做的结论颇为深刻，极有启发性。

上面讲的是中国文化和佛教的差异，中国和印度的差异。这是中国文化史上第一次同外来思想或外来文化的撞击。

第二次撞击就是一千多年以后明末清初时期的西学东渐。从此以后，我们才有了"中学"和"西学"这样的名称，才有了"东方文化"和"西方文化"这样的说法。"西学"的先遣部队是天主教。耶稣教入中国，并不自明末始。但是像明末清初这样大规模的传入，确还是第一次。唐代所谓"三教"是指儒、释、道。此时又来了一个新三教。道家退出，增添了一个天主教。矛盾和撞击就在这个新三教中展开了。三教之间（事实上代表着三种文化）的纵横捭阖，请参阅方豪：《中西交通史》，（五），第五章《欧洲宗教与神哲等学之东传》。我不再详细叙述。

到了19世纪，经过了鸦片战争的考验，中国天朝大国这一只纸老虎，被戳上了几个大窟窿。有识之士，如魏源等等，一下子睁开了眼睛，看到了眼前世界的真相，特别是西方世界的真相，一时痛感前非，大声疾呼，想把入睡的中国人唤醒。从此时起，"西学"（我没有研究过这个词儿是从什么时候开始形成的）的含义有了根本性的改变。它不再是仅仅涉及宗教、哲学、文学、艺术等等的空洞的学问，而是同船坚炮利、富国强兵联系起来了，其意义与前此迥乎不同了。其后又经过了八国联军、甲午海战等等丧权辱国的战争，到了19世纪末年，张之洞等人又提出了"中学为体，西学为用"这样的主张，充分承认了"西学"的地位，使之与"中学"并列，差别只在体用。到了此时，东西文化的差异被充分认识与肯定。到了"五四"运动时期，喊出了"民主与科学"的口号，认为这两种东西是西方的东西，中国必须传入。这一次影响深远的运动，实质上也是东西文化撞击的产物。"五四"以后，关于中西文化的大辩论还发生过多次。到了今天，大家都热衷于讨论传统文化与现代化的问题。传统文化就是中国文化，是东方文化的代表与基础，这一点毫无疑义。而现代化，虽然不就等于西化，然而西化的成分却是很突出的。这一点也可以说是无疑义了。这一个事实也是东西文化长期撞击的余震。

我在上面用极其简略概括的语言描述了中国两千年来中外

（后来是中西）文化的差异与撞击，当然也有融合。现在再回头来看本文开头时引用的那几段话。这几段话说得已经清清楚楚，用不着再作什么解释。我现在只想就这几段话说点感想或者看法，最后解释其产生的原因，算是我一家之言：

第一，中国人创造了大部分技艺的说法，在"伊斯兰教初期"就已经有了。伊斯兰教初期，相当中国历史上的初唐，公元第七世纪。那时候，还没有东西文化这个概念，当然更谈不到孰优孰劣，孰高孰下的价值判断。穆斯林们，特别是波斯的穆斯林们，能有这样的见解，是非常不容易的，是能令人吃惊又钦佩。他们说出这种看法，毫无所蔽，毫无先入之见，因此是完全真实的，完全真诚的，完全可信的。

第二，在中世纪，穆斯林是东西方优秀文化的传承者弘扬者，他们是文化的内行里手，他们的话是有分量的。

第三，穆斯林们提到了中国人和希腊人。大家都知道，中国文化是东方文化的重要组成部分，可以说是它的基础，而古希腊文化则是西方文化的源头。当时虽然还没有东西方文化这个概念，讲的却就是东西方文化。

第四，为什么只讲东西方文化呢？唯一合理的解释就是：人类在几千年的文化发展的历史上，尽管已经创造大大小小许多不同的文化；但是，从宏观上来看，人类文化只能分为东西两大体系。一直到今天，这种情况并没有改变。一千多年前的穆斯林们直觉地认识到这一点，把东方的中国和西方的希腊拿来对比，产生了引文中所说的那一种看法。

第五，古代穆斯林的这一种看法无疑是正确的。不管古希腊文化多么灿烂，多么光辉，出过多少大哲学家、大科学家、大文学家；但是，古希腊确实没有像中国有的这样几大发明：

造纸、印刷、火药、罗盘等等，等等。因此，我们不能不佩服古代穆斯林观察之细致，综合之准确。也许由于我孤陋寡闻，读的书不够多，我还没有在任何书中读到这种说法。我们不能不对古代穆斯林表示敬意。

承认这个说法，是一回事。怎样来解释这个说法，是另一回事。那么，究竟怎样来解释这个说法呢？

我还是我那老一套。最近几年来，根据自己的胡思乱想，我逐渐认识到，人类最基本的思维模式，从宏观上来看，只有两种：一种是分析的思维模式，一种是综合的思维模式。西方的思维模式是分析的，东方的思维模式是综合的。以这种思维模式为基础，在文化的各个方面都有所表露，并不限于哲学，不限于精神文化。不这样也是不可能的。如果我这种二分法是正确的话，那就必然表现在各个方面。如果只表现在某一些方面，而在另一些方面则不是这样子，那就证明我的二分法不准确。

在精神文化中，应用这二分法，并不困难。我曾在一些文章中，给中国古代哲学中"天人合一"这一个著名的命题做了"新解"。天，我认为指的是大自然；人，就是我们人类。人类最重要的任务是处理好人与大自然的关系，否则人类前途的发展就会遇到困难，甚至存在不下去。在天人的问题上，西方与东方迥乎不同。西方视大自然为敌人，要"征服自然"。东方则视大自然为亲属朋友，人要与自然"合一"。后者的思想基础显然就是综合的思维模式。而西方则处在对立面上。

这个道理，在哲学上并不难讲。但是在技术方面怎样呢？由于自己不是搞科学技术的，长期以来，对这个问题思考不下去，甚至有点不大敢思考。偶尔阅读《自然辩证法通讯》，

1990年第4期，页37—39，吴文俊：《关于研究数学在中国的历史与现状》，中间有一段话：

> 笔者曾在多种场合，指出我国的传统数学有它自己的体系与形式，有着它自身的发展途径与独到的思想体系，不能以西方数学的模式生搬硬套。我国的古代数学基本上遵循了一条从生产实践中提炼出数学问题，经过分析综合，形成概念与方法，并上升到理论阶段；精炼成极少数一般性原理，进一步应用于多种多样的不同问题。从问题而不是从公理出发，以解决问题而不是以推理论证为主旨。这与西方之以欧几里得几何为代表的所谓演绎体系旨趣迥异，途径亦殊。由于形形色色的问题往往归结为方程求解，因而方程求解就成为中国传统数学《九章》以来发展中的一条主线。这与西方数学之以定理求证为中心者正相对照。
>
> 我国传统数学在从问题为主旨的发展过程中建立了以构造性和机械化为其特色的算法体系，这与西方数学以欧几里得《几何原本》为代表的所谓公理化演绎体系正好遥遥相对。《九章》与《刘注》是这一机械化体系的代表作，与公理化体系的代表作欧几里得《几何原本》可谓东西辉映。在数学发展的历史长河中，数学机械化算法体系与数学公理化演绎体系曾多次反复互为消长，交替成为数学发展中的主流。肇始于我国的这种机械化体系，在经过明代以来近几百年的相对消沉后，由于计

算机的出现，已越来越为数学家所认识与重视，势将重新登上历史舞台。《九章》与《刘注》所贯串的机械化思想，不仅曾经深刻影响了数学的历史进程，而且对数学的现状也正在发扬它日益显著的影响。它在进入21世纪后在数学中的地位，几乎可以预卜。

在《自然辩证法研究》，1991，第7卷第5期上，吴士续发表了一篇文章：《科学历史的辩证法与辩证唯物的历史观——由吴文俊教授一篇序言引起的思考和讨论》。在这里，李昌先生又重复讲了吴文俊教授的上述论点，不再抄录，请读者取阅参考。

这真是"踏破铁鞋无觅处，得来全不费工夫"。我于无意中找到了一把解决科技方面问题的钥匙。

吴文俊教授在这里根本没有谈什么"二分法"。那是绝对不可能的，因为"二分法"是我个人胡思乱想的结果，吴先生怎么能谈呢？但是，他讲的这一番道理却是不折不扣的"二分法"。他在数学发展的过程中看出了东西之差异。西方是推理论证为主旨，是演绎的体系。而中国（东方的代表）则从实际问题出发，以方程求解为主线，以构造性和机械化为特色。两者遥遥相对，差异是再明显不过的。

我现在把古代穆斯林的看法和吴文俊教授的论点结合起来，进一步对我所主张的"二分法"作一点新阐释。简单明了地说，我的新阐释就是下面的两句话：

分析（演绎）出理论；

综合（归纳）生技术。

我想，对这两句话用不着再仔细解释了，上面连篇累牍讲的都是解释。我只想补充几句话。百分之百的纯分析和百分之百的纯综合，都是难以想象的，总是你中有我，我中有你的。我这样的归纳，只不过表示其主流和主要倾向而已。

总而言之，看了古代穆斯林对中国和希腊文化的对比，读了吴文俊教授对中国和西方数学的分析，我对自己胡思乱想的"二分法"——人类在几千年的文明史上总共创造出来了东西两大文明体系，人类的思维模式也只能分为东方的综合与西方的分析两大体系——信心更增强了。我曾再三声明过，我不是搞这一行的，我对于哲学分析没有受过严格的训练。可我最近几年以来，在务正业的同时，又胡思乱想，想入非非，超出了正业的范围。却又偏偏锲而不舍，自我感觉良好，越来越良好。这真叫做没有法子——请真正的内行里手来裁决吧。

1994 年 4 月 26 日

西方不亮东方亮
——在北京外国语大学中文学院的讲演

同志们,原来我讲好的是,十个八个人在一起座谈,随便讲点什么。结果,这个架势一摆①,非高高在上不行了。在车上我跟他们两位(宋柏年、刘蓓蓓)说讲什么东西,我说希望先听听大家的意见,他们说讲一讲文化什么的和跟你们学院有关系的一些事情。刚才杨院长也说了,不是什么正式的报告。我就根据在车上那个几分钟的灵感,来谈一点我的感想。

大家知道,我并不是搞什么文化思想的,我的出身是搞西洋文学的,后来乱七八糟搞点语言、文化、佛教,科技什么的也涉及了,是杂家,样样通,样样松,不行。要说特点呢,我喜欢胡思乱想。最近也写过几篇文章,是胡思乱想的结果。这胡思乱想有个好处,为什么?因为真正的专家呀,他不敢随便说话。他怕。我不是什么专家,所以我敢说话,就跟打乒乓球一样,我没有心理负担。现在我就讲一点儿我的看法,当然,把所有的想法都讲出来也不可能,占大家太多时间。

第一个就讲他们两位在路上讲到的文化热,眼前我们中国研究文化的一些情况。这个问题不是现在才开始的,大概是几年前吧,提出了"弘扬中华民族的优秀文化"这个口号,得到了全国人民、海外华人华裔甚至不是华人的外国人的赞同。这

---

① 指被安排在主席台就坐。

证明这个口号提得正确。什么原因呢？就是我们弘扬中华民族优秀的文化，这绝对不是什么狭隘的民族主义。因为我们都认为，外国的一些有识之士，也认为我们的优秀文化中间有些东西，不但对中国有利，对世界也有利，所以我们要弘扬。因此，我自己感觉，这口号提出来以后，这爱国主义和国际主义，完全可以结合起来。有人把国际主义跟爱国主义对立，我感觉到，真正的爱国主义就是国际主义，真正的国际主义就是爱国主义。我们这个口号就具体体现了这个关系。

据说现在全世界给文化下的定义有五百多个，这说明，没法下定义。我们认为人文科学跟自然科学不一样，有的是最好不下定义，自然科学像"直线是两点间最短的线"，非常简单，非常明了，谁也反对不了。而我认为社会科学不是这样的，所以文化的定义我想最好还是不下。当然，现在好多人写文章，还在非常努力地下定义，这个不过是在五百个定义外再添一个定义，五百零一、五百零二，一点问题不解决，所以我个人理解的文化就是非常广义的，就是精神方面、物质方面对人民有好处的，就叫做文化。文化一大部分呢，就保留在古代的典籍里边，五经四书呀，二十四史呀。中国的典籍呀，按照数量来讲，世界第一，这是毫无问题的；按质量来讲，我看也可以说是世界第一。大部分保留在典籍里，当然也有一部分不是保留在典籍里边，比如说长城，长城文化。长城是具体的东西。现在的文化，吃的盐巴也是文化，什么都是文化。这个正确不正确，我也不敢说，我说这是不是太过分了，什么都是文化，虽然这个没什么坏处，说明大家对文化重视。不用说别的，就是从我们古代文献里边，好多话，到今天非常值得我们深思。大家也知道，宋代赵普以半部《论语》治天下，从前年轻的时候我也很怀疑，我说一个人怎么能够以半部《论语》治天下呢？我到了望九之年了，我现在感觉到其实用不着半部《论语》，有几句话就能治天下。例如像大家举的"己所不欲，勿施于人"这句话，这个想法能办到，我看不仅中国大治，世界也大治，世界和平就有了保证。这一句话就够了。又如"先天下之忧而忧，后天下之乐而乐"，你到了共产主义也无非是这个境界吧。

今天中午我看《大公报》，现在的日本大使，他就讲，"近者悦，远者来"。我后来听说我们国家一个领导人到印度去访问，人家总理就讲这个教育重要，说教育是"十年树木，百年树人"，引的我们中国的。后来这位领导人到了巴基斯坦，他们的总理（女总理）引用的也是中国的话。我不是说古籍里说的话全对，这个不可能的，有精华也有糟粕，这是必然的。可是精华毕竟多于糟粕。像这种话，我不是说别的国家就没有，不能那么说，我也不说我们中华民族是世界上独一无二的。"文化是我们创造的"，这是希特勒的论调。文化不是哪一个民族创造的，是大家共同创造的。我们古代典籍里边，就是片言只字，你只要认真体会，就能对今天有帮助。这种话多极了。《论语》我们都念过，当时念《论语》莫名其妙，后来，解放后也批判《论语》，真是莫名其妙。现在你想一想呢，这里边有些话确实是那么回事，对我们今天有用。所以林语堂写了一本书叫《中国的智慧》（*The Chinese Wisdom*），他就是讲这个，选中国古代典籍里边非常精粹的，叫做中国的智慧。再回到我刚才说的，是弘扬中华民族优秀文化，我说不但对中国有用，对世界也有用。大家都能做到的话，这世界会变好的。当然这种想法就是"乌托邦"，不可能的。不过无论如何，这种智慧代表我们老祖宗对社会的看法，对人生的看法，是非常正确的。

季羡林题"十年树木,百年树人"。

有一次开会，碰到那个萧克将军。大家也知道萧克，他是炎黄文化研究会的执行副会长，他讲中国文化中有精华，当然也有糟粕，他说孔子讲"唯女子与小人之为难养也，近之则不逊，远之则怨"。他说这就是看不起妇女吧，他这句话是对的。当时在孔子那个时代，妇女恐怕是地位很低的。不过，我也跟他讲，这句话里边还有一半是对的。说小人那半对的，说妇女是错了，不应该那么讲，后来他也同意。这样我也感觉到，我们弘扬文化，我刚才说，得到全世界，不但是华裔华侨，而且是外国人的赞扬，我是说有识之士，不是一般人，一般的西方人还没到这个水平。

再说我们中国，跟这个有联系的是讲国学。国学嘛，好像是北大带了个头，《人民日报》大家也看了吧，去年有一篇文章，讲国学在燕园悄悄地兴起。实际上国学有一大部分就是讲我们的优秀文化，我们搞国学的目的也不是什么复古主义，跟那个不沾边儿。可现在呢，大家注意到没有？就是在这方面，要用"文化大革命"的词儿啊，叫做什么呢，叫做阶级斗争新动向。现在就是有人这么讲，说搞国学就是对抗马克思主义。这话我最初听说时，大吃一惊，我说国学怎么能对抗马克思主义呢，可是确实有人这么说了，而且有文章，大家要是愿意看的话呢，去年，哪一月忘记了，《哲学研究》上有一篇文章就是这观点。也有人写文章配以漫画来讽刺国学研究。所以，问题就是我们认为正确的，人家不一定认为正确。咱们人文科学就这么复杂。这个问题请同志们注意，这种文章以后还会有，这种讲话以后也会有。我的看法呢，说搞国学就是对抗马克思主义，这根本不沾边儿，应该说是发扬发展马克思主义，这就对头了。不沾边儿，怎么对抗呢，好像是我们一提倡国学就是复古主义。

现在整个的社会,不但中国,而且是全世界,都是西方文化占垄断地位。这是事实,眼前哪里不是西方文化?电灯电话,楼上楼下,就说我们这穿的,从头顶到鞋,全是西方化了。这个西化不是坏事情,问题是怎么对待这个现象。现在,我们学界,你讲那个西化大家没人反对,不管你怎么西化,没人反对;你讲"东化",就有人大为恼火。这"东化"报纸上没有这个词儿,是我发明的。不用说别的,我记得是1827年,还是清朝,歌德,德国那个大文学家,当时应该说歌德是西方文化的代表人物,他在1827年1月30日,跟爱克曼谈话,讲一个什么问题呢,就讲中国的《好逑传》。《好逑传》这本书,中国最多能够摆在《今古奇观》里边,跟那个同等水平。歌德呢,看了那个翻译,是法文翻译是拉丁文呢,我忘记了,就大为赞美,说中国这个文化了不起。《好逑传》,从这个名字你就能知道,是讲才子佳人的。他讲什么呢,歌德讲,你看在这个屋子里面,这个公子跟小姐在那里谈情说爱,可是坐怀不乱,伦理道德水平高。另外天井里面,那个鱼缸里面的金鱼,在那里悠然自得,在那里玩,说中国这个天人完全和谐,一点儿没矛盾。虽然是讲才子佳人,这种书咱们有一大批,歌德当然不知道,当时欧洲也不可能知道,一大批,可以说是已经公式化了。可他认为了不起,他批评当时法国一个最著名的诗人,就说是写伦理道德啊,就写这个男女关系,若跟中国一比啊,简直是天上地下,中国好得不得了。1827年,不是很早的,不是汉唐,汉唐那时候确实东化,当时在汉唐,世界的文化中心、经济中心是中国。到了法国,大家知道的伏尔泰,对中国也是推崇备至。莱布尼兹也是对中国的《易经》推崇备至。歌德比他们还晚，到了1827年，还这样赞美中国。据我的看法，到了1840年，鸦片战争以后，用现在的话讲就是纸老虎被戳破了，于是乎中国的威望、中国的文化，在欧洲人眼中一落千丈。鸦片战争是转折点，在1840年。当然在1840年前，中国已经有一批人，感到闭关锁国是不正确的，比如魏源。大家知道魏源的《海国图志》，《海国图志》这本书，写作是在鸦片战争以前，鸦片战争以后才出齐，最后有一百卷，一大堆。这本书应该说当时是了不起的。可这本书产生的作用，在中国远远不如日本。一向有人讲，日本在1868年明治维新，受这个影响，其中主要之一就是《海国图志》，但是《海国图志》在中国并没有产生这么大影响，一直到19世纪末年洋务派，好像也没有给它了不起的地位。就说这个东方文化、西方文化，眼前，我刚才说了，是西方文化主宰世界。这个我们否定不了。我刚才说，也是件好事。这是西方产业革命以后，也不过几百年里发展起来的，一方面我们人民得到了好处，当然一方面也得到了灾难，这同时啊，这好处与灾难，老子讲辩证法讲得非常好，"福兮祸所伏，祸兮福所倚"，祸福是辩证的。世界往往是这样的，好东西中往往有坏东西，就说西化，我刚才说，我们现在人为什么能够人为地使年龄越来越老，我看跟西方的物质文明、西方的科学技术是分不开的。不能不承认这一点。但是，它有它的缺点。

远的不讲，同志们你们有没有注意《参考消息》，就是《参考消息》，不是什么很难得的报纸，你们注意一下就知道，现在科学技术的发展，导致了对自然的破坏，生态平衡的破坏，世界要变暖，种种种种，这些东西啊，都跟西方的科学技术有关系。所以我就说，好东西跟坏东西有时候很难分。那么我们现在在这个科学技术方面,起步比较晚,也有我们的好处,就是过去的人走过的错路,我们可以不走。可对这个认识,大家很不一致,就是东化西化的问题,我看到了21世纪,我们应该提倡东化。现在在这方面有几种看法。一种看法呢就是,我写过几篇文章,也在几个地方讲过,我说21世纪是东方文化的世纪。我到现在还这么讲。说这话,因为我自己是东方人,有点王婆卖瓜自卖自夸,可是这个意见西方人也有,比如汤因比,英国的汤因比,他那本书译过来叫《历史研究》,很大的本子,三本,大家有兴趣可以看一看。他就主张这样,他就主张世界的文化,他不叫文化,他叫文明,civilization,不是culture,这两个字的差别先不讲,又有相同之处,又有不同之处。文化跟文明,汤因比用的是civilization。他把人类的文明,过去的,所有的,五千年以内的,分为23个或26个,他认为任何文明都不能万岁千秋,它有成长过程。有人讲,他是进化论的看法,你不管它是什么论,反正这是历史事实证明了的,一种文化,不能永远万世长存,任何文化,它总是要变的。我们讲辩证法,辩证法的核心,就是一切都要变,这谁也否定不了的。文化、文明也是这样的。欧洲有些国家得到好多殖民地,自己以为了不起,1914年打了一次世界大战,结果自己打自己,都是白种人打白种人,基本上是。所以1918年以后,欧洲有识之士,他们觉得有点问题,他们说,我们的文化这么了不起,我们是天之骄子,为什么我们自己打自己?一死几千万。所以当时,就在一战以后,就出了一本书,德国人斯宾格勒写的,叫《西方的没落》,就是西方文化的沦亡,它就讲这个道理。可到了20年代后期,来了一个反动,首先是墨索里尼,其次是希特勒,把这本书,在图书馆里边都拿去烧掉。

我们现在有翻译。然后是30年代，法西斯在欧洲横行霸道的时候。到了1939年，又来了个第二次世界大战。这一次比上一次多了两年，死的人多了几千万。所以在这以后，西方人脑袋里面又有问题了，说我们怎么又打，二战基本上也是自己打自己，东方也沾点儿边。所以在这个时候又出了许多书，汤因比的思想可以代表这个时期的。

这世界无非是这样的，东方不亮西方亮。那西方不行的话呢，就看东方。所以要向东方学习。这个话呢，我感觉到，作为一个学术来讨论也可以，没有什么关系，就是不要扣帽子。可现在我们学术界，就这个现象，别的界我先不说，就说语言学界。你讲西化，他是百依百顺，你讲东化，他认为你大逆不道。我觉得很奇怪，为什么不能东化呢？为什么？这道理讲不通啊。他说什么呢，他说现在中国的语言理论，谁也没建立起来，没有。像欧洲的大家，近代的乔姆斯基什么的这一批，都有，这证明我们不行。文学界讲文艺理论，还没有一个这么具体的例子，不过问题差不多。就是现在欧洲文学界，他们有理论，一天变一遍，一天变一遍，蟪蛄不知春秋。可是我们中国就在后边跟，老赶，老也赶不上，我们这里提倡的，人家那里已经下台了，人家那里上台的时候我们不知道。等到我们知道时，人家那里下台了。有人大概就这么讲，我们中国为什么就不能创立新的文艺理论？这正好有个道理，你讲文艺理论基础，讲文艺理论在中国是历史最长，经典最丰富。古希腊当然很了不起，不过，古希腊的文化后来中断了，我们中国的没有中断。按道理讲去，我们本来有这个能力，在旧的基础上来创造新的文艺理论，本来应该有的。像《文心雕龙》那种书，现在你读起来，还是感觉到里边内容非常的丰富，意见非常的深刻。后来是诗话，中国研究文艺理论很有意思，整个一本书讲文艺理论的比较少，像《文心雕龙》那样的书比较少，主要观点在诗话里边。几乎每个诗人都有诗话。昨天晚上我看了一本书，就讲，韩国也通行诗话，日本也是。诗话差不多是讲故事，在故事里边提出文艺见解，形式上非常有意思。

这样我就感觉到，现在，21世纪快开始了，20世纪末，我们现在考虑问题，应该更远一点，不能局限于眼前。另外呢，就是要客观一点，还有一个就是不要给人随便扣帽子，什么反马克思主义啦，民族复古主义啦，这个帽子最好不要用。有一位，是一位老教授，写文章给别人扣帽子，我就跟他开了个小玩笑，我说我不主张给人家扣帽子，我说如果要给你扣的话呢，现在就有一顶，就摆在这儿，民族虚无主义。其实我给他扣的帽子，就是民族虚无主义，我说话，拐了点弯，就说他实在叫人看不下去，你只要讲中国行，他就反对，讲中国不行，他就高兴。这种心理真是莫名其妙。

在车上谈到一个问题，就是你们院里的工作，我想跟我讲的有关系。有什么关系呢？就是，你们是外国语大学，是这外国语大学里边的中文学院，那么你们的任务呢，一方面，教中国学生汉文，另外一方面呢，教外国学生汉文。这表面上看起来没有什么深文奥义，实际上讲起来还是很有意思的。这话怎么讲呢？现在我感觉到我们中国，我刚才说的，就是崇洋媚外比较严重，社会上，商标，你要讲一个古典的，没人买，你换一个什么艾利斯怪利斯什么什么有点洋味的，立刻就有人买。这个毫无办法，这是社会风气。可是问题就是这样，我考虑这样一个问题，我们中国，孙子讲"知己知彼，百战不殆"，就是什么事情，一要了解自己，一个要了解对方。打仗也是这样

东西文化比较　147

的，念书也是这样的。那么在这个问题上，拿中国的学者来说（在座的都在内），就我们中国的老中青的学者说，对西方的了解，比西方人对中国的了解，究竟谁高谁低很清楚，我们对他们的了解，应该说是相当地深，相当地广；反过来，西方对我们的了解，除了几个汉学家以外，简直是幼儿园的水平。听说现在到法国，还有人不知道鲁迅，就说明他们对我们毫无了解。在思想上就觉得你们没有什么东西，现在是我们的天下，我觉得这里边就有危机。要真正知道自己有自知之明，恐怕也要了解别人，这也属于自知之明的范畴之内的。他们一不想了解，二不了解。结果我们这方面呢，我们对西方应该说是了解得非常深非常透。看不出来，只看到背面，消极面，社会上的崇洋媚外，有时候讲看起来头疼，这是消极面。好的一面，我们对我们的对立面——我不说敌人——的了解，比他们对我们的了解，不知道要胜过多少，将来有朝一日，我们这个优势会产生很大的效果。同志们你们考虑考虑，是不是这个问题？所以，我就感觉到像我们做这样的工作，特别像你们外国语大学中文学院，恐怕有双重任务。除了你们以外，我认为搞人文科学的都一样，其实自然科学也一样，一个是拿来，鲁迅的拿来主义，一个是送出去。拿来，完全正确的，现在我们确实拿来了，拿来的也不少，好的坏的都拿来了，你像艾滋病也拿来了。送去，我觉得我们做得很不够，很不够，比如外国人不了解中国，这主要原因当然是在外国人本人，在他自己，他瞧不起我们；另外呢，我们工作也得负责任，就是我们对外宣传，对外弘扬我们中华民族的优秀文化，工作做得不到家。

有一件事情，我始终认为很值得思考的，就是诺贝尔奖金。诺贝尔奖金，大家都认为是了不起的，以为得诺贝尔奖金就可以入文学史了。过去我也这么想过。可是到今天，为什么我们一个诺贝尔奖也没有得呢？大江健三郎，这个人我认识，50年代，他大学还没毕业时随代表团来北大访问过。代表团也见了我。在座的有研究日本文学的吗？大江健三郎那时候来的，我不是说他不应该得，我看瑞典科学院，对大江健三郎的评价还是很高的，就说这个人应该得诺贝尔奖金，我不是说他不应该。这是第一。第二个问题就是，过去得诺贝尔奖金的，从1900年还是1901年开始，到现在将近快一百年了吧。得诺贝尔奖金的确实有大家，这是不能否定的，将来能够传世的大家，当然确实也有不但不是大家，二流也不够，就是那个赛珍珠，我很有意见，《黄土地》那书我也看过，我是从艺术方面说的，那个书没有什么艺术性，它能得诺贝尔奖金，中国的得不了。后来我听说马悦然是瑞典科学院管这个的，说话算数的，他跟别人讲，他说中国之所以没有得诺贝尔奖金，就因为中国文学作品的翻译不好。这是胡说八道的事情，你并没有规定你这种文学作品要翻译成哪种语言哪，那么世界上得诺贝尔奖金的，除了英文，意德法的，都翻译得好吗？我就感觉到诺贝尔奖金，这个大家也承认，政治性是很强的，对我们这个社会主义国家，对当年的苏联，都是歧视的。前几天有一次会上我也讲，我们中国有些出版社，或者我们中国的学术界，用不着大声疾呼来宣传诺贝尔奖金。好多出版社利用诺贝尔奖金来做生意，宣传诺贝尔奖金的作品集，又是每个人的介绍，我看大可不必，而且这个东西，从这里看起来它很不公正。这是顺便讲的，因为大家也是搞这个的。下一个问题是送出去，拿来我们会，但送去怎么送？有各种各样的办法。眼前就有留学生，北大也有一批留学生，就是送去的对象，让人家了解我们。当然让人家了解我们的目的也不是什么民族狭隘主义，人与人之间相互了解，对将来世界和平也有好处，我觉得这是国际主义，不是狭隘的民族主义。说我们文化就高于一切，不是这么回事。一个拿来，一个送去。我想，我们这两方面的工作都应该做好。占大家的时间太多了，谢谢大家！

1995年5月9日

东方文化和西方文化

据说全世界学者对文化下的定义超过五百多个。这就等于没有定义。根据我粗浅的理解,人类在精神和物质方面所创造的一切优秀的东西,就叫做文化。

文化的产生

笼统地说,对文化产生不外有两种看法,一是一元产生论;二是多元产生论。

一元产生论主张世界上只有一个民族产生文化,这就是nordic(北欧人)。其他民族都不产生文化,甚至是文化的破坏者。这是德国法西斯的"理论",自然为我们所不取。

我是主张文化产生多元论的。世界上任何民族,不论大小,都能产生文化,都对人类总体文化有贡献。但是,各民族产生的文化,在质和量上,又各自不同,甚至有极大的悬殊,这是历史事实。不承认这一点,不是实事求是的态度,不是科学态度。

文化的交流

自从有人类那一天起,就有文化交流。一个人在获取食物方面有了一个新的方法,别人学习,这就是交流。这当然是最简单最原始的交流。在历史发展过程中，人类逐渐形成了氏族、部落等等。氏族与部落也有文化交流。以后形成了民族，形成了国家。民族与国家之间也有文化交流。这是更大范围的、内容越来越丰富的文化交流。一直到今天，文化交流还在全世界各民族、各国家之间进行，以至形成了眼前的光辉灿烂的五光十色的人类文化。人类的生活越来越丰富，寿命越来越延长。

文化交流是促进人类社会前进的最主要的力量。

文化的体系

尽管文化是不同地区不同民族创造出来的；但是归根结蒂，这些文化却形成了或者结成了一些规模比较大的文化体系。根据我个人的看法，有史以来一直到今天人类共形成了四个文化体系，这些体系是：

一、中国文化体系（其中包含日本文化，后者有了某些改造与发展）；

二、印度文化体系；

三、古希伯来、埃及、巴比伦、亚述以至阿拉伯伊斯兰闪族文化体系；

四、古希腊、罗马以至近现代欧美的印度欧罗巴文化体系。

两大文化体系

以上四个文化体系，如果再归纳一下的话，可以分为两大文化体系：一个是东方文化体系，包括上面的一、二、三三个文化体系；第二个是西方文化体系，就是上面的第四个。

人类自古以来的文化，尽在此矣。

两大文化体系的同与异

两大文化体系相同的地方是，都为人类造福，都提高了人的本质，都提高了人类的生活和享受水平，都推动了人类社会的发展。

两大文化体系不同的地方，表现在很多方面。但是，我认为，最根本的不同却表现在思维模式方面，这是其他一切不同之点的基础和来源。一言以蔽之，东方文化体系的思维模式是综合的（comprehensive），而西方则是分析的（analytical）。正如人类只能有东西两大文化体系，人类也只能有两个思维模式，不能有第三个。这种二分法，好像是大自然以及人类思维的一个基本原则。中国《易经》讲乾坤，也就是阴阳。自然界有日月，昼夜。宗教哲学伦理有光明与黑暗，善与恶，等等。

所谓综合思维，其特点可以归结为两句话：整体概念与普遍联系。用一句通俗的话来说，就是既见树木，又见森林。用医学来打个比喻：头痛可以医脚，反之亦然。

所谓分析思维，其特点就是抓住物质，一个劲地分析下去，一直分析到基本粒子。是不是还能再往下分呢？在这里，科学界和哲学界意见都有分歧，一派主张物质无限可分，一派主张有限。这种分析的思维模式，用一句通俗的话来说，就是只见树木，不见森林。再用医学来作比喻，就是头痛医头，脚痛医脚。

中国古代天人合一的思想，是东方思维模式的最有典型意义的代表。印度古代哲学宗教的"你就是它"——指宇宙,也表现了同一思想。印度佛教的名相分析,看似分析,深究其实,则与西方的分析迥乎不同。

对东方文化的看法

现在主宰世界的是西方文化。这是事实,谁也无法否认。但这只能是一时的现象。西方人轻视东方文化,实出于民族偏见。东方人,特别是中国人,轻视东方文化,则是短见。如果看问题能上下数千年,纵横几万里,则能看到事实的真相。

三十年河西,三十年河东

从人类几千年的历史上来看,东西方文化的相互关系是"三十年河西,三十年河东"。中国在汉唐时期,长安(西安)实际上是世界经济文化的中心。这也是事实,谁也否认不掉的。自明末西学东渐开始,情况逐渐有了变化。1840年的鸦片战争是一个转折点。日本认真学习西方文化,自1868年明治维新开始,时间早于中国,成绩大于中国,直到今天,科技浸浸乎将据世界首位矣。

河西河东行将易位

西方人挟其科技优势,自命为天之骄子。然而,据我的看法,人类历史上从来没有哪一个文化能延长万岁千秋,从下一个世纪开始,河东将取代河西,东方文化将逐渐主宰世界。西方人自认为他们那种以分析思维模式为基础的科学和哲学是绝对真理，然而自然界和人类社会中许多现象和问题，他们并不能解决。这一点西方许多有识之士已经敏锐地感觉到了，比如德国的施本格勒（Spengler）、英国的汤因比（Toynbee）等等。西方最近几年兴起的一些新兴学科，比如模糊学、混沌学等等，也表现了同一个朕兆。我认为，这些新兴学科，尽管内容不尽相同，甚至完全不同，却表现了某一些共同的思维特点，这些特点不同于西方传统的典型的分析的思维模式，而是表现出近似东方的综合的思维模式，比如主张普遍联系，有了一些整体概念。

人类文化发展的前途

我说，自21世纪起，东方文化将逐渐取代西方文化，我的意思并不是说完全铲除或者消灭西方文化，那是根本不可能的，也是违反人类社会发展规律的。正确的做法是继承西方文化在几百年内所取得的一切光辉灿烂的业绩，以东方文化的综合思维济西方文化分析思维之穷，把全人类文化提高到发展到一个更高更新的阶段。

人类文化总会不断地前进的，在任何时候也不会停步不前的，这就是人类社会发展的规律。

1992年8月4日

东西方文化的转折点

现在又到了一个世纪末。很多人,特别是对时间推移一向敏感的知识分子,都对即将来临的一个新世纪有所考虑,有所幻想。我现在就常常考虑 21 世纪的情景。

人类历史告诉我们,一个世纪的转折点并不总是意味着社会发展的转折点,也不会在人类前进的长河中形成一个特殊的阶段。但是世纪末往往对人类的思想感情产生影响,上一个世纪末就是一个明显的例子。

在对人类文化发展的看法方面,我是颇为同意英国史学家汤因比(Toynbee)的观点的。他在人类全部历史上找出了二十几个文明。他发现,每一个文明都有诞生、成长、兴盛、衰微、灭亡这样一个过程。哪一个文明也不能万岁。尽管汤因比论多于史,在论的方面也颇有一些偏颇之处;但是总体来看,他的看法是正确的,是持之有故、言之成理的。

近代中国受到西方文化的猛烈冲击。最初是震于西方的船坚炮利,以后又陆续发现,西方的精神文明也有其独到之处。于是激进者高呼"全盘西化",保守者则想倒退。公说公有理,婆说婆有理,其实都不全面,都有所偏激。

原因何在呢?我个人认为,原因就在没能从宏观上看待东方文化和西方文化,目光浅隘,认识肤薄,只看到眼前的这几百万平方公里,只想到近代这一百多年。如果把眼光放远,上下数千年,纵横几万里,则所见必是另一番景象。汤因比是具有这样眼光的人。他虽然是西方人,但并不迷信西方文明;在他眼中,西方文明也不能千秋万岁。这个文明同世界上其他文明一样,也有一个诞生、成长、兴盛、衰微、灭亡的过程。对我们中国人来说,我们当然更不应当认为眼前如日中天的西方花花世界会永远这样繁华昌盛下去。

人类历史又告诉我们,东方文化和西方文化在历史上更替兴衰,三十年河东,三十年河西。今天我们大讲"西化",殊不知在历史上有很长一段时间讲的是"东化",虽然不见得有这个名词。你只要读一读鸦片战争以前西方哲人关于中国的论著,看一看他们是怎样赞美中国,崇拜中国,事情就一清二楚了。德国伟大诗人兼思想家歌德在1827年同爱克曼谈话时,大大地赞扬中国小说、中国文化、中国人的思想感情和道德水平。他认为,西方人应该向中国人学习。这是一个非常典型的例子。根据我个人的看法,是鸦片战争戳破了中华帝国这一只纸老虎。从那以后,中国人在西洋人眼中的地位日降,最后几乎被视为野人。奇怪的是,中国人自己也忘记了这一切,跟在西洋人屁股后面,瞧不起自己了。

我不敢说,到了21世纪,中国文化或包括中国文化在内的东方文化,就一定能战胜西方文化。但是西方文化并不能万岁,现在已见端倪。两次世界大战就足以说明西方文化的脆弱性。现在还是三十年河西,什么时候三十年河东,我不敢确切说。这一定会来则是毫无疑问的。21世纪可能就是转折点。

1990年10月3日

东方文化与西方文化相互间的盛衰消长问题

最近几年来,我经常考虑一些有关文化交流的问题。我越来越认识到文化交流的重要性。我觉得,如果没有文化交流,人类社会的进步恐怕不会是现在这个样子。

我逐渐发现,一方面很多人对文化交流的重要性认识不够;另一方面,不少的人有不少模糊的看法,特别是在中国文化在世界文化中的地位问题上,更是如此。他们有意无意地贬低中国文化的价值,神化西方文化。我在很多地方都说到,我不赞成"全盘西化"这个提法,我认为这在理论上讲不通,事实上做不到。世界上没有哪一个西方世界以外的国家是"全盘西化"了的。连以西化著名的日本也不是这个样子。

但是,这并不等于说,我们不向西方学习。西方的物质文化,我们必须学习。在这里我们决不能闭关锁国,那样做等于后退,后退是没有出路的。

我个人觉得,当前的关键问题是正确地实事求是地认识中国文化的真正价值,扩而大之,认识以中国文化为基础的东方文化的真正价值,中国文化与东方文化的真正价值认识了,有比较才能有鉴别,西方文化的真正价值也就能够实事求是地加以认识。现在有不少的人对东方文化与西方文化的真正价值认识得不全面,有偏颇。贬低东方,神化西方,都是没有根据的。

为什么会出现这种现象呢?我个人认为,其原因就在于没有宏观的历史眼光,也缺少宏观的地理眼光。有不少人,中国人和外国人都有,只看到最近一二百年的历史,没有上下数千年的眼光。他们只看到我们的几百万平方公里,没有纵横几万里的眼光,难免给人以坐井观天的印象。这样看问题,当然不会全面的,当然会有偏颇的。

如果能够做到从历史和地理两点都能最大限度地用宏观的眼光看待这个问题,则必然能够看到,东方文化和西方文化过去不是现在这个样子,两者之间的关系也不是现在这个样子,用两句通俗的中国话来说,两者间的关系是"三十年河东,三十年河西"。

近几十年来,西方个别的有识之士也认识到这个问题。他们也逐渐感觉到,自己的文化不是没有问题的。两次世界大战都爆发于欧美白人之间。如果自己的文化真正像一些人吹嘘的那样完美无缺,这自相残杀的根源又是从哪里来的呢?他们开始怀疑自己文化的价值,他们也不再迷信自己的文化会万岁千秋地延续下去,所谓"天之骄子"不过是自欺欺人的一句口号。在这些人中的佼佼者也寄希望于中国文化与东方文化。但是,不足或遗憾之处是,他们中哪一个人也没有提出东西方文化之间"三十年河东,三十年河西"的看法。十分明确地提出了东西文化之间存在着盛衰消长的问题的,我可以算是始作俑者。而且根据我个人的肤浅的观察,现在西方出现了一些新的学说,虽然倡导这种学说的人根本没有意识到,他们所揭橥的新学说实际上已经涉及东西方文化盛衰消长的问题,可是他们的学说却给这个问题提供了理论依据。

我甚至还幻想到,东方文化在一些方面能济西方文化之穷。现在流行的看法是,西方几百年来所创造和发展的自然科学，简直几乎就成了真理，它改变了我们对自然界的看法，加深了我们对自然界的认识。这一点是不能不承认的。在这方面，我们中国人在历史上以及现在，也是做出了贡献的。这里面包含着相对的真理。这一点也是不能不承认的。

这是不是就完全算是真理了呢？在向绝对真理前进的程途上，这是不是就是唯一的一条正确的道路呢？我没有什么理论水平，对自然科学更几乎是一窍不通。但是，根据普通常识，我总觉得，这不像是一条唯一正确的路。如果是的话，就不应该在自然科学所揭示的自然规律以外还有例外，还有另外的某些规律。我举一个最简单的例子。一个人如果赤足踏上烧红了的炭火，或者伸手到烧得翻滚的油锅里去捡什么东西，按照现在的自然科学的规律，他的手和脚必然被烧成灰。然而在世界上一些国家，在中国的一些地方，有不少人亲眼看到过这种事情，他们的手和脚并没有被烧成灰。这应该怎样去解释呢？至于现在流行的所谓气功，有一些神奇的举动，信之者说有，不信者说无。我没有资格去评断，且不去说它。反正有不少的现象是现在西方自然科学所无法解释的，而且同它的规律是正相矛盾的。我们是唯物主义者，是回避不了的，也是不能视而不见的。我们必须予以答复。

这些都是异常复杂的问题。以我的理论水平之肤浅，科学知识之短缺，我从未敢妄想去解决这些问题。我所有的不过是一点点浅薄的幻想力。我想把这个问题同东方文化和西方文化相互间的关系联系在一起。在这里，东方文化是否能从西方文化手里接过接力棒再向前向着解决这个问题的方向跑上去呢？东方文化是否能够在通向真理的道路上开辟另一条道路呢？这些问题我都解答不了。但是，我认为，可能性是存在的。

季羡林在"东方文化与现代化国际学术研讨会"上发言。

我曾把这些想法写成了几篇短文，也曾在一些座谈会上简略地谈过自己的意见。颇有一些朋友认为能够成立。不久前，在北京召开的"东方文化与现代化国际学术研讨会"上，我应邀发言，极其简短的讲了这一层意思。限于时间，远远未能畅所欲言。不意竟得到了一个海外的知音。日本神户大学教授仓泽行洋博士非常赞成我的意见，特别要求要同我细谈。我在发言中讲到，东方思维方式从整体着眼，注意事物之间的联系，更合乎辩证法；而西方则是只见树木，不见森林，头痛医头，脚痛医脚，注意整体不够。仓泽教授非常同意我这个提法，相约进一步共同探讨。

得到知音，当然高兴。但是，我还有点自知之明，我的能力实在不足以探讨这样的问题。济之之方只有广泛征求意见。在目前我还没有能力把一些零星而又杂乱的想法组织成一篇文章的情况下，我就把过去写的几篇短文，按写成日期的顺序，发表在这里。将来还会写一些短文的，诗云："嘤其鸣矣，求其友声。"有"友声"，我当然欢迎。即便是非友声，我仍然会以同样的甚至更大的热忱和感激的心情来欢迎的。

1991 年 4 月 12 日

在跨越世纪以前

我们正处在一个新的世纪末,20世纪的世纪末。再过七年就要跨越到21世纪了。所谓"世纪末",完全是人为地制造出来的。如果没有耶稣,哪里来的世纪?如果没有世纪,又哪里来的"世纪末"?可是一旦有了"世纪末",这个"末"字似乎真具有了一点神力。上一个世纪的世纪末,西方文学艺术界和思想界确实出现了些异乎寻常的现象,带有一点末世颓废的色彩。这可能是偶然的巧合。且不去说它。

可是,我们现在这个世纪末怎样呢?当前世界上也确实出现了不少异乎寻常的现象,首先表现在政治上。一个超级大国一夜之间解了体,这是有目共睹的。

在我们国家和我们个人身上,情况并不怎么明显。我们国家确实没有像西方国家那样,在一个世纪内打了两次规模空前的大战,杀人盈野,血流成河。可是我们也有自己的一本难念的经。难道我们不应当在跨越世纪以前认真地反思吗?

拿我们国家来说,在过去一个世纪内,我们经过了大清帝国、中华民国、洪宪帝国、军阀混战、国民党统治、日本军国主义者占领,风风雨雨,坎坎坷坷,波谲云诡,蹭蹬多磨,一直到1949年,中华人民共和国建立了,才算是找到了一条路。找到的这一条路,可惜也并不平坦,仍然是风风雨雨,坎坎坷坷。特别是"十年浩劫",把我国固有的优秀文化破坏得百疮千孔,连经济也被破坏到崩溃的边缘上。其恶劣影响,至今犹在。今后怎样呢？我们希望，我们要走的路会平坦一些。

至于我们个人，特别是知识分子，特别是几乎与世纪同龄的老知识分子，我们走过来的是一条艰难困苦的道路。1949年以前不必说了。解放以后，我们度过了一段极为兴奋极为欢欣鼓舞的时光。可是不久，我们就发现：我们的道路也并不平坦。风风雨雨，坎坎坷坷，走了四十多年，一直走到现在。幸亏中国知识分子有几千年的热爱祖国的传统，为其他国家所未有，我们平平静静，怨尤不多，在内心深处盼望我们国家富强起来。

谈到我个人，除了同其他老知识分子一样，有一些共同的期望和憧憬以外，还有我自己的一套想法。我不是搞哲学的，对东西方的哲学和文化问题，即使不完全是门外汉，最多也只能说是一知半解。可是，近几年来，不知怎么一下子心血来潮，忽然考虑起东西方文化来。因为毕竟不是内行里手，所以考虑是逐渐展开的。最初只不过是一点一闪念，用一句诗的语言来说，可以称之为"灵感的火花"吧。

我这"火花"是什么样子呢？我最初觉得，东西方文化有共同点，也有不同之处。而所有的文化都不能是永存不朽的，都有一个诞生、成长、繁荣、衰竭、消逝的过程。人类在历史上所创造的文化，数目颇多。但是，归纳起来，不外东方文化和西方文化两大体系。前者的思维模式或思维基础是综合的，后者是分析的。用一句简单明了的话来说，前者是"合二而一"，后者是"一分为二"。前者的特点是"整体概念"和"普遍联系"；后者是"头痛医头，脚痛医脚"。倘若仔细观察，这个特点表现在各个方面。从人类历史的发展来看，两者的关系是"三十年河东，三十年河西"。这两句话有人不赞成。然而，我却认为，这不是个理论，而是历史事实。理论可以反对，而历史事实则只能承认。

西方文化，在繁荣昌盛了几百年之后，把人类社会生产力提高到了空前的水平，促使人类社会进步也达到了空前的速度，光辉灿烂，远迈前古。世界各国人民无不蒙受其利。这一点无论如何也是必须承认的。

然而，今天的西方文化，同世界上所有的文化一样，也是决不能永世长存的，它迟早也会消逝的。而且据西方少数有识之士的看法，到了今天，到了这个新的世纪末，已经逐渐呈现出强弩之末的样子，大有难以为继之势了。

这种情况表现在许多方面。特别是与西方文化有密切联系的威胁着人类生存前途的那些致命的弊端，更是引起了人们的强烈的警惕。仅举其荦荦大者，就有环境污染，生态平衡的破坏，臭氧层的破坏，大森林的砍伐，海洋的污染，动植物种不断灭绝，淡水资源的匮乏，酸雨的横行，新疾病的出现，等等，等等。这些弊端中的任何一种，如果任其发展下去，都能够使人类的生存受到威胁，何况多种齐头并进呢？

西方文化是怎样促使这些弊端产生的呢？我个人的看法是，它植根于西方的基本思维模式，它源于西方文化对大自然的态度。我觉得，自从有了人类以来，人类最重要的问题是：如何处理人与自然的关系。我们人类赖以生存的一切物质的东西都来自大自然。向大自然索取这些东西，是绝对需要的，不可避免的，但是索取的指导思想或哲学基础，东方文化与西方文化是迥乎不同的。西方以自然为敌人，高呼要"征服自然"。但是，大自然这东西是非常怪的，你要征服它，它就以牙还牙，对你加以惩罚。西方文化依靠其高度发达的科学技术，目空一切，认为自己是所向无敌的，自己是"天之骄子"，"征服"自然，征服了几百年，取得前无古人的辉煌成就，于是忘乎所以，不辨方向。而自然的惩罚也就在不知不觉中以雷霆万钧之力劈了下来，我在上面说的那些弊端，就是这种惩罚的最直接最具体的表现。

而东方文化呢，至少在哲学基础上走的是另外一条路。基于我们的哲学基础，我们对大自然采取了同西方迥异的态度。我们把自然当做朋友，不把它当做敌人，不去"征服"它，而是去了解它，然后再从它那里索取一切衣食住行所需要的物质资料。

何以为证呢？我的证据就是"天人合一"的思想。这是从先秦儒道墨等等各家共有的思想，一直延续了两千多年。我认为，宋朝的大儒张载是一个最典型的代表。他在著名的《西铭》里说："民吾同胞，物吾与也。"这话甚至受到他的反对派程朱的赞扬。

今天，在这一个新的"世纪末"里，西方文化产生的弊端，已如上述。要挽救人类，必须改西方之弦，更张东方之弦，大力倡导中国的"天人合一"的思想。我甚至敢毫不夸大地说：只有以中国文化为基础的东方文化能够救人类。到了下一个世纪，东方文化之光必将普照世界。这就是我的信念。

但是，我的意思决不是想消灭西方文化。我们建设国家也必须利用西方的科学技术。这一点是坚决不能动摇的。我只是想说，在西方文化迄今已经达到的基础上，改变指导思想，要同大自然做朋友，在利用西方科技时，取其优点，去其弊端，使人类文化发展到一个更高的水平。

我还要强调一点："天人合一"思想，虽然源于中国，然而也并不是每个中国人都能了解其深远的意义，也不是每个人都遵守的。我们也干过不少违反这思想的蠢事，比如乱伐森林，破坏生态平衡等等，而且我们也已受到了大自然的惩罚，洪水泛滥就是其中之一。总之，无论是在西方，还是在东方，这个"天人合一"的思想必须大力宣扬。在大多数人掌握了以后，行动才能出现。有了行动，人类前途就有保障了。

这就是我在跨越世纪以前所想到的。

1993 年 4 月 12 日

《东西文化议论集》序

当前,在国内外,特别是在国内,颇有一些学者热衷于议论东西文化的关系,以及东方文化在 21 世纪将要起的作用和将要占据的地位等等问题。关于这情况的来龙去脉,我在《东西文化集成·总序》中已经有所涉及,这里不再重复。

朱柏庐《治家格言》中说:"宜未雨而绸缪,勿临渴而掘井。"身处 20 世纪的世纪末而议论下一个即将来临的世纪的问题,特别是东方文化的问题,完全符合"未雨绸缪"之旨,不但未可厚非,而且应予提倡。

这种议论有什么意义呢?有极其深远的意义,主要是在政治和经济方面。世界各国目光远大、有抱负、有理想的政治家们,都必须有点预见性,然后再在预见的基础上制定相应的政策与措施。这才算得上一个真正的政治家。"摸着石头过河",在短期内有时是难以避免的。但是,最好能尽快地超越这个阶段。否则就很容易陷于被动而不能自拔。至于预见性的正确与否,其命中率之高低如何,那就要看预测者之水平如何,搜集材料和数据之丰富程度如何,对这些材料和数据之分析能力如何。这都属于常识范围,用不着细谈。

有没有理论意义呢?在这里,意见恐怕会有极大的分歧。有的作者摆出一副理论家的架势,大谈理论,持之似有故,言之似成理,笔底生花,词若连珠。然而,恕我不敬,在俨然巍然的理论的威势的背后,近视眼的形态丝毫也掩盖不住。这样的理论，有似肥皂泡，一吹就破。

我先讲一个从前在什么书上读过的笑话：有两个近视眼，谁也不承认自己近视。二人约定：比赛一下。适逢隔壁某大寺庙第二天要挂匾，二人认为这是比赛的绝好机会。于是言定：第二天从挂匾的地方前面某一个距离，同时起步向前，谁先看到匾上的字，谁就是胜利者。其中一人，心眼多而歪。他事先向隔壁管事人打听好了匾上题写的字，心中有了底。到了第二天，二人如约从远处齐步向前走。走到某一个距离，心中有底的那一个人，忽然高声大叫："我看到了，是××××四个大字！"旁边有一个过路人而非近视眼者，闻声大惊。细问根由，不禁大笑说："那个匾没有挂出来哩！"

笑话归笑话，但是，我认为，在21世纪这一块匾还没有挂出来之前，我们每个人都只能是一个猜匾的近视眼。其区别只在：猜匾还能够事前打听匾上的字。但是，要猜21世纪如何如何，不管你心眼多么多，却是无处可以打听的。除非出一个前知五百年后知五百年的活神仙，但是这种神仙世界上是没有的。鉴古以知今，鉴今以知未来，当然也能够弄出点"理论"来，但这样的"理论"也只能形同猜测。因此，我认为，居今日而猜测21世纪东西文化的关系，以及东方文化在下一个世纪所占的地位，不是一个理论问题，而是一个将由历史的发展进程来证明的事实问题。我们都不要过于自信，那样就难免为非近视眼的旁观者所讥笑。

但是，我并非根本反对议论，我是赞成议论的。否则我决不会以一个"野狐"的身份来写什么《天人合一新解》《关于天人合一思想的再思考》等等的文章。我虽然明知自己也在近视眼之列，但我有点不自量力，有点不安分守己。我没有向什么神灵去打听匦上的字，就贸然提出了自己的看法。既然提出来了，我当然认为它是正确的，否则就成了自欺欺人，为君子所不齿。我自己虽然认为是正确的，我却决无强迫别人认同之意。我们都是近视眼嘛，谁也不必效法阿Q先生飘飘然去获得"精神胜利"。

我那些拙文发表以后，颇引起了一些学者们的注意，赞同者有之，反对者有之，不知是赞同还是反对者有之，要同我"商榷"者有之，要同我"讨论"者有之，不是针对拙文而是天马行空、独来独往、淋漓酣畅发挥自己的意见者有之。我没能做详细的统计，反正在过去几年内，议论东西方文化关系，以及在21世纪东方文化所占的地位，还有其他一些内容类似的文章，颇出了不少。只要我能得到，我都敬谨拜读。文章写得好的，我击节赞赏；文章写得不怎样的，我略皱眉头，如此而已。至于"商榷"、"讨论"之类的挑战，我一概置之不答。这并非出于简慢。其中原因，我在上面已有所涉及，不必重复。细心的读者或许已经注意到，我在上面屡屡使用"议论"这个词儿，而不用"讨论"一类的词儿。"议论"，不是"讨论"，更不是"争论"，只是"议"一议，"论"一论而已，与人无争，与世无忤，发挥一下自己的想法，至于别人如何看待，"只等秋风过耳边"了。

从目前情况看起来，这"议论"还会继续下去的。"议论"一下，也决不是坏事情，它能启迪人们的思考，增添人们的情趣，等于写一篇21世纪"畅想曲"。即使到了21世纪，匦上的字还不会立即显现出来，仍然有"议论"的余地，仍然有"畅想"的余地。只要天假以年，我仍然会奉陪的，我是一个喜欢"畅想"的人。总之，我认为，居今而谈21世纪，不是一个理论问题，而是一个文学创作问题，创作的就是"畅想曲"。我们大家都不妨来畅想一番，以抒发思未来之幽情，共庆升平。

中国有一出旧剧，叫《三岔口》。剧中有一段在暗室中夜斗的场面。两个人在黑暗中对打，刀光剑影——在黑暗中也许刀不能闪光，这不过是陈词滥调而已——煞是热闹；但是却各打各的，谁也碰不着谁。然而台下的观众却是兴趣盎然，他们想看的正是这一种谁也碰不到谁的场面。如果真的刀剑砍伤一个，则血流如注，弄不好还要去见阎王老子，岂不大杀风景也哉！

为了帮助大家把这一出"三岔口"唱好，我同张光璘先生共同编选了这一部《东西文化议论集》——请注意："议论"二字是画龙点睛之笔——因为我可以说是一个始作俑者，越是外行，勇气越大，这是古今中外的通例，这通例也适用于我。我对东方文化的意见比较具体，比较明确，文章写得也比较多。为了做好这一个靶子，我擅自把自己的文章排在前面，决非想抖一抖编选者的威风，不过想对议论者和读者提供点方便而已。

但是，我又想到，树有本，水有源，在我国漫长的哲学史上，谈"天人合一"的大师们颇不乏人。他们的议论深矣广矣，可我不是在写中国哲学史，所以现在不选他们的文章。我的老师一辈的诸大师，对东西文化和"天人合一"间有涉及者。我指的是梁漱溟、金岳霖、冯友兰、钱穆先生等等。他们在这方面的论述，似极有编选的必要。钱宾四先生的文章，已抄入拙文《天人合一新解》中，不再重复。其余三位则各选一篇或一段，以见近当代我们的先驱者们的风范。另外还有几位学者，也曾参与文化的争论，起过一定的影响，他们的文章我们也选了几篇，这些文章都不在我们的品头论足之列。

下面的文章是从多种报刊杂志上挑选来的。赞同我的意见者选，不赞同者也选，决无偏袒轩轾之意。国外的学者的文章涉及这个问题者也一并选入，借以阔大我们的眼界，庶免坐井观天之弊。在当前世界上，讨论问题，除非涉及一个极小的有地域性的范围，无不与辽阔的世界息息相关，何况是东西文化这样涉及面广意义巨大的问题！但是，无论是中国，还是域外和境外，与我们要议论的问题有关的文章，其量极大，我们决不能毕其功于一役，一次选尽。我们目前只能挑选其中的一小部分。至于挑选得是否准确，我们毫无把握。挂一漏万，在所难免。现在，我们只不过是起一个头。将来倘有需要，说不定我们还要继续编选。我们的目的，我们的愿望，只不过是想共同唱好我们的"三岔口"，共同谱好我们的"畅想曲"而已。

1996年4月6日

中外文化交流

季羡林

交光互影的中外文化交流

谈到文化交流,过去大概有两个比较普遍的看法:一个是认为,文化交流的研究是一门专业性很强的学科,同我们平民老百姓关系不大;一个是认为,文化交流是"单行线",换句话说,就是一个国家的文化在某一个时期、某一方向,流到了另一个国家,在那里生根开花。几乎没有人强调,一个国家接受了另一个国家某一方面的文化以后,结合自己的情况,加以融会贯通、发扬光大,然后再流回来源的国家去。这两个看法,我自己和别人都有过。我看过别人的文章,表现的是这种观点。我自己也写过一些论文化交流的文章,表现的同样地是这种观点。只是到了最近,我才意识到,这种看法不符合事实,因而是错误的。同时我也日益感到,文化交流同我们关系异常密切,我们的日常生活时时刻刻处处都离不开文化交流。

我先谈文化倒流的问题。在文化交流中,来源于某一个外国的思想或者事物是否能再流回那一个国家去呢?有没有这样的例子呢?有的,而且很多。为了说明这个现象,我从日常非常习见的食品和用品中选取两个例子,加以阐释:一个是白糖,一个是钢铁。

关于白糖。

我们中国古代没有"糖"这个字,只有一个"餳"字,指的是麦芽糖一类的东西。甘蔗我们是有的,比如《楚辞·招魂》中说:"胹鳖炮羔,有柘浆些。""柘浆"就是后代的"蔗浆"。

现在的"甘蔗"二字,古代有很多写法,"甘柘"是其中之一。这个词儿看来像个外来语,词儿中的两个字都只是音译。古代的蔗浆只供饮用,而不用来熬糖。熬糖则使用麦芽。利用甘蔗汁熬糖是以后的事情。大概到了南北朝时期才出现了"糖"字,利用蔗浆熬糖可能也始于此时。三国以前个别典籍中偶有"糖"字,那是后来窜入的,或者是"糠"等字的讹误。至于汉末许多文章中的"西极石蜜"或"西国石蜜",则是从外国传进来的牛奶糖一类的东西,还不就是冰糖。

到了唐代,中国的蔗浆熬糖技术已经有了进步;但可能还有所不足。《新唐书》卷二二一《西域列传·摩揭陀国》说:"太宗遣使取熬糖法,即诏扬州上诸蔗,拃沉如其剂,色味愈西域远甚。""诸蔗"即"藷蔗","西域"指印度。这说明,中国从印度学习了蔗浆熬糖某一方面的新技术,结合中国固有的技术,进一步加以发展,遂使成品在色和味两个方面都远远地超过印度了。

印度古代的熬糖技术是相当高明的。梵文、巴利文和汉译的佛典中有大量的例子可以说明这个情况。连甘蔗这种植物本身很可能就原产于印度。印度的熬糖术在公元6、7世纪在世界上可能处于领先地位,因此唐太宗才派人去学习。

但是,我们中华民族决不是只安于学习外国的民族。唐代以后,中国熬糖技术继续有所创新,有所发展。因为过去中国的文人学士多半轻视技术,所以文献中记载不多,我们对熬糖技术发展的情况了解得不多,不切实,不具体。到了元代,根据马可波罗的记述,又有埃及人来到中国,把更先进的熬糖技术带了进来。中国人在固有的基础上,结合埃及的炼糖术,把熬糖技术又大大地向前推进了,结果是,到了明代,中国熬制白砂糖的技术水平已经很高，在当时世界上也许是处于先进地位。明末清初的许多文献中都记载着中国的白沙糖输出国外的情况。输出到的地区和国家范围很广，日本、南亚和东南亚都在其中，大概也运到了印度。因此，印地语中有一个字 cīnī，原意是"中国的"，可是在这里意思是白糖。这明确无误地指明，印度白沙糖来自中国。同时，印地语中还有一个字 misarī。原意是"埃及的"，在这里意思是冰糖。可见印度同中国一样，也从埃及学习了炼糖术。埃及的炼糖术也不是从天上掉下来的，它在某一个时期也学习过印度的技术。中、印、埃三国这种互相学习、辗转学习的历史是十分发人深思的。

白糖这一种日常习见的、天天必吃的、微末不足道的食品，其背后竟然隐含着一部这样复杂的中国、印度、埃及、伊朗和其他阿拉伯国家之间的文化交流的历史，这情况知道的人恐怕不会太多吧。

关于钢铁。

在过去，中国很多的历史学家都曾有过一种看法，认为铁在中国的使用开始比较晚。在殷墟发掘中没有发现铁器。但是，1972年在河北藁城考古发掘时，发现了一把商代的铁刃铜钺。这铁刃不是人工铸铁制成的，而是天上掉下来的陨铁。这同古代埃及一样，最早的铁是天上的陨铁。然而能把陨铁制成铁刃，说明工艺水平已经相当高。在商代就能达到这个水平，这是十分值得重视的。

中国的冶铁工业，到了春秋后期，已有相当大的规模。根据中外学者共同研究的结果，中国铸铁的发明比欧洲要早上一千几百年。战国时候，我们已经有了钢。中国的冶铁技术和钢铁早已输出国外。《史记》上记载着中国铸铁技术传入安息

（今伊朗）的情况。欧洲的一些古书上也有关于中国钢铁的记载。

另一方面，在印度最古的文化遗址中，比如在摩亨佐达罗和哈拉巴，没有发现铁制的东西，这说明，古代印度土著是不知道铁的。而雅利安人则很早就知道铁，雅利安人的部族都知道铁，赫梯人就是其中之一。雅利安人进入印度，共有两次浪潮。他们在第二次浪潮中把铁和冶铁技术带进了印度，时间约在公元前1100年左右。从此以后，印度冶铁技术迅速发展起来。公元前5世纪的希腊伟大历史家希罗多德讲到，古波斯泽尔士大帝麾下的印度士兵携带着带铁头的箭。公元前4世纪前，高质量的印度钢已经输出国外。从各方面的情况和记载来看，印度古代的钢可以说是誉满全球的。

然而在梵文中，在许许多多的表示"钢"的同义字中，却有一个很特殊的字：cīnaja。cīna 就是"脂那"，指中国；ja 的意思是"生"。合起来这个字的意思就是"生在中国的"。这肯定指明了，中国冶炼的钢，在某一个时期，通过某一条渠道，输入到了印度。印度素以产钢著名，而中国的钢却偏偏传入印度。其间的关系不也同样发人深思吗？

但是事情还没有就到此为止。中世纪阿拉伯旅行家伊本·穆哈尔希尔（Ibn Muhalhil）于10世纪中叶在克什米尔看到了一个大观象台，是用中国铁筑成的，永不破碎。这一件事实也指明了，到了中世纪，中国钢铁仍然传入印度。

上面叙述的钢铁的交流只限于中印两国。可是事实上交流的范围还要广阔得多，大大轶出了中印两国的范围。中国有一种品种优良的铁，叫做"镔铁"。这一种铁的冶炼和传布不限于中印两国，连伊朗（古代波斯）也包括进来了。这里不再讨论，后当专文论述。

从上面举出的白糖和钢铁这两个简单的例子中我们可以引申出什么样的涵义呢？我们可以看到，对待日常生活中的食品和用品，如果漫不经心，习焉不察，那就什么问题也看不出来。如果稍一留心，则会发现一个"平凡的真理"：我们是生活在文化交流中，在非常习见的东西的背后往往隐藏着一部十分复杂、十分曲折的文化交流的历史，白糖和钢铁就是如此。研究这种人类文化交流的历史，当然是一门非常专门的学科；一般老百姓不可能，也用不着去从事这一项研究工作。然而，如果我们知道一点这样的历史，也给生活带来一些情趣，并且提高我们的爱国主义和国际主义相结合的精神。试想一想，看一看：我们今天吃的、喝的、穿的、戴的、听的、看的、乘的、坐的，甚至想的、梦的，哪一件不是文化交流的结果？面包、咖啡、西装、革履，固然不必说了。其余的东西又哪一件是黄帝老子创造出来的？哪一件是完完全全的国货？这都是"对外开放"的结果。我现在再举几种常吃的蔬菜。西红柿、胡萝卜、土豆等是舶来品，知道的人比较多。但是一年四季离不开的菠菜也是外来户，能有几个人知道呢！

我还想着重谈一谈文化倒流或者回流的问题。我在上面谈的白糖和钢铁具体地体现了这种倒流。然而注意到这一个倒流现象的人却不多，或者根本没有。这是指眼前的情况而言。我们的古人确实有人注意到了。我举一个例子。《宋高僧传》卷二七《释含光传》说：

未闻中华演述佛教倒传西域，有诸乎？通曰："昔梁武世,吐谷浑夸吕可汗使来,求佛像及经论十四条。帝与所撰《涅槃》《般若》《金光明》等经疏一百三卷付之。原其使者必通华言,既达音字,到后以彼土言译华成胡,方令通会。彼亦有僧,必展转传译,从青海西达葱岭北诸国,不久,均行五竺,更无疑矣。

下面又谈到,智者大师演述的无相空教,玄奘大师解释的中道教,西域罕及,大为倾慕。这里讲的虽然只是佛教,但其意义却决不限于宗教。印度文化流到中国,经过发展,又流了回去,彰彰明矣。

《含光传》里面还说到道教:

又唐西域求易道经,诏僧道译唐为梵。二教争菩提为道,纷拏不已,中辍。设能翻到彼,见此方玄赜之典籍,岂不美欤!又夫西域者佛法之根干也。东夏者,传来之枝叶也。世所知者,知枝叶,不知根干,而不知枝叶殖土,亦根生干长矣。

这里讲了两个问题:一个是佛教倒流,一个是道教西流。佛教的发源地是尼泊尔和印度。从那里传入中国,到了唐代已有相当长的时间了。经过了中国的改造与发展,又传回印度。道教的发源地是中国,在唐代有传入印度的可能。只因翻译《道德经》的时候在如何翻译"道"这个字,和尚道士发生了争吵,翻译工作停了下来。否则,老子《道德经》就很有可能传入印度了。在这里,只有第一个例子属于倒流的范畴。《宋高僧传》用根干和枝叶来比喻印度和中国,说明枝叶也能变成根干。这比喻很形象，很生动，也很有趣，耐人寻味。这一个例子足以说明，文化交流中确实存在着倒流的现象。可是我们现在讲文化交流的书没有哪一本强调这种倒流现象的。这不能不算是一件憾事。宋代的一个和尚能注意到这个现象，说得又如此生动、深刻，又不能不算是一件喜事了。

《含光传》的意义还不止这一点。它还谈到了一个非常重要的现象，这就是中印两国文化的差异问题。我再引一段原文：

> 盖东人之敏利，何以知耶？秦人好略，验其言少而解多也。西域之人淳朴，何以知乎？天竺好繁，证其言而后悟也。由是观之，西域之人利在乎念性，东人利在乎解性也。

"东人"和"秦人"，指的是中国人；"西域之人"指的是印度人。这里的"性"，指的是本体、本质、自性、原因，是哲学的根本问题。中印两国人民对待哲学根本问题，态度和办法是有差异的。

一千年前的《宋高僧传》的作者赞宁看到了文化倒流的现象，又从而分析了中印思想方法的差异，扩大来看，也可以说是分析中印文化的差异，这确实是十分难能可贵的。对这种中外文化差异的观察与分析，后来一直有人在做。近代注意介绍西方思想的思想家严复是其中非常值得注意的一个。他曾说过：

中之人好古而忽今，西之人力今以胜古。中之人以一治一乱、一盛一衰为天行人事之自然；西之人以日进无疆，既盛不可复衰、既治不可复乱，为学术政化之极则　中国最重三纲，而西人首明平等；中国亲亲，而西人尚贤；中国以孝治天下，而西人以公治天下；中国尊主，而西人隆民；中国贵一道而同风，而西人喜党居而州处；中国多忌讳，而西人众讥评。其于财用也，中国重节流，而西人重开源；中国追淳朴，而西人求欢虞。其接物也，中国美谦屈，而西人多发舒；中国尚节文，而西人乐简易。其于为学也，中国夸多识，而西人尊新知。其于祸灾也，中国委天数，而西人恃人力。（《论世变之亟》）

所有这一些观察，都具体确实，细致入微。虽然我们不一定全盘接受，但对我们很有启发，则是完全可以肯定的。

到了20世纪20年代，又掀起了一番东西文化及其哲学的讨论，在国外，有东方精神文明与西方物质文明之说。在国内，有的人主要讨论中国文化与印度文化的异同问题。有人认为，这一场论战规模大，持续久，也更深入。但是后来终于也没能得出什么一致的结论，就销声匿迹了。

到了最近一二十年，这样的观察与思考又以比较文化的名义重新振作起来。在全世界许多国家里，许多学者都对于这个问题表现出异常大的兴趣。我个人认为，这是一个很好的现象，十分令人鼓舞。我们研究比较文化，我们研究文化交流，决不是为研究而研究。除了学术意义以外，还有现实意义。在过去，由于历史情况、地理情况等等的不同，每一个民族都发展了自己的独特的文化。但是国与国之间，民族与民族之间的文化交流始终也没有停止过。到了今天，历史情况、地理情况等等都大大地改变了。全世界各国人民都时时刻刻生活在文化交流中，都从文化交流中既得到物质利益，也得到精神利益。从人类发展的前途来看，全世界文化的大汇流是不可避免的，尽管可能需要极长的时间，几百年，上千年，甚至千年以上；但是汇流终究必然会来到的。1827年1月31日，德国的伟大诗人歌德在同爱克曼博士谈话的时候讲到，他正在读一本"中国传奇"。根据这一本中国小说，歌德评论了中国文学中表现出来一些特点，他的总印象是，中国人严格遵守道德和礼仪。话题一转，歌德又讲到法国诗人贝朗瑞。他认为，中国诗人彻底遵守道德，而现代法国第一流诗人却正相反，这非常值得注意。他最后说：

> 民族文学在现代算不了很大的一回事，世界文学的时代已快来临了。（见朱光潜译：《歌德谈话录》）

我们现在可不可以预言一个"世界文化"呢？我认为是可以的。我们现在进行文化交流的研究，也可以说是给这种"世界文化"，这种世界文化大汇流做准备工作吧。这种研究至少能够加强各国各民族之间的相互了解，促进我们之间的友谊，共同保卫世界和平，难道说这不是一件十分有意义的工作吗？

1986年3月5日写完

对于文化交流的一点想法

近一二年以来，全国学术界掀起了一个讨论文化问题的热潮，许多专家学者，老中青都有，都参加了进来，发表了很多很好很新很有启发性的意见。尽管大家的意见还不能取得一致，但是这真正贯彻了建国以来从来没有认真贯彻过的百家争鸣的方针，这与我们提出的两个文明的建设有密不可分的联系，是我们全国人民生活中一件很有意义的大事。我在学习、思考之余，也想发表一点意见，主要是讲文化交流。我讲的是广义的文化交流，不限于精神方面，也包括物质方面在内。

首先我要讲文化交流无所不在。不管我们意识到与否，我们今天的生活，不管是精神的，还是物质的，无一不与文化交流有关。试想一下，我们在学校里学习的，在科研机构或者学校里所研究探讨的，哪一件是完完全全的中国土生土长的？我们吃的、喝的、穿的、戴的、乘的、坐的、住的、用的，又哪一件是完全土生土长的？汽车、火车、飞机、轮船，我们古代有吗？可可、咖啡、纸烟、可口可乐、啤酒、香槟、牛排、面包，我们过去可都有？例子不要再举了，这都是大家熟知的。我们的花草里面，茉莉花，连名字都不是中国固有的。我们吃的土豆、老玉米、菠菜、葡萄，以及许许多多的水果蔬菜都是外来的。用的乐器：胡琴、钢琴、小提琴、琵琶，等等，也都是外来的。至于中国东西传入国外的，那就多得说也说不清。所以，我可以归纳起来说一句：文化交流无所不在。

从历史上来看，自从人类开始学习使用工具，甚至在这之前就已经有了交流，人与人之间的交流，家庭与家庭之间的交流，氏族、民族、国家之间的交流，无时不在，无地不在。这种交流是多层次、多角度的交流。今天我们习惯于把文化交流限定于国与国之间，民族与民族之间。其实不必这样拘泥。交流活动是不受国界、地域和时间限制的。我现在又可以加上一句：文化交流无时不在。

文化交流，换一句话说，人民之间，国家和民族之间的互相学习，是推动人类文化发展的重要因素。没有这一个因素，人类文化的进步是无法想象的。鲁迅先生有名的"拿来主义"，其内容也不外就是不拒绝向外国学习，换句话说，也就是文化交流。

文化交流是有其自身的规律的。两种文化或多种文化互相交流时，产生的现象异常复杂，有交流，有汇流，有融合，有分解，有斗争，有抗拒，有接受，有拒绝。千变万化，很难用一两句话来表达。世界民族，无论大小，无论新旧，都会有自己的文化创造，总会对人类文化的总体有所贡献。哪一个民族，除了法西斯和帝国主义分子以外，都必须承认，哪一个民族也不是，而且也不可能是人类文化的唯一的创造者、施与者，而不是接受者。当然，我们也必须承认，各民族对世界文化的贡献，在质和量方面也不可能完全是相同的。

一个文化传入另一国以后，往往有一个适应的过程。有的外国文化不会一下子就被另一国接受。适应往往就意味着改变，它必须根据新的环境改变自己一些特点以适应当地的需要。举一个最显著的例子，印度佛教传到中国以后，首先要适应汉代的思想情况，好像它也是当时流行于中国的道术之一。

甚至在翻译名词方面，也努力采用一些中国老百姓喜闻乐见的词儿，比如早期佛教译文中的"孝"字就是显著的例子。也还有一些东西，比如一个外国名词输入到另一个国家以后，有的始终保留音译，有的就从音译逐渐化为意译，然后才立定了脚跟。比如英文 president 这个词，清末初输入时音译为"伯理玺天德"（见曾纪泽《出使英法俄国日记》等书），这个名词大概太古怪，太不适应中国群众的口耳，逐渐改为意译"总统"，才最终为大家所承认。这样的例子不胜枚举。

在文化交流中，还必须处理好外国文化和本国文化的关系。大概这里只能用一分为二的理论来处理。每个文化都有精华与糟粕。取其精华去其糟粕，是最自然、最行得通的办法。

还有一个以哪个文化为主的问题。我认为，当然以本国文化为主，决不能反客为主或喧宾夺主。以中国为例，我们首先要继承中国传统文化的精华部分，与此同时，分析、接受外来文化的适合于中国国情的精华部分。我们现在不是常提要建设有中国特色的社会主义新文化吗？所谓中国特色，我认为，就表现在把中国传统文化的精华保留下来。就算是精华吧，也不能原封不动地保留，也必须加以分析、研究。所谓社会主义新文化，就是要根据马克思主义的基本原理（决不是过去我们搞的那一套僵化的教条），吸收世界各国的先进文化，包括文学、艺术、教育、哲学和科技都在内，使之为我所用。这样做，不可避免地要带进一些消极的东西。这用不着害怕，我们人民是有鉴别能力的，即使流行一时，也决不会"万岁"的，将来终必被扬弃。我们也不必怕什么资本主义，现在大家都承认，我们中国实际上是封建主义垄断，资本主义并不多。资本主义也是有好东西的，比如管理体制等等，都值得我们学习、吸收。

中国几千年的历史告诉了我们一个非常可贵的经验：在我们国力兴旺，文化昌明，经济繁荣，科技先进的时期，比如汉唐兴盛时期，我们就大胆吸收外来文化，从而促进了我们文化的发展和生产力的提高。到了见到外国东西就害怕，这也不敢吸收，那也不敢接受，这往往是我们国势衰微，文化低落的时代。打一个比方，一个胃口健康的人什么好东西都敢吃，决不嘀嘀咕咕，什么胆固醇多了呀，这个多了那个少了呀，到了连鸡蛋黄和动物内脏都不敢吃的地步，终日愁眉苦脸，怕这怕那："哎呀，这个吃不得呀！"仿佛就要去见马克思似的。这就说明，此人的胃病或者幻想的胃病，已经不轻了。

我们建国以来，"四人帮"时期是胃病严重时期，可以说是已经病入膏肓。十一届三中全会以后，实行了对外开放政策，完全反其道而行之，结果，经济发展，文化昌盛，全国人民喜气洋洋，我认为，这不但是我们建国后最好的时期，在中国历史上也是文化交流最好的时期之一。它的影响今天只能说是刚刚开始，真正巨大的影响还没有表露出来。它将对我们文化的发展，经济的繁荣，生产力的提高，人民物质生活和精神生活的改善，起极大的促进作用。我们后代的子子孙孙也会长远蒙受其利益，这一点我是深信不疑的。

1986 年 8 月 19 日

对文化交流的思考

我为什么专讲文化交流呢？文化发展的战略问题难道就是一个文化交流吗？当然不是。现在文章多极了，我自己认为，在我们中国的今天，要讲文化发展战略，其中一个很重要的内容，一个非常重要的内容就是文化交流，这是我的想法，因此我着重讲这个内容，我并不是说，除了文化交流之外，文化发展战略就没了，不是这个意思。今天我们中央的政策，我们中央的领导人屡次讲"对外开放，对内搞活"。我刚才说了，这个政策非常正确。专从文化方面来讲，我那个提纲上有，我提出了三句话："开放开放再开放，拿来拿来再拿来，交流交流再交流。"这里边没什么深奥的意思，只是想强调，我们要开放，要拿来，要交流。就是强调这几点。讲到文化和交流，恐怕我们要回顾一下历史。我自己的看法，世界上任何民族，不管是大民族，不管是小民族，从它有历史那一天开始，就是文化交流的历史。同志们可以设想，原始时代那些小的部落，也要交流。比方这个部落里边发现了一个什么东西能够吃，什么草能够吃，就传到另外一个部落。比方这个部落里拿块石头可以做工具，那么可能就传到另外一个部落。总之这种事情，从人类历史一开始，就是文化交流。就说我们现在吧，在座的同志，从头顶到脚下，你们检查检查，哪一件不是文化交流的东西？头发是这样吧，前清时不是梳辫子吗？现在我们头发怎么变成这个样子了？你穿的衣服不是长袍马褂。长袍马褂也不是黄帝老子传下来的东西。你手里拿的钢笔是中国的吗？你穿的裤子是牛仔裤、喇叭裤，下边是皮鞋、尼龙袜，戴的是眼镜。在座的同志你们自己考虑考虑，从头到下你们离不开文化交流，离了文化交流你现在的生活寸步难行。你出去骑自行车，这不是交流来的？坐汽车，不是交流来的？我眼前摆的这些玩艺，什么扩音器之类，不都是交流来的吗？我说文化交流从人类一开始就有，而且是离不开。现在好多东西，我们不考虑则已，一考虑就这样子，从头顶到脚底都是交流来的。比方我们现在吃面包，喝啤酒，大家知道啤酒这个字不是中国字，我们抽纸烟，烟也不是中国固有的；喝咖啡，坐沙发，喝可可，这不都是交流的？哪个是我们的？有些东西同志们不知道它，比方胡萝卜，大家一听"胡萝卜"，这个"胡"字就说明这不是中国的。拉胡琴，"胡"是外国的，吃洋葱，吃西红柿，洋柿子，这大家都知道。同志们吃的菠菜，天天吃，你知道这菠菜是哪国来的？这菠菜"菠"的本身就是音译，不是意译。它叫菠薐，菠薐菜，是印度、尼泊尔那一带产生的。你只要追究起来，我们的生活离不开交流。那我们的想法是不是也有交流来的呢？咱们以后再谈这个问题。我刚才讲了我们拿来了外国的物质的东西，当然也不是说，我们都学外国，我们中国什么东西都没有了，哪是那么回事呢？大家知道中国的四大发明，这个纸是中国先发明的，当然后来人家改进了，是不是？火药，是不是？罗盘，是不是？那多了。另外我们的丝，我们的茶叶，我们的印刷术，那多极了。所以说中国是很伟大的民族，我们对世界文化，对世界文明，做了很大的贡献，这个什么时候你也不能忘掉，外国人也不能不承认。可另外一方面，我们也接受别的国家的，所以这才是"交流"，如果光抄别人的，那不叫交流，如果光给别人，也不叫"交流"。所以现在哪个民族也不能讲，这个文化是我们这一个民族创造的。哪个民族也不能这么讲。如果这么讲的话，只有法西斯，德国法西斯，希特勒，他们讲。他们是什么 Nordic 人种，那种人是世界文化的创造者，我们这种人是文化的破坏者。法西斯是骗子，是疯子。脑筋正常的人是不会那么讲的。世界民族，不论大小，都对人类共同文化做出了贡献，当然贡献不完全一样。我刚才讲了，中华民族是一个很伟大的民族，我们有很伟大的贡献，这个你不能否认。那最初呢，文化交流大概由于交通工具和地理知识限制，有限度，过去石器时代，你出去走路能走多远呢？可是随着历史的前进，交通工具一天比一天好，是不是？我曾经开玩笑，我说唐僧取经，从中国到印度，走了3年，现在5个小时到印度，唐僧当时他能相信吗？没人相信。地理知识一天一天扩大，因此交流也就一天比一天频繁，越来越频繁，所以现在我们这个交流快得不得了。平常我对这个事情不大注意，前几年我看见的是喇叭裤，下边一大块；现在我一看没了，又瘦又尖，成了牛仔裤了。这怎么来的呢？喇叭裤不是中国的发明创造，牛仔裤也不是中国的发明创造，都是外国来的，而且变得很快。穿衣服恐怕变得最快，特别在我们这些青年同志身上最快，我们这些老头子看不出来了，反正几十年一贯制。我的意思就是说，历史越往前进，交流越频繁，交流内容越深刻、越多。那么我们现在看看，古代的我想不讲它了，就是从鸦片战争以后，从1840年以后，我们中国近代史开始，我们这个国家同外国的来往，究竟是个什么情况呢？因为这个跟我们以后讲的有关系。所以必须说一说。我们现在讲中国近代史，有一本书，一个洋人写的，叫《剑桥中国晚清史》，他讲了一句：中国近代史，就是从鸦片战争以后，"从根本上说，是一场最广义的文化冲突"。文化冲突，中国文化和西洋文化的冲突。这是讲历史的内容。当然他这个意见，不是他一个人讲的，说这话的很多。就说我们近代史，不管是政治方面、经济方面，都体现了东西两种文化的冲突。陈独秀他也讲过："欧洲输入之文化与吾华固有之文化，其根本性质极端相反。数百年来，吾国扰扰不安之象，其由此两种文化相接触相冲突者，盖十之八九。"陈独秀最初是写文言文的。他的意思就是说中国文化跟西方文化不一样，很不一样。他这个"数百年来"，就不限于鸦片战争以后了，甚至可能包括明朝末年，什么利玛窦、南怀仁那一批人到中国来，结果弄得我们国家扰扰不安，老出事，是不是啊？出事原因，他就说是两种文化相接触、相冲突，结果产生了这么一种后果，社会搞得不安，看来他的这种意见恐怕还是对的。我们研究中国近代史，过去我们总是以阶级斗争为纲，阶级斗争也是存在的，不能否认，是不是？可是你以文化冲突做一条线，也未始不可。用这一条线来研究中国近代史，也有道理。不论经济、政治，是不是？用我们的近代史，从1840年鸦片战争开始，后来太平天国，后来什么甲午战争，什么各种各样的动荡，这是从政治上来讲，都是两种文化冲突的结果。从经济上来讲，我们旧的那种自给自足的农村自然经济被欧洲的商品经济给破坏了。我这个年龄的人，年轻时候还感到了它的破坏。原来我们在家乡吃白面都是自己用磨来推的，弄一头牛、一头驴来推磨；穿衣服是自己织的布。后来我们叫"洋面"，现在叫面粉，就不是中国面，而是机器大生产的结果，这种洋面慢慢地、慢慢地就把农村那个面压倒了。农村的织布机现在根本就没了,早就没了,在我小的时候,10岁的时候还有。所以说中国经济,农村那种自然经济被欧洲的资本主义的经济破坏了,对农民的生活产生了很大的影响,这个也是东西方两种文化冲突的结果。思想上也可以看出来,有两种文化的冲突。我们讲中国近代史,实际上还可以再远一点,从明末讲起,像陈独秀讲的这个"数百年来",就是东西方两种文化冲突造成了、构成了我们中国的近代以前一直到近代的历史。就是这么个情况。那么我们讲近代史也可以是讲近代史里边的东西方文化又冲突又汇合的一种表现——文化交流。文化交流在这里边是一种什么情况呢?从1840年到现在146年,就算150年吧,是一个什么情况呢?实际上讲到"五四"运动就可以了,因为"五四"运动以后是另外一码事了。也可以说是从1840年到1919年,这样的话就是80年。80年从文化交流的情况来看,有这样几个问题。你讲文化交流,交流的内容是什么东西呢?我看了一些材料,三分法占主导地位,一直到今天仍然如此。有一个人,是19世纪下半叶的,叫曾康,他写了一本书,叫《翼教丛编》。他是拥护孔教的,翼教,教也者,指孔老夫子之教也。他当时是比较右的,比较落后的这么一个人。他是从什么地方讲的呢?"变夷之议,始于言技。继之以言政,益之以言教,而君臣父子夫妇之纲,荡然尽矣。""变夷",就拿中国来把外国人改变。他分三个层次,一个是"技巧",技工的"技",这是第一个层次;第二个层次是政,政治的"政",他指的是政治制度,跟技巧不一样了,第三个是教,不是教育,而是教化,是上层建筑的东西。分三个层次"技、政、教",从物质的一直到精神的,中间经过政治制度。到了1916年,陈独秀写了一篇文章,叫《吾人最后之觉悟》。1916年，那时候还没有"五四"运动，"五四"运动是1919年。他这里边也分了三个层次，第一个叫"学术"，学术指的是这些东西：西教、西器、火器、历法、制械、练兵。历法是从前的皇历，现在咱们的月份牌。这第一个层次，叫学术，学术意思就包括这些东西。第二个层次叫"政治"，指的是政府的制度。第三个层次叫"伦理"，就是自由、平等、独立，也是属于精神方面的东西，他这三个层次跟曾康基本一样，从物质最后到精神，都是这个样子。到了1922年，梁启超写了一篇文章，叫《五十年中国进化概论》，他怎么讲的呢？他说近五十年来中国人渐渐知道自己的不足。他的意思就是说，五十年以前，从1922年算起，五十年以前，中国人对自己的不足不知道，大概从1870年算起吧，渐渐知道自己的不足。他感觉到中国跟西方交流分三个时期，也是三个层次。第一个叫器物，磁器的"器"，物质的"物"，就是物质的东西。第二个叫制度，意思一样。第三个叫文化根本。你看梁启超也是分三个层次，而且内容跟曾康、陈独秀一样。他们三个人都是从物质到精神。这说明什么呢？就说明我们在鸦片战争以后，同西方来往，同西方进行文化交流，大概就是这么三个层次。从物质到精神，从低级到高级。这个意见看起来是能够成立的。为什么原因呢？因为我们现在看一看，中国同别的国家文化交流的历史多极了。中国同印度、朝鲜、越南交流；同日本、美国、英国、德国也都交流。大概一般讲起来，开始总是从物质开始，而不是精神的。物质，比方说吃的东西、喝的东西、穿的东西，这个很具体。拿来以后就能吃，能用。我现在还想给同志们讲一个我自己正在搞的课题。我们现在吃糖，白糖、红糖，这糖不知同志们考虑过没有，每个人天天吃，可是糖的背后有人类一部很复杂的文化交流的历史。咱们中国过去不吃白糖，甘蔗有，没有白糖。最初我们叫糖的东西，在汉朝是关东糖，麦芽做的。糖是物质的东西，这物质的东西一旦产生、一旦制造出来，它就流遍全世界，因为每个人吃糖都很满意，很甜、很舒服，很容易学，也用不着思想斗争。我的意思就是说，文化交流开始的时候一般说总是从物质开始的。因此这个三分法是有道理的，为什么三个人都一样，是不是抄袭？不知道，也许是独立思考，达到的结论都一样。这三个人一点没区别，就说明这个东西是接近真理的。到了现在，我们这儿还有研究这个问题的。我刚才说的庞朴同志，上面我谈到他在《中国社会科学》上写了一篇文章，叫《文化结构与近代中国》。庞朴同志分析这个问题，也是分了三个层次。他叫什么呢？他第一个叫物的部分，事物的"物"。物的部分指的什么东西呢？他讲物的部分就是指的马克思称之为"第二自然"的。这是第二自然，不是第一自然，就是对象化的劳动，就是用劳动制造什么东西。对象化的劳动，指物的部分。这是第一。第二个层次是心物结合的部分。心和物结合。这里边指的什么东西呢？指的就是自然和社会的理论，社会组织制度等等。第三个层次呢？是心的部分。物、心物、心，这么三个层次。心的部分，叫核心层，指核心，最中间的，这里指的什么东西呢？这里指的价值观念、思维方式、审美趣味、道德情操、宗教情绪、民族性格等等，这是心的部分。他这三个层次跟上边讲的也一样，从物到心，中间有一个过渡，过渡就是制度，上边几个人都讲的是制度。这是文化交流的内容方面，有这么三个层次。大概第一个层次最容易交流，这是没问题的。同时这三个层次还代表三个时期，就是从1840年到1919年，这80年中间，这三个层次代表了三个时期。这物的部分呢？就是自鸦片战争到洋务运动，到甲午战争。在这个阶段上，中国人就说"师夷之长技"。师，以他为老师，学习夷人。夷，外国人。学习外国人擅长的技术，船坚炮利，造大炮，造战船。第二个层次是第二个时期，就是甲午战争、戊戌变法、辛亥革命。戊戌变法，要改变这个制度，要搞君主立宪，这是制度嘛！辛亥革命大家也知道，它也有它追求的政治上的理想，就是废除君主制度。这是第二个层次。第三个层次呢？心的部分，就是我刚才说的价值观念、思维方式等等等等，这是从辛亥革命到1919年"五四"运动。"五四"运动是在文化深层进行反思，现在不是有一个名词，一个常用词吗？叫做反思，自己来思考。"五四"运动是最清楚的了，当时讲的"五四"运动要两种东西，一种德先生——德谟克拉西——民主。一种赛先生——赛因斯——科学。要民主，要科学。反思，怎么反思呢？就是我们过去没有民主，反思的结果要这个东西。所以我看这个说法是有道理的。文化交流的三个层次，三个层次代表三个阶段，就说明我们清朝末年的中国人一直到民国以后的中国人，都在那儿考虑这个问题，向外国人学习什么东西，考虑结果就这么三个阶段。一个阶段比一个阶段提高，发展是非常自然的。

刚才我介绍了几个文化交流内容的三分法，还有另外一些三分法，如周一良同志在《光明日报》1986年6月24日"史学"上写过一篇文章，叫《我对中外文化交流史的几点看法》。他也是三分法，不过他这个三分法跟前面说的几个不一样。他分三个层次，第一个叫狭义的文化，狭义的文化指的哲学、文学、美术、音乐以至宗教等，主要是与精神文明有关的东西，这叫狭义的文化。第二个叫广义的文化，指政治、经济。政治指典章制度，经济指生产交换，以及衣食住行、婚丧嫁娶、风俗。里边包括生产工具、服饰、房屋、饮食、车船等生活用具，这叫广义的文化。第三个叫深义的文化。狭、广、深，三个层次。深义的文化是在狭义、广义互不相干的领域中进一步综合、概括、集中、提炼、抽象、升华，得出一种共同的东西，一个民族文化中最为本质、最有特征的东西。他举了个例子，拿日本来讲，说日本喜欢苦涩、闲寂、简单、质朴、纤细、含蓄、古雅、引而不发、不事雕饰。周一良同志发表在《光明日报》上的文章讲的也是三分法。除了这些之外，也有四分法，台湾有一个学者叫余英时，他把文化交流分为四个层次，第一个层次是物质，这跟三分法一样；第二个是制度，也跟三分法一样；第三个层次是风俗习惯；第四个层次思想与价值。好像是第一等于三分法第一，第二等于三分法第二，第三、第四等于三分法第三，好像是这么一种情况。

现在跟同志们谈几个问题，就是在19世纪后半叶到20世纪初叶，跟文化交流有关系的有三个问题。当时人们感觉到不向外国学习不行了。他们虽有这个感觉，但总是认为，向外国学习，只能学习物质的东西。精神的东西还是中国的好。他们是想向外国学习，但总还放不下架子，总还想"精神胜利"。因此就产生了三个问题。第一个叫本末问题。中国四书中的《大学》有这么几句话：物有本末，事有终始，知所先后，则近道矣。总的意思就是说：物有本，有末。本是根本，末是末梢。这个问题什么意思呢？"德者本也，财者末也。"伦理道德是本；财，物质的东西是末。他们这个意思无非是说，西洋的东西是末。当时最羡慕的是船坚炮利，为什么船坚炮利呢？因为跟洋鬼子打仗打不过他们老吃亏，后来就感觉到，说他那个船比我们厉害，他那个炮比我们厉害，我们首先学这些东西，非学不行，因为咱们那个大刀片打不过洋枪洋炮。可是他们认为这是末。本是道德。我们中华帝国虽然末不如你，可是道德比你高，实际上反映的是"精神胜利"。他们这一个本末，中国为本，西方为末。后来郭嵩焘，同志们知道他是晚清时候一个比较著名的外交家，他有他的看法，他说：西洋立国，有本有末。他说西洋人家本国也有本有末。什么叫本呢？什么叫末呢？其本，在朝廷政教，政治教化；其末，在商贾做生意、造船、制器，这是他们的末。郭嵩焘的看法比一般好像要高了一层。一般认为，西方没有本，只有末，他们不知道别的，只知道船坚炮利，能造得好船，铸得好炮。郭嵩焘呢？他说人家也有本有末。这个问题就是我刚才说的，它反映了什么呢？就反映了当时清朝有那么一批官僚，他们感觉到非向西方学习不行，可是心又不甘，不甘心，所以只好说：我是本，你是末。鲁迅讲的阿Q精神就是这类的东西。

　　第二个体用问题，一个体，一个用，跟上边那个差不多。体是主体，这个很清楚，中学为体，西学为用。说我们中国的文化、教育、学术，这是体，这是基本的。说你们那套东西不是体，而是用，是为我所用的。这个体用问题大概同志们知道，在19世纪鸦片战争以后，在清朝一些官僚中间，有过长期的争论。长期争论的结果大体上还是中学为体，西学为用。它反映的情况跟第一个差不多，不得不学，可又不甘心学，不敢于承认自己不行，结果我是为体，你是为用。严复，同志们知道严又陵，翻译《天演论》的，他对这个有点意见，他讽刺了。他怎么讲呢？他说："有牛之体，则有负重之用。"说有牛这个体，用来负重，可以驮重东西。"有马之体，然后有致远之用。"就是说可以骑着马到很远的地方去。这是它的用,这个不成问题。他说"未闻以牛为体以马为用者也"。他这个话讲得很俏皮,他是反对那个想法的。他说你以中国为体,以西方为用。你以牛为体,以马为用,是不可能的。马有马的用,马有马的体;牛有牛的用,牛也有牛的体。总而言之,这个问题也体现了当时官僚们的思想活动。现在这个问题还在那儿提,我听说李泽厚同志就讲,以西学为体,以中学为用,发表在《群言》上。是不是在《群言》上发表过?(好像发表过)我没看过他的文章。他讲西学为体,中学为用,有些人起来纷纷反对。这是与文化交流有关的第二个问题,叫体用问题。

第三个问题夷夏问题。夷是洋人,夏天的"夏"是中华民族,外国人和中华民族的关系问题。这个也很简单,怎么叫夷夏问题呢?魏源是当时一个思想很解放的,也可以说是先进人物吧,他有一部书叫《海国图志》,是在鸦片战争前后写出来的,很大一本。同志们有兴趣翻翻这部书,非常有意思。当时19世纪中叶距今一百四五十年前,他介绍了外国的好多东西,有些方面,我想我们今天还未达到这个水平。他介绍了好多书,好多情况,说美国跟中国通商,美国一年赚多少钱,输出多少东西,输入多少东西,都写得清清楚楚。现在如你要想了解这些情况,可能还有困难。我们与美国经济关系那么密切,可是有些数字,我是不知道的,也许搞经济的同志知道。当时19世纪中叶,那时候一些先进人物写了好多书介绍外国,都是非常详细的,包括地理、经济等各个方面。他们把英国的船只,包括多少战舰,都写得详详细细。魏源这本《海国图志》非常有趣,他这个人应该说是一个很开明、很先进的人物,可是他主张什么呢?他主张我们跟外国文化交流"以夷治夷"。同志们知道这个词。鲁迅写文章有时也讲到"以夷治夷",用外国人治外国人,打外国人的牌。这夷夏问题就是这么个问题,究竟是夷——外国人改变中国呢?还是中国人改变外国,以夏变夷,用中国来改变外国?他们主张什么呢?他们主张说:我们学习外国的东西,可以学习,而且非学习不行,船坚炮利;可是我们不能让它把我们化过去,说伦常名教,中国的伦常名教是不能变的。

以上这些问题都是很复杂的问题,什么本末问题呀,体用问题呀,夷夏问题呀,因为时间关系,我只能给同志们在这里简单讲讲内容。虽然这三个问题名字听起来不一样,实际上表现的心情则是一致的,就是要学习,而又不甘心。我们天朝大国,我们有我们的好东西,就是学你们,你们也没有什么了不起。

当年有一个英国女王,不是伊丽莎白二世,而是伊丽莎白一世,她在位时正是明朝末年。当时伊丽莎白一世写了一封信给中国明朝的皇帝万岁,目的是要求通商。英国是殖民主义国家,它要通商。这位英国女王说是没得到答复,当然没得到答复了。当时那个皇帝,他是天朝大国,中华帝国,地球的中心,一点也瞧不起英国。从前流传着很多笑话。外国人来要求通商,我们天朝大国皇帝不懂,大臣也不懂,一定说人家来进贡。到了北京的话,一定要洋人三跪九叩。那洋人是不磕头的,可是到了北京,不三跪九叩就不行,闹了很多笑话,多极了。这就说明鸦片战争以后,实际上我们力量已经不行了,可是天朝大国的架子放不下来,而且很愚昧,世界什么情况都根本不懂,一点不懂,出了很多笑话。实际上本末问题、体用问题、夷夏问题,都跟这个类似。当时有一些人是出过国的,如郭嵩焘,他就出过国,他不是土包子。可是到了外国看一看,看的也不是根本。不过当时还有一部分人,脑筋比较清楚。怎么叫脑子比较清楚呢?他们认为西洋除了船坚炮利之外,还有一些东西值得我们学习,所以西洋不光有物质的东西,不光是第一个层次。这在当时就不得了了。如康有为就讲过,他说欧洲对人民实行仁政。我们今天看,当然也不会真正是仁政,康有为看的也不对了。他又说:"法律明备。"意思是说欧洲法律很明确,很完备。"政治修饬",政治很好。"彬彬矞矞,光明妙严工艺之精美,政律之修明,此新世之文明乎!诚我国所未逮殆矣。"意思就是说,在欧洲政治、法律、社会风气都很好,我们中国赶不上的。他甚至这样讲,我们应该"折节而师之矣"。我们应该把人家当老师。所以说康有为这个人毕竟还是有脑筋的。当然除他之外,也有别人,刚才讲的郭嵩焘,还有薛福成等人。郭嵩焘这个人有他不清楚的一面,糊涂的一面,也有他清楚的一面。薛福成在他的日记《出使英、法、意、比四国日记》里面,光绪十六年三月十三日,他写道:郭筠仙侍郎,就是郭嵩焘,他回来当侍郎啦,是副部长,"每叹羡西洋国政、民风之美"。在外国当了几年公使,回国以后老讲,西洋的国政、民风非常美。"至为清议之士所觝排。"他这么讲话,当时好多人骂他。用"四人帮"的名词,就是里通外国、崇洋媚外。大概郭嵩焘也被扣上了这么些个帽子。另外还有个李圭,他在《环游地球新录》这一本书中说到机器造纸。他讲造纸本来是中国发明的,可是机器造纸是西方搞的,所以造的纸非常好。另外他还讲那些人都非常之敏捷、爽快、通达,不执滞。常看他们做事,头绪纷繁,问题很多,可是一转瞬间,就把一切问题都弄好了。可见李圭对欧美人也是赞美的。不多举例子了。这些例子说明什么呢?就说明19世纪后半叶,就在那三个层次中三个问题：本末问题、夷夏问题、体用问题闹得乌烟瘴气的时候，当时还有不少人脑筋是比较清楚的。他们说洋人好的地方，不仅是船坚炮利，人家的风俗习惯、办事的效率、法律也比我们强，不是都糊涂的。

现在，我想既然讲到这地方，我想是不是讲一讲东西方文化究竟有什么差别。这个问题也是一个大问题，光讲这个问题，恐怕半天也讲不完。东西方文化，大家都感到有差别。为什么讲这个问题呢？要不讲这个问题的话，我们下边讲我们拿来，究竟拿什么东西呢？拿来，拿好的啦，是不是？我们好的东西要发扬，我们不足的地方要改正，要拿外国的好东西来。当然要分清楚东西方优点何在，差别何在。关于这问题文章多得不得了。有一些我就不讲了，我只举一个例子，就是李大钊同志。李大钊讲过东西方的差别，严复也讲过差别。同志们要看的话，可以看民盟中央出的一个刊物叫《群言》。《群言》就是大家来说话，是1986年第5期，上面我写了一篇短的文章，叫《交光互影的中外文化交流》，我在那里引了严复他对中国跟西方究竟有什么差别，在这里我就不讲了，可以看一看那篇文章。现在我讲一讲李大钊同志。他讲东西文明有根本不同之点，首先是根本不同，东洋文明主静，西洋文明主动，一个动，一个静，这是一点。东方是为自然的，西方是人为的；东方是安息的，西方是战争的；东方是消极的，西方是积极的；东方是依赖的，西方是独立的；东方是苟安的，西方是突进的；东方是因袭的，西方是创造的；东方是保守的，西方是进步的；东方是直觉的，西方是理智的；东方是空想的，西方是体验的；东方是艺术的，西方是科学的；东方是精神的，西方是物质的；东方是灵的，西方是肉的；东方是向天的，西方是立地的；东方是自然支配人间的，西方是人间征服自然的。李大钊同志举了这么多差别，严复也讲了很多。总之是东西方文明不一样。这些意见是不是都是正确呢？也不一定。刚才一开始我讲20年代讲到东西方文化及其哲学，梁漱溟老先生他有他的看法，甚至印度泰戈尔，那个大诗人，也有他的看法，我说不一定都正确。可是大体上，第一个我们得承认东西方有差别，第二个人家的好处我们要学习，我们的好处要发扬。李大钊同志的文章叫做《东西文明之根本异点》，就是根本不同的地方，同志们可以参考一下。他讲了很多，刚才念了一下。所以我想我们把东西文化中间的不同，把它搞清楚，对我们将来讲"拿来"有好处，要不然你不知道拿什么东西。

现在我就来讲我们的主题"拿来"，就是鲁迅的"拿来主义"。就是把外国的好东西"拿来"。究竟拿什么东西呢？我做了一点研究，我的意思就是这三个方面，这三个层次都要拿来。我现在就拿庞朴同志的三分法来看一看。庞朴同志讲的"物"的部分，这个当然我们要拿。刚才我们说的这咖啡、这沙发、这啤酒、这牛仔裤和喇叭裤，这一系列的东西，只要好的，我们都拿。这是第一部分，在物的部分里边，只要好的，我们都拿，而且这个比较容易。有个很奇怪的现象，一个什么现象呢？最近才想到，就拿啤酒来讲，听说几年来，北京啤酒老是供应不上。别的地方也有这个问题。我就很奇怪，我小的时候，没人喝啤酒，我小的时候连西红柿都没有，现在这么流行。可前几年，听到好多人讲，啤酒的味道跟马尿一样。你说啤酒是怎么好，也不敢说，反正我喝啤酒时间也不少了，我一直到今天也不敢欣赏这啤酒，我也喝。特别是可口可乐，我更不知道优点何在。喝我也可以喝，反正不是毒药，我都敢喝。可是为什么前几年说是啤酒是马尿，现在竟然供不应求，买不上呢？为什么原因呢？同志们可以研究研究，非常有趣。一般讲起来，人的口味不大容易改变，四川同志你不让他吃辣，恐怕很难；山西同志不让吃酸，也很难。可为什么啤酒就能征服我们，从马尿到供不应求，这究竟是什么心理，值得研究。我在日本也有个观察。同志们知道日本过去吃大米，那现在呢？你到日本看得很清楚，老头还是喜欢吃大米，年轻人吃面包，什么"热狗"啊，他们都吃。咱们现在中国也有"热狗"了。日本"热狗"和面包多极了，都吃这个。有人还有理论，有什么理论呢？他说吃米的人长得个矮，吃面的长得大，个子高。而且还讲，从历史上来看，都是吃面的征服吃米的。各种"学说"都有。现在日本年轻人确实长得个子高。不过我们现在年轻人个子也高，现在中国人年轻人长高，也并不是什么遗传。同志们你想一想，我们社会上有好多父亲母亲不高，儿子女儿高得不得了。这个原因对我们来讲很简单，就是今天我们这个社会，确实对青年发育有好处，他思想负担没有了，父母打人的比较少了，物质条件好了，他的个子怎么不长呢？当然长了。在日本有人讲，他因为是吃面吃的，个子高了，他父亲祖父是吃米吃的，个子很矮。原因究竟何在？反正我觉得值得研究。口味问题非常有趣，特别是啤酒、可口可乐，我不理解。我也喝。你说让我赞美它，我也不赞美；我也不说它是马尿，也没那么严重。这都是闲话，总而言之，第一部分，物的部分，好的我们拿。第二部分心物结合的，比方说制度，制度我们也可以学习。比方我们现在的全国人民代表大会、全国人民政治协商会议，这当然我们不是抄哪一国的，可是也不完全是中国的，我们发展了。现在我们公司里也有自己的管理制度；我们明确提出，我们的管理制度有的不好，我们要学习外国的。一般讲起来，最困难的是心的部分，精神的，这个最困难。在这一部分里我们拿什么来呢？比方说是价值观念，这个恐怕很难拿，思维方式，这个也很难拿。审美趣味，我看倒是不难拿的。刚才讲的，喇叭裤一来，全都是喇叭裤了；刷地一下子一变，又都是牛仔裤了。这不是审美趣味吗？有人告诉我今年流行的型式是金字塔式，是这样一个型式，颜色是黄的，我没到大街上去观察。据说审美观念每年每年都不一样。而且这审美观念好像在全世界有一个指挥棒，现在的指挥棒好像是法国。原来中国的指挥棒是上海。鲁迅讲这个讲得很有意思，他说，妇女的穿着、衣服，其指挥棒是在旧社会的妓女手中，只要她们一穿，别人都来学习了。我觉得审美趣味拿来并不难，一下子就改变了。道德情操，这就困难了；宗教情绪、民族性格、价值观念，我看改变这些，也很困难，下面还讲这个问题。我们今天讲文化交流，讲文化发展的战略，不仅物的方面要拿，那不成问题，最重要的还是要拿第三个方面的价值观念、民族性格。在这些方面，我看得要改一改，不改的话，我们的社会主义建设、生产力发展就会很难，非常难。这里边就牵扯到鲁迅，同志们都知道，毛泽东同志给他非常高的评价，今年不是他逝世50周年吗？1936年去世的。这个人确实是了不起的人物，在中国历史上站得住的，革命家、思想家、文学家。可是有一个问题。一个什么问题呢？大家知道，在鲁迅的杂文中，在他的小说中，对我们中国的民族性，有很多的剖析、批判。比如《阿Q正传》，你说阿Q这个人物代表什么？代表"精神胜利"，他很愚昧。怎么叫"精神胜利"呢？鲁迅也有个解释，他说清朝时候，来了一个洋人，要见外交部长，当时不叫外交部，叫总理各国事务衙门。进来以后，拍桌子瞪眼，拿着文明杖，要打人，结果我们跟他签了条约，出卖了国家利益，我们吃了苦头了。怎么办呢？你打仗打不过他，清朝的皇帝，慈禧、光绪，完全一批废物。怎么办呢？有办法。他走的时候不开正门，总理事务衙门不是有正门吗？只开旁门让他走。洋人反正是条约签了，经济利益拿到手了，走大门也行，走旁门也行，都不在乎。可是我们中国官僚们认为"胜利"了，你看我给他面子不好看，他失了面子，我得了面子。结果我们丢的土地，我们丢的金钱，哪个都不在话下。当然鲁迅攻击我们的民族性不只这一点，还有好多，比方说糊里糊涂、马马虎虎、办事不讲效率，有的人是伪君子等等。同志们，你们看他的小说对伪君子、道学家，批判得多么深刻。《肥皂》多么深刻呀！《肥皂》，同志们知道那篇小说，是不是？它对我们的假道学攻击得很厉害。大家有时候开玩笑，说鲁迅如果活到"文化大革命"，起码是个反动学术权威，他也得关牛棚，就因为他对中国有那么些意见和批评。他可能也被认为是崇洋媚外，因为他说洋鬼子有的地方比我们强。鲁迅讲我们吃东西，肉煮得太烂；吃牛肉还是应该刀子一下去，里边还有红的。这不是崇洋媚外吗？当然是大家开玩笑！鲁迅要是活到"文化大革命"，也没有多大岁数，1881年诞生的嘛。可是今天我们怎么来看鲁迅这些意见呢？他提的我们民族性的缺点，今天怎么看呢？我自己看法，我觉得鲁迅是对的，没有错。我们在社会上看到好多现象，就是党中央《决议》里边讲的严重的消极的东西，这跟鲁迅指出来的，并没有不同的地方。过去有一段时间讨论鲁迅的杂文，现在不是又提倡写杂文了吗？可是有一段时间，这个杂文不敢写。同志们想一想，当时有一阵子漫画很多，后来就批判了画漫画的，当时画漫画的同志都有这个经验，华君武同志等等。画漫画当然是指出的缺点多，这个都不行。鲁迅的杂文呢？反正现在过时了，已经过了五六十年了，算了，他在历史上有那么些功绩，他的杂文今天就没意义了，失掉意义了。我自己的看法是这样：鲁迅杂文从大的方面来讲，攻击两部分，一部分是攻击国民党反动派，那很多了，这个你可以说是过时了，因为国民党反动派跑了嘛。可他讲我们社会上一些消极现象，我们民族性格里边的一些消极的东西，一直到今天还有意义。我们现在好多不正之风，是不是跟这个有关系？我想讲点与这个有关的现象。同志们，你们打开《参考消息》，外国人、华裔，基本上都反映我们服务态度不好。你们也不满意吧！特别是外地来的。我听说我们这次听课同志有49%是外地来的。同志们，你们到北京来，是不是在服务态度方面也碰过钉子？我想恐怕是要碰的，要不碰的话是不大符合规律的。你买东西，你问他，他不理你，你再问他，呲儿你。像民航，刚出了一个广州市委书记的事件。昨天我看《人民日报》又登了类似的东西。服务态度不好，究竟是什么原因？过去对服务态度我也不满意，现在我不大敢买东西，买东西多少得挨点呲儿，算了，我叫别人去买。后来我就分析，我说服务态度不好，是不是资本主义的东西呢？同志们大概你们都同意我的意见，绝对不是资本主义的东西，资本主义国家服务好得很。你到日本去看一看就知道了。他不敢不好，不好的话立刻就丢掉饭碗，他们服务态度非常好。那是不是封建主义的东西呢？坏的东西一个资本主义，一个封建主义。封建主义的东西也不是。我小的时候应该说是半殖民地半封建社会吧，那时候服务态度还是好的，包括在饭馆子里边，都很好。那么我们现在这股邪气从哪儿来的呢？一不是资本主义，二不是封建主义。这股邪气，就是我们在建设社会主义社会的过程中，我们认为平均主义、"大锅饭"，就是社会主义，这就是根源。没有平均主义，没有"大锅饭"，服务态度就好得很，这是一个根源。还有一个根源，就是我们生产力不发展，好多现象，好多社会上的不正之风，都与生产力不发展有关系。我听说老百姓有个顺口溜，说有四种人你得巴结他，叫什么呢？叫"听诊器、方向盘、劳资干部、售货员"。听诊器是医生，医生你得巴结他，为什么呢？你泡蘑菇的话，弄个假条，他给你写；来了好药，他给你开，得巴结他。方向盘，是指司机，司机你惹不起，得巴结他。劳资干部，掌管人事，得巴结他。售货员，是商店里卖东西的，特别是卖日用品的，比方说豆腐，现在北京豆腐好买了，原来豆腐是很不好买的东西啊，你认识售货员的话，就买得着。现在又要分大白菜了，你要认识售货员，全是一级的，你要不认识的话，或者关系不好的话，他给你从中捣点鬼。所以我们好多社会不正之风，比方走后门，大家都讨厌走后门。买车票问题，你们现在要回去，恐怕就碰到买车票的问题了，要走后门，不走的话你就十分困难。这些都是生产力不发展的结果。国外就没有这种情况。你到日本去，别的国家我不清楚，我到日本、西德去的次数比较多一点，哪有买车票排队的？滑稽了。你打个电话票就给你送来了，他巴不得你坐车。你到商店买东西，售货员你巴结他？是他巴结你，给你鞠大躬，他希望你再来。饭馆子哪里用排队呀！我们这儿饭馆子现在我不知道，以前你要吃顿饭费劲儿极了，站在后边，看人家吃完，然后自己找一个座位，盘子、碗服务员也不拿，得你自己去拿。所以我们社会上好多不正之风，跟生产力不发展有直接联系。鲁迅攻击的我们民族的某些缺点也与此有关。我看鲁迅是满怀对中国民族的热爱，来提中国民族的弱点的，他不是幸灾乐祸。最近我们讲巴金，我看巴金这个同志也了不起，他那个《随想录》我没看全，看了一点，那真是大实话。话是非常难听，可是现在大家认为，巴金这个人就是讲实话。有人说巴金代表了中国散文的第二个高潮。第一高潮是鲁迅，第二高潮是巴金。我觉得是完全对的。他们不是假洋鬼子，说我比你高一等，你怎么怎么不行，多少多少毛病，不是。他是把自己摆到一个中国人民一份子的位置上，恨铁不成钢。我觉得鲁迅的杂文，除了攻击国民党反动派那一部分外，因为国民党反动派已经完了，其余的我看都有用。今天社会上好多消极的东西，还有。而且我讲一句很不好听的话，有的还有发展，在"文化大革命"中发展了，比鲁迅那时候还严重。这个你不正视行吗？不正视，我们这个社会主义，有中国特色的社会主义怎么建设呢？生产力怎么发展呢？大家放下筷子骂娘，怎么能发展生产力呢？关于鲁迅，有人好像有这个意思，说鲁迅只看到中国民族的弱点，而中国民族的优点则没看到，这不是事实。鲁迅文章本身就讲过。鲁迅有一篇文章叫《中国人失掉自信力了吗?》，他在文章里讲的东西大概同志们都熟悉的。他这里边就讲到中国民族的优点。这是在《鲁迅全集》第六卷《且介亭杂文》里边的。他说："我们从古以来，就有埋头苦干的人，有拼命硬干的人，有为民请命的人，有舍命求法的人……虽然是等于为帝王将相作家谱的所谓'正史'，也往往掩不住他们的光耀，这就是中国的脊梁。"有这么一些人。这些人一直到今天，还是了不起的。我们历史上不是没有。所以中国人的优点，鲁迅并没有没看着，说鲁迅光看到中国人民的弱点，没看到中国人民的优点，这不是事实。最近我看了些文章，其中有几个谈到中国国民性的一些问题。比方说有一篇文章是隋启仁同志写的。他说要改变封建主义的"门第观念"、"等级观念"、"资历观念"、"身份观念"、人身依附的关系、人治、封闭性、保守性、求稳不变。我们恐怕得承认有这个情况。同这些情况相对的资产阶级的观念，是平等观念、独立人格、法治、开放、冒险、标新立异等。他们要求改革嘛！我们是封闭、保守、求稳不变，这样怎么能改革呢？因此我们现在讲文化发展战略问题，讲文化交流，讲向外国学习，我们一方面应看到我们中国的好的方面，就是鲁迅讲的中国的脊梁，这个我们不能丢，无论如何也不能丢，要大胆发扬。另外一方面，要看到我们的弱点，在心理素质、价值观念方面，我们有弱点，刚才我举了好多例子。我再举一个例子。当年"九一八"，老的同志知道，"九一八"日本侵略中国，国民党反动派蒋介石不抵抗，他打日本打不了，他也不敢打。为什么呢？他认为日本的危害还不如江西苏区，他要先消灭红军，于是就对敌屈服。怎么办呢？日本进来了，一下子占了我们这么一大片土地。当时国民党的想法，就是依靠国联。国联就等于今天的联合国。依靠的逻辑是什么逻辑呢，说是我们中国是弱国，你强国侵侮弱国，不合我们中国的伦理道德，你这国联得主持正义啊。蒋介石他这么讲，根子里边是想先消灭红军，向日本人投降，可嘴里却是这么讲的。可当时中国老百姓接受这个东西。我们的伦理概念跟西方不一样，西方是优胜劣败，竞争，弱肉强食，谁软弱谁倒霉，该打倒。人家的伦理是这么个伦理。可是我们当时，蒋介石心里有鬼，我们老百姓的思想有那么个包袱，按中国的伦理纲常，大的欺侮小的，是不对的。鲁迅讲这叫隔膜，隔膜就是我们不懂国联，国联都是外国人、欧洲人，我们不懂他们的想法。结果有什么用呀，日本不是把东三省占了吗？还有一个事情，这是我自己亲眼见到的。我在德国住了多年，小孩子打架很少见。有一次就在我窗子下面两个小孩子打架了，一个高的十五六岁，一个小的七八岁。我当时脑筋里立刻就想：你怎么大的欺负小的呢？这是我的伦理概念，不行啊！大的欺负小的不对呀！可是两个小孩子打了起来，周围围了一群大人在那儿观战，没有一个出来主持正义的。结果小的不行，差远了，一下子被打倒了，躺在地上挨了几巴掌，打得挺厉害。可是他站了起来，哈哈大笑。这日耳曼民族，有他们的狂气。他还接着跟这个大孩子干，大概被打倒了好几次，最后我对门住的一个老太太，拿了一盆水，往人堆里一泼，大人小孩每人弄了一身水，散开了，走了。后来我一想这不对，人家在德国，不论谁跟谁打仗，反正谁胳膊粗，谁有劲，谁就是胜利者，这就是人家的道德观念，我们认为大的不能欺负小的，这是我们的道德观念。因此我们今天的伦理道德、价值观念，其中有一些是要改变一下的。不变不行。跟洋人打交道，你就得讲竞争。在国内我们也得讲竞争，是不是？哪个工厂不行，就破产，现在《破产法》不是要通过吗？我是赞成这个的。你不行就让别人，这个道理很容易理解。总而言之，我们现在这个伦理道德、心理素质、价值观念，对于一些事物的判断，不改不行。特别时间观念、效率观念，非讲不行。刚才我讲过，世界上的人都怕时间，而时间却怕东方人。咱们平常浪费了多少时间呀？是不是？这样行吗？一个人一辈子60万个小时，而且现在是三年等于石器时代的三千年的时代，这么一个世界情况，如果我们还是慢慢腾腾，还是老的东西，那不行的，我们生产力发展不了。总而言之，我的意思就是要讲文化交流，要讲文化发展战略，我们就要向别的国家好的地方学习，最容易学的我们都学了，啤酒也喝了，沙发也坐了，可是我们得学最难的，就是我们的价值观念、思想方式，不能马马虎虎，得把弱点克服，要不克服的话，我们的生产力就发展不了。生产力发展不了的话，社会主义建起来就困难了。那么有的同志可能要问了：啤酒很容易拿来，不用劝我们也喝了。有些东西，我们认为是我们的缺点，认为是别的民族的一些优点，这个怎么拿来呢？这个问题非常不容易解决。我引两个人的话，一个人是梁启超，他这样讲："要拿旧心理运用新制度，决计不可能。"他讲的是心理，用旧心理运用新制度，办不到的。要运用新制度，得把旧心理改成新心理。鲁迅有一句话："人不能自成为新人，文艺不能自成为新文艺。"总而言之一句话，我们要拿比较难拿的。怎么去拿呢？这个问题恐怕不是一年两年，十年八年能够改变的。中共中央的决议里边，建设精神文明里边恐怕也有这层意思，恐怕要用很长的时间。首先我们得承认我们有这个缺点，首先我们得承认要建设社会主义，首先就要发展生产力，这些东西不去掉，生产力发展不了。我们得承认，不承认的话，认为我们这些东西都好得很，那怎么能变呢？那还是"用夏变夷"，用我们这套国粹来改变人家，那不行的。第一个要承认，第二个要反思，反复思考，自己思考，思考怎么办，是不是？比方思想改造，现在这个词大家不大用了，不过我自己认为，思想还是要改造的，每个人都要改造。现在世界上日新月异，我们思想如果停留不变，将来一定是要落伍的。特别是我们老年人，现在我跟年轻同志谈话，就发现年轻人有股锐气，看问题敏锐，保守东西少。比方拿文艺界来讲，新名词很多，有一些人就反对，说怎么现在写文艺批评全是新名词。我是不是赞成说是新名词都好呢？也不是的。无论如何，我们要承认，年轻人容易接受新事物，老年人就不大容易接受。要反思的话，老年人恐怕更要反思，我也在内，我并不例外，我并不比别人高明。只有这样，然后才能通过实践，我们的想法才能慢慢改变。比方说当厂长的，优胜劣败嘛！厂长，谁要能把厂办好，经济效益高，团结同志好，他就当厂长，不然的话就下台。这不是实践吗？我们是唯物主义者，先有存在然后才有意识。将来类似这样的实践情况还会多得很。我想只有这样，持之以恒，坚持不懈，我们能够改变我们过去一些消极的东西，同时发扬我们积极的东西。我再着重说一句：我们要拿来的是第三个层次里的东西，属于心的东西。我们要改变我们的一些心理素质、价值观念、思想方法等等，但这决不是什么"全盘西化"。这只是以我为主，把对我们有用的东西"拿来"，无用的糟粕坚决拒绝。"全盘西化"，理论上讲不通，事实上办不到。

同志们，我讲的话是一家言，放言高论，跟同志们不讲假话，可能有不正确的地方，我自己当然认为正确，请同志们讨论，谢谢大家。

1987年3月7日
本文节选自《中国文化发展战略问题》

东学西渐与"东化"

最近，我的学生蔡德贵告诉我，青岛大学学报《东方论坛》准备开设一个新的栏目"东学西渐"，并转达该学报杂志社社长冯国荣教授的意见，请我写一篇文章，我很高兴。由《东方论坛》开设"东学西渐"，我觉得这个栏目开得好，开得适逢其时。我很愿意写一篇文章谈谈我的看法。

温家宝总理2003年12月在哈佛大学做《把目光投向了中国》的演讲时，提到2003年9月10日教师节那天，他到医院看我，说我们在促膝交谈中，谈到近代有过西学东渐，也有过东学西渐。17到18世纪，当外国传教士把中国的文化典籍翻译成西文传到欧洲的时候，曾经引起西方一批著名的学者和启蒙的思想家极大的兴趣。这个问题是文化交流的问题。

我一向特别重视文化交流的问题，既主张拿来主义，也主张送去主义。对中国与外国的文化交流，我的基本观点是"拿来"与"送去"。我认为，文化一旦产生，其交流就是必然的。没有文化交流，就没有文化发展。交流是不可避免的，无论谁都挡不住。从古代到现在，在世界上还找不到一种文化是不受外来影响的。交流也有坏的，但坏的交流对人类没有益处，不能叫文化。对人类有好处的、有用的物质精神两方面的东西交流，才叫"文化交流"。文化不论大小，一旦出现，就会向外流布。全人类都蒙受文化交流之利。如果没有文化交流，我们简直无法想象，人类会是什么样子。

一种文化既有其民族性，又有时代性。一个民族自己创造文化，并不断发展，成为传统文化，这是文化的民族性。一个民族创造了文化，同时在发展过程中它又必然接受别的民族的文化，要进行文化交流，这就是文化的时代性。民族性与时代性有矛盾，但又统一，缺一不可。继承传统文化，就是保持文化的民族性；吸收外国文化，进行文化交流，就是保持文化的时代性。所以文化的民族性与时代性这个问题是会贯彻始终的。

为了保持文化的时代性，自20世纪以来，出现了一种提倡"全盘西化"的观点。"全盘西化"和文化交流有联系。现在，整个的社会，不但中国，而且是全世界，都是西方文化占垄断地位，这是事实。眼前哪一样东西不是西方文化？电灯电话，楼上楼下，就说我们这穿的，从头顶到鞋，全是西方化了。这个西化不是坏事情。"西化"要化，不"化"不行，创新、引进就是"化"。但"全盘西化"不行，不能只有经线，没有纬线。"全盘西化"在理论上讲不通，在事实上办不到。

就目前来说，我们对西方文化和外国文化，当然要重视"拿来"，就是把外国的好东西"拿来"。这里涉及有关文化的三个方面，物的部分、心物结合的部分、心的部分，都要拿。"物"的部分，当然要拿，咖啡、沙发、啤酒、牛仔裤、喇叭裤，这一系列东西，只要是好的，都拿。我们吃的、喝的、穿的、戴的、乘的、坐的、住的、用的，有哪一件是完完全全是中国土生土长的？汽车、火车、飞机、轮船，我们古代有吗？可可、咖啡、纸烟、可口可乐、啤酒、香槟、牛排、面包，我们过去有吗？我们吃的土豆、玉米、菠菜、葡萄，以及许许多多的水果、蔬菜，都是外来的。这菠菜的"菠"字，本身是音译，不是意译，它叫菠薐、菠薐菜，是印度、尼泊尔一带产生的。茉莉花也是外来的，甚至连名字都不是中国固有的。我们用的乐器，胡琴、钢琴、小提琴、琵琶，也都是外来的。拿来，完全正确。现在我们确实拿来了，拿来的真不少，好的坏的都拿来了。连艾滋病也拿来了，这是不应该的。心、物结合的部分比方说制度，也可以学习。最重要的还是心的部分，要拿价值观念、民族性格。因为我们的价值观念、思想方式，不能马马虎虎，得把弱点克服，要不克服的话，我们的生产力就发展不了。从长期的历史研究中，我得出一个非常可贵的经验：在我们国力兴盛，文化昌明，经济繁荣，科技先进的时期，比如汉唐兴盛时期，我们就大胆吸收外来文化，从而促进了我们文化的发展和生产力的提高。到了见到外国东西就害怕，这也不敢吸收，那也不敢接受，这往往是我们国势衰微，文化低落的时代。

但是，我们不能只讲西化，不讲"东化"。"东化"，报纸上没有这个词儿，是我发明的。我们知道，汉唐的时候，是"东化"的。因为世界的经济中心、文化中心当时在中国。在明末清初以前确实有过东学西渐。不能只重视"西学东渐"而忽视"东学西渐"。根据历史事实，在中西文化交流史上，"东学西渐"从来就没有中断过。中华文化的博大精深吸引了西方传教士、外籍华人、留学生、商人等的注意，并通过他们广泛传播到世界各地。

在文化交流方面，中国是一个很有特色的国家。从蒙昧的远古起，几乎是从一有文化开始，中国文化中就有外来文化的成分。中国人向来强调"有容乃大"，不管是物质的，还是精神的，只要对我们有利，我们就吸收。海纳百川，所以成就了中国文化之大。中外文化的交流，一直没有中断过。最大的两次是佛教的传入和西学东渐。佛教传入的结果是形成了中国佛教。而明末清初以来西方文化在我国广泛传播，则是"西学东渐"。从此，我们才有了"中学"和"西学"这样的名称，才有了"东方文化"和"西方文化"这样的说法。"西学"的先遣部队是天主教。天主教入中国，不自明末始，但是，像明末清初这样大规模的传入，还是第一次。唐代有所谓三教的说法，指的是儒、释、道。此时又来了一个新三教。道家退出，增添了一个天主教。新三教之间有过矛盾和撞击，方豪先生的《中西交通史》第五章"欧洲宗教与神哲等学之东传"叙述颇详，我不赘述。

我们中国不但能够拿来，也能够送去。历史上，我们不知道有多少伟大的发明创造送到外国去，送给世界人民。从全世界的历史和现状来看，人类文明之所以能发展到今天这个样子，中国人与有力焉。可惜的是，在一片西化之声洋洋乎盈耳之时，西方人大为自我感觉极为良好，他们以"天之骄子"自居，在下意识之中，认为自古以来就是这样，今后也将永远是这个样子。今天的中国，对西方的了解远远超过西方人对中国的了解。在西方，不但是有一些平民百姓对中国不了解，毫无所知，甚至个别人还认为中国人现在还在裹小脚，吸鸦片。连一些知识分子也对中国懵懂无知，连鲁迅都不知道。既然西方人不肯来拿我们的好东西，那我们只好送去了。鉴于此，我们组织了一套《东方文化集成》，计划出500多种，600多部，从20世纪90年代开始出版，现在还在继续编辑出版。我还和王宁主编了一套《东学西渐丛书》，1999年由河北人民出版社出版，总共7部，包括朱谦之先生早先写成的《中国哲学对欧洲的影响》，还有其他作者的新著：王宁的《中国文化对欧洲的影响》、王兆春等的《中国军事科学的西传及其影响》、韩琦的《中国科学技术的西传及其影响》、刘岩的《中国文化对美国文学的影响》、史彤彪的《中国法律文化对西方的影响》、孙津的《中国现代化对西方的影响》。丛书出版之后，有人发表评论，说这套丛书，可以增强我们变革和发展的信心，说这套丛书的价值得到了充分展现。从这套丛书中，我们可以清楚地看到，公元16、17世纪以前的欧洲，在文明的发展中与中国有多么大的差距。而他们向中国文明的学习，与后来中国人接受欧洲文明的顺序是相似的，即先从科学技术开始，这不仅包括造纸、印刷、火药、指南针"四大发明"，还包括陶瓷、冶金、纺织等技术，以及军事技术和兵法等。之后，又逐步深入到文化，即价值观、思想和道德，再就是哲学，进而是对中国社会制度的理性思考。2000年刘登阁、周云芳著的《西学东渐与东学西渐》，由中国社会科学出版社出版。看来，东学西渐在学术界引起了相当程度的重视。

我认为21世纪应该是"东化"的世纪。西方文化从文艺复兴以来，昌盛了几百年，把社会生产力提高到了空前的水平，促使人类社会进步也达到了空前的速度，光辉灿烂，远迈前古，世界人民无不蒙受其利。但它同世界上所有的文化一样，也是决不能永世长存的，迟早也会消逝的。20世纪20年代前后，西方的有些学者已经看出西方文化衰落的端倪，如德国施宾格勒在1917年开始写作的《西方的没落》一书，预言当时如日中天的西方文化也会没落。此书一出版，马上洛阳纸贵，产生了巨大的影响，英国著名历史学家汤因比受其影响，也反对西方中心论。他们的观点是值得肯定的，因为西方文化同世界上所有的文化一样，也是决不能永世长存的，迟早也会消逝的。在今天，它已逐渐呈现出强弩之末的样子，大有难以为继之势了。具体表现是西方文化产生了一些威胁人类生存的弊端，其荦荦大者，就有生态平衡的破坏、酸雨横行、淡水资源匮乏、臭氧层破坏、森林砍伐、江河湖海污染、动植物种不断灭绝、新疾病出现等等，都威胁着人类的发展甚至生存。

西方文化产生这些弊端的原因，是植根于西方的基本思维模式。因为思维模式是一切文化的基础，思维模式的不同，是不同文化体系的根本不同。简而言之，我认为，东方的思维模式是综合的，它照顾了事物的整体，有整体概念，讲普遍联系，接近唯物辩证法。用一句通俗的话来说就是，既见树木，又见森林，而不是只注意个别枝节。中国"天人合一"的思想，印度的"梵我一体"的思想，是典型的东方思想。而西方的思维模式则是分析的。它抓住一个东西，特别是物质的东西，分析下去，分析下去，分析到极其细微的程度。可是往往忽视了整体联系，这在医学上表现得最为清楚。西医是头痛医头，脚痛医脚，完全把人体分割开来。用一句现成的话来说就是，只见树木，不见森林。而中医则往往是头痛治脚，脚痛治头，把人体当作一个整体来看待。两者的对立，十分明确。但是不能否认，世界上没有绝对纯的东西，东西方都是既有综合思维，也有分析思维。然而，从宏观上来看，这两种思维模式还是有地域区别的：东方以综合思维模式为主导，西方则是以分析思维为主导。这个区别表现在各个方面，具体来说，东方哲学中的"天人合一"思想，就是以综合思维为基础的。西方则是征服自然，对大自然穷追猛打。表面看来，他们在一段时间内是成功的，大自然被迫满足了他们的物质生活需求，日子越过越红火，但是久而久之，却产生了以上种种危及人类生存的弊端。这是因为，大自然虽既非人格，亦非神格，却是能惩罚、善报复的，诸弊端就是报复与惩罚的结果。

有的学者认为要解决这些弊端，比如环境污染，只有发展科学，发展技术，发展经济，才有可能最后解决环境问题。我不同意这种看法。为了保护环境决不能抑制科学的发展、技术的发展和经济的发展，这个大前提是绝对正确的。不这样做是笨伯，是傻瓜。但是处理这个问题，脑筋里必须先有一根弦，先有一个必不可缺的指导思想，而这个指导思想只能是东方的"天人合一"思想。否则就会像是被剪掉了触角的蚂蚁，不知道往哪里走。从发展的最初一刻起，就应当在这种思想的指引下，念念不忘过去的惨痛教训，想方设法，挖空心思，尽上最大的努力，对弊害加以抑制，决不允许空喊："发展！发展！发展！"高枕无忧，掉以轻心，梦想有朝一日科学会自己找出办法，挫败弊害。常言道："道高一尺，魔高一丈。"到了那时，魔已经无法控制，而人类前途危矣。中国旧小说中常讲到龙虎山张天师打开魔罐，放出群魔，到了后来，群魔乱舞，张天师也束手无策了。最聪明最有远见的办法是向观音菩萨学习，放手让本领通天的孙悟空去帮助唐僧取经，但是同时又把一个箍套在猴子头上，把紧箍咒教给唐僧。这样可以两全其美，真无愧是大慈大悲的观世音。正是由于这个原因，我主张"三十年河东，三十年河西"，21世纪是东方文化的世纪，东方文化将取代西方文化在世界上占统治地位。而取代不是消灭。全面一点的观点是：西方形而上学的分析已快走到尽头，而东方文化寻求综合的思维方式必将取而代之。以分析为基础的西方文化也将随之衰微，代之而起的必然是以综合为基础的东方文化。这种代之而起，是在过去几百年来西方文化所达到的水平的基础上，用东方的整体着眼和普遍联系的综合思维方式，以东方文化为主导，吸收西方文化中的精华，把人类文化的发展推向一个更高的阶段。这种"取代"，在21世纪可见分晓。所以结论是：21世纪是东方文化的时代，这是不以人们的主观愿望为转移的客观规律。用东方"天人合一"的思想和行动，济西方"征服自然"之穷，就可以称之为"东西文化互补论"。东方的"天人合一"是带有普遍性的一种思想，中国、印度都有。即以中国儒家为例，《易经》中有"大人者与天地合其德，与日月合其明，与四时合其序，与鬼神合其吉凶。先天而天弗违，后天而奉天时"。《中庸》有"能尽人之性，则能尽物之性；能尽物之性，则可以赞天地之化育；可以赞天地之化育，则可以与天地参矣"。《孟子》有"莫之为而为者，天也；莫之致而致者，命也"。"尽其心者，知其性也；知其性，则知天也"。董仲舒的"天人之际，合而为一"。张载的"民，吾同胞；物，吾与也"更是典型的天人合一思想。这些都是综合思维方式的典型例子。

2001年10月，76位中华文化研究者，其中也有我，发表了《中华文化复兴宣言》，肯定：亚洲四小龙的崛起和日本的高速发展，都吸收了中华文化思想的智慧。当前西方一些有远见之士都在尽力研究中华文化，并提出"西方的病，东方的药来医"，形成了"东学西渐"。这些都说明了中华文化在当今世界仍有无穷的价值！

我们知道，16至18世纪的"东学西渐"给欧洲思想界带来了巨大而深刻的影响，中国哲学对法国启蒙运动和德国古典哲学产生了巨大的影响。根据收入"东学西渐丛书"的朱谦之先生的《中国哲学对于欧洲的影响》，法国启蒙思想家卢梭、伏尔泰、孟德斯鸠、狄德罗、霍尔巴赫等人都受到中国文化的

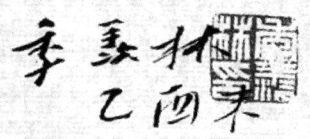

"西方的病,东方的药来医",今时今日的"东学西渐""中学西渐"无不"说明了中华文化在当今世界仍有无穷的价值"。图为季羡林题"文化交流,中学西渐,张扬和谐,全球共暖"。

影响，重农学派的主要代表人物、经济学家魁奈甚至有"欧洲孔夫子"之称。儒家的理性精神和人道原则，无神论和"人性本善"的思想，都被启蒙思想家用来作为同基督教神学作斗争的武器；道家崇尚自然的原则也对法国唯物主义产生了明显的积极影响。德国哲学家莱布尼兹能以平等的心态来对待中国哲学，他不讳言，自己的二进制直接受到《易经》中的阴阳八卦卦序的启发。其大弟子沃尔弗同样热爱中国文化，曾因发表《中国的实践哲学》的讲演而受到迫害。德国古典哲学的开创者康德，是莱布尼兹—沃尔弗学派的嫡传，他的"理性"一词被认为来源于宋明理学的"理"和老子的"道"。

中国与欧洲的文化交流，传教士起的作用不可抹杀。随着西方传教士的东来，西学逐渐地传到了中国。与此同时，中国的传统文化也通过传教士传到了西方。传教士在中国居住后，对中国的传统文化或多或少都有了解。他们把中国的古代文化典籍译成西方的文字传到欧美，诸如《大学》《中庸》《论语》《易经》等。在东学西渐中，有两个人与青岛有联系，是值得注意的，一个是卫礼贤（Richard Wilhelm，1873—1930），一个是翟理斯（Herbet Giles，1845—1935）。

卫礼贤原名理查德·威廉，因为酷爱中国文化，便给自己取了个中文名字卫礼贤。他是德国基督教同善会的一名传教士，1899年来中国，在青岛传教，也从事于教育和慈善事业，在中国生活了二十余年，1924年回德国。在华期间，曾与康有为有交往，与劳乃宣相识颇深，并在劳乃宣的帮助下，着手翻译《易经》，在德国以德文出版。他还创办了礼贤书院，潜心研究中国儒家学说。从1903年起，卫礼贤发表了大量有关中国和中国文化的论文，并着手翻译中国古代哲学经典。已出版的有《论语》(1910年)《老子》《列子》(1911年)《庄子》(1912年)《中国民间故事集》(1914年)和《易经》(1924年)《吕氏春秋》(1928年)和《礼记》(1930年)等。回国后,在德国莱茵河畔的法兰克福创立中国研究所,出版杂志《中国的科学与艺术》,成为"中国在西方的精神使者"。德国的学者们给予卫礼贤高度和充分的肯定,法兰克福大学授予他汉学荣誉博士,他成了中国古代圣人的诠释者。通过他,西方思想界的一大批代表人物接触了中国文化,从中得到了或多或少的启迪。如荣格认为从他那儿得到的教益比从其他任何人得到的都多。对卫礼贤翻译的《易经》,荣格说:《易经》中包含着中国文化的精神和心灵;几千年中国伟大智者的共同倾注,历久而弥新,仍然对理解它的人,展现着无穷的意义和无限的启迪。通过《易经》的帮助和启发,荣格提出了"共时性原则",并将这种"共时性原则",作为自己的分析心理学发展的内在基石,认为建立在共时性原则基础上的思维方式,在《易经》中表现得最为充分,是中国思维方式最集中的体现。而对于西方人来说,这种思维方式,从赫拉克利特之后,便在哲学史上消失,只是在莱布尼兹那里出现过一些低微的回声。

英国汉学家翟理斯在青岛居住并游学,1903年青岛啤酒创立,译名就是采用威妥玛式拼音,而为Tsingtao Beer。他在中国担任过多处英国领事,后来担任英国剑桥大学第二任中文教授,治学勤,著作多,有"其书满架"之誉。他对东学西渐有很大贡献。他著有《中国历史及其他概述》。他编的《华英辞典》,提到很多中国文人,附有各个汉字的广东、客家、福州、温州、宁波等9个方言区的方音拼法。他著《古今姓氏族谱——中国人名大辞典》,介绍了从先秦到19世纪的中国历史人物，其中有不少是文学家。另著《中国文明》《中国文学史》，鲁迅的《中国小说史略》提到过这部外国人写的中国文学史。他翻译的作品也很多，有《英译汉诗》，1898年他从《聊斋志异》的455个故事中选译了164个故事，并根据其中的《梦》（即《莲花公主》）改写了一部芭蕾舞剧《蜜蜂》，1916年该剧上演后在欧洲引起轰动。他还有两次重译的《佛国记》（1877年、1923年），1905年写《中国绘画艺术概要》，1911年编《古今图书集成索引》。厦门大学第一任校长兼国学院院长林文庆在1929年完成《离骚》的英译时，他和印度著名诗人泰戈尔（R.Tagore）作了序。他还著有《儒家及其竞争者》（1915年），并对《论语》《孟子》《老子》《庄子》等思想经典作了部分翻译。他和他的儿子对《庄子》都很有兴趣，各有自己的《庄子》节译本。1957年，英国出版了他用38年时间编成的《大英博物馆藏敦煌汉文写本目录》。他的知名度很高，孙中山1897年春复函给他（时任剑桥大学教授），并应其所请写了一篇自传，谈到自己初次出国的感受"始见轮舟之奇，沧海之阔，自是有慕西学之心，穷天地之想"。"至于教则崇拜耶稣，于人则仰中华之汤武暨美国华盛顿矣"。中山的这些感受与文化交流有关。

在翟理斯和卫礼贤几十年之后，21世纪的第四年，青岛大学《东方论坛》又开设了"东学西渐"的专栏，这不知是巧合，还是策划者事先有意安排的。我希望这个栏目能够吸引更多的学者参加，都来关注文化交流。我希望把这个栏目办好，办成一个有特色的栏目。

2004年

拿来和送去

在世界上所有的文明大国中，古代典籍传留下来在质和量的方面都独占鳌头的，只有中国一国。这个说法完全符合事实，毫无夸大之处。典籍是最重要的文化载体。古代典籍是我们中华民族对世界人民，对世界文化一个伟大的贡献。

在过去漫长的封建社会中，有的统治者也曾用大力整理过，比如清代的乾隆皇帝就曾亲自过问，遴选了几位大学士，集天下最有成就的大学者，用上几年的时间，编选了一部有名的《四库全书》，没有刻版印行，只命人缮写了七部，分贮全国一些地方。乾隆的用心或者动机并不是善良的，他想消灭一些书或者消灭一些书的有忌讳的部分。但是效果应该说还是好的，《四库全书》保全了一些书免遭毁灭的厄运。

在解放前，上海商务印书馆影印了一大批古籍，编为《四部丛刊》。上海中华书局排印了一套《四部备要》，两套丛书都是皇皇巨著，异曲同工，起到了传播与保存古籍的双重作用，受到了海内外广大读者的欢迎，动机与效果完全统一。

最近若干年以来，在改革开放的影响下，在弘扬中华民族优秀文化正确方针的指导下，又有一些有识之士，用不同的方式整理、编纂优秀古籍。在群峰并峙的形势中，《传世藏书》以其独特的编选方式，投入巨大的资金，邀集众多的学者，横排，简体字，所有入选的古籍都加上标号，穷数年之力，采用最好的纸张，使用最高的印刷技术，实行严格的审校制度，反复核校，最后出之以最美的装帧。这样细致审慎的操作规程，称之为前无古人，恐怕亦非过分夸大。好在全书123巨册已经出齐，明眼人自能衡量其价值，徒托空言，不足为凭。

关于此书的意义与价值，我想提出几点个人的看法。最近几年，我在很多文章和发言中提出了一个观点：文化交流是推动人类社会前进的主要动力之一。如果没有国家与国家间、人民与人民间的文化交流，今天人类社会是个什么样子，简直无法想象。我认为，在人类历史上，最大的文化交流是东西两大文化体系之间的交流。以中国文化为核心的东方文化，其基础或出发点是综合的思维模式，表现在哲学思想上是"天人合一"。最有代表性的说法是宋代大哲学家张载的"民，吾同胞；物，吾与也"。西方文化自希腊罗马起一直发展到今天的欧美文化，其基础或出发点是分析的思维模式，表现在行动上是"征服自然"。在中国汉唐时期，主宰世界的是东方文化。西方自文艺复兴，特别是产业革命以后，征服自然，成绩彪炳。到了今天，在衣食住行各个方面，都有巨大的创造与成就，全世界莫不蒙受其利。

然而征服自然，从一开始就孕育着危险性。到了今天，弊端日益明显，大气污染，环境污染，生态平衡破坏，臭氧层出洞，如此等等，不一而足。原来，大自然虽既非人格，亦非神格，却是能惩罚善报复的，以上列举的诸弊端就是报复与惩罚的结果。如果人类再不悬崖勒马，后果真不堪设想。救之之方只有一个，就是以东方"天人合一"的思想和行动济西方"征服自然"之穷，我称之为"东西文化互补论"。

《传世藏书》所收典籍中蕴含着中国文化的精华。不仅是中国学者，连西方一些有识之士也感到了西方文化所产生的弊

季羡林曾"在很多文章和发言中提出了一个观点:文化交流是推动人类社会前进的主要动力之一。如果没有国家与国家间、人民与人民间的文化交流,今天人类社会是个什么样子,简直无法想象"。为了推动文化交流与传播,他积极参与《传世藏书》捐赠活动。图为1996年10月12日,季羡林在《传世藏书》捐赠仪式上发表讲话。

端，必救之以东方文化。当年鲁迅先生提倡"拿来主义"，是想输入西方的科技文化，使中国富强起来。到了今天，人类所面临的处境既然如此险恶，而西方大部分人——我看，中国也一样——却还懵懵懂懂，高枕不醒。我们只有一个办法，就是采用"送去主义"，送去的方法和工具颇多，把《传世藏书》弘扬四海，就是有效的办法之一。

再过几年，一个新的世纪就来临了。我虔诚希望，人类能聪明起来，认真考虑拿来与送去的问题，认真考虑我的"东西文化互补论"。

1997 年 3 月 26 日

从拿来主义谈到借鉴

鲁迅先生的拿来主义是众所周知的。他明确表示:"我们要拿来。我们要或使用,或存放,或毁灭。那么,主人是新主人,宅子也就会成为新宅子。然而首先要这人沉着,勇猛,有辨别,不自私。没有拿来的,人不能自成为新人,没有拿来的,文艺不能自成为新文艺。"鲁迅在这里明确提到文艺。他自己就是毕生从事于介绍外国文艺的工作,给我们树立了光辉的榜样。

毛主席也教导我们,必须继承一切优秀的文学艺术遗产,批判地吸收其中一切有益的东西,作为我们的借鉴,"有这个借鉴和没有这个借鉴是不同的,这里有文野之分,粗细之分,高低之分,快慢之分"。

就文艺而论,鲁迅的拿来主义也就是毛主席说的借鉴,二者的精神是相通的,都是大家所拥护的。

但是,怎样去理解这一教导的精神实质呢?为什么"没有拿来的,文艺不能自成为新文艺"呢?如何把这些意见贯彻到实际工作中去呢?在这里恐怕就产生了不同的理解,不同的看法。有一些看法是容易说清楚的,人们也敢于把这些看法说清楚的。另外有一些看法却不是这样。在过去许多年内,特别是在"四人帮"形而上学猖獗之日,我们好多人实际上是不敢说清楚,不许说清楚。不许我们动脑筋,因而也就不敢动脑筋。文章能不写,就不写;非写不行,则凑合一篇新八股,搪塞一番了事。

就以拿来或借鉴来作例子吧。这里面就有容易说清楚的问题和不容易说清楚的问题。讲到拿来或者借鉴,不外有两个方面:一个是形式,或者艺术性;一个是内容,或者思想性。形式方面的拿来或者借鉴,是显而易见的,是容易说清楚的。这在世界文学史上先例很多。比如歌德的《浮士德》,里面一开头就有一个"舞台序曲"。大家都知道,这种形式是从印度拿来的。有人甚至说,伊朗古代的四行诗(Rubayiyat)和中国的绝句(不管是五言绝句或是七言绝句,都只有四行),也有姻缘关系。在这方面没见到什么有说服力的文章,不过有这样的猜测而已。至于中国"五四"运动时期的新文学作品,新诗、短篇小说、长篇小说、戏剧等都包括在内,在最初确实是模仿西方的作品,这是人人都承认的。鲁迅的短篇小说,从形式上来看,既不同于唐代的传奇,也不同于明代的《今古奇观》式的短篇小说,同《聊斋志异》也不一样。这是鲁迅从西方,特别是俄国,拿来的。这是一种旧形式,鲁迅在里面加上了新的内容,就成了崭新的带有民族气息的作品。

但是,说到内容,问题就不这样简单,问题就不大容易说得清楚。我们究竟应该从外国文学作品中"拿"些什么样的内容"来"呢?即使在外国文学作品中是精华的东西,对今天的我们来讲,主要还是认识的意义,我们也决不会直接就拿来的。比如印度史诗《罗摩衍那》中那些唯物主义的思想,那些蔑视命运、批判腐朽的封建道德的思想,在当时当地,确实是凤毛麟角,十分难能可贵,确实是民主性的精华。但是我们还需要把这些思想直接拿来做为借鉴吗?毛主席所说的"文野之分，粗细之分，高低之分，快慢之分"，重点是否主要是放在形式方面呢？

与拿来主义或者借鉴有关的问题，并不限于上面说的这一些。比如欣赏问题，也是很值得探讨的一个问题。清代诗人赵瓯北（翼）有一首脍炙人口的论诗绝句："李杜诗篇万口传，至今已觉不新鲜。江山代有才人出，各领风骚数百年。"他的意见，我只同意一部分，这就是，文学必须随时创新，不能老是墨守成规。但是，他说李杜的诗篇已经不新鲜，恐怕与事实不符。赵瓯北的"至今"是指18世纪末叶或19世纪初叶，到现在已经快二百年了。可是李杜的许多诗篇到今天还能引起人们感情方面的共鸣，难道说这不是事实吗？为什么阶级不同、时代不同、国家不同、民族不同，而文学作品却照样得到人们的欣赏呢？马克思讲到古代许多神话有"永久的魅力"，这话又应该怎样去理解呢？

类似这样的例子还可以举出很多来，我就不再举下去了。因为，我在这里没有提出什么新鲜的见解，我的目的也不在于提出什么新鲜的见解，我只想提出一些问题，特别是不容易说清楚或不敢说清楚的问题。我只想提出一个愿望，就是把这些问题说清楚。现在"四人帮"被打倒了，套在我们头上的精神枷锁已经打碎了，形而上学的紧箍咒也已失灵了。现在全国的知识分子真可以说是精神振奋，意气风发。他们的干劲空前高涨，他们的思想空前活跃。以前被认为是"禁区"的，现在也有人敢去碰了。大家下定决心，为实现四个现代化，为提高科学文化水平，贡献出自己的一切。真正贯彻"双百方针"，现在是时候了。我们从事于文学研究工作的人也不应该甘居下游,我们应该敢于提出一些新的问题,敢于对某一些旧的以前不敢碰的问题提出自己的见解。那种墨守成规,固步自封、谨小慎微、万马齐喑的局面再也不能继续下去了。

1978 年 4 月

我们要奉行"送去主义"

20世纪二三十年代,鲁迅先生提出了"拿来主义"的主张。我们中国人,在整个20世纪,甚至在20世纪以前,确实从西方国家拿来了不少的西方文化的精华,这大大地推动了我们教育、文化、科研,甚至政治、经济等方面的发展,提高了我们的文化水平,丰富了我们的物质生活和精神生活。这是一个历史事物,谁也无法否认。当然,伴随着西方文化的精华,我们也拿来了不少的糟粕。这是不可避免的,有时候精华与糟粕是紧密相联的。

十几年前,也就是在上一个世纪的最后一段时间内,我曾提出了一个主张:"送去主义"。拿来与送去是相对而言的。我的意思是把中国文化的精华送到西方国家去,尽上我们的国际主义义务。我的根据何在呢?

我们中华民族是伟大的民族,在过去几千年的历史上,我们有过许多重要的发明创造,四大发明是尽人皆知的,无待赘言。至于无数的看来似乎是细微的发明,也出自中国人之手,其意义是决不细微的。我只介绍一部书,大家一看便知,这部书是:阿里·玛扎海里的《丝绸之路》。至于李约瑟的那一部名著,几乎尽人皆知,用不着我再来介绍了。如果没有中国的四大发明,人类社会的进步,人类文化的发展,将会推迟几百年,这是世界上有点理智的人们的共识,决不是我一个人的"老王卖瓜"也。

然而，日往月来，星移斗转，近几百年以来，西方兴起了产业革命，科学技术的发展突飞猛进，在不太长的时间内，影响遍及全世界。当年歌德提出了一个"世界文学"的想法，我们现在眼前却确有一个"世界文化"。最早的殖民主义国家，靠坚船利炮，完成了资本主义原始积累的任务。后来的帝国主义国家，靠暂时的科技优势，在地球村中，为非作歹，旁若无人，今天制裁这个国家，明天惩罚那个国家，得意洋洋，其劣根性至今没有丝毫改变。在这样的情况下，在西方，除了极少数有识之士外，一般人大抵都以"天之骄子"自命，认为宇宙间从来就是如此，今后也将万岁千秋如此，真正是"其愚不可及也"。他们颇有点类似中国旧日的皇帝，认为自己什么都有，无所求于任何其他民族。据说，西方某个大国中，有知识的人连鲁迅这个名字都没有听说过。其极端者甚至认为中国人至今还在吃鸦片、梳辫子、裹小脚。真正让人啼笑皆非，这样的"文明人"可笑亦复可怜！

现在屈指算来，西方以及世界其他国家已经从中华民族优秀文化中拿走了不少优秀的精华，他们学习了，应用了，收到了效果，获得了利益。但是，仍然有许多精华，他们没有拿走，比如中国传统的伦理道德，其中有糟粕，也有精华，其精华部分对世界人民处理天人关系、人与人的关系，以及个人心中感情思想中的矛盾时会有很大的助益。眼前全世界都大声疾呼的环保问题实际上是西方人"征服自然"的恶果，中国的"天人合一"的思想，如能切实行之，必能济西方之穷。我们眼前，由于人所共知的原因，科技在某些方面确实落后于西方。但是，我们也不能说是一点创造发明都没有，一点先进的东西都没有，比如改革开放，由计划经济转入市场经济而获得成功，对世界上其他国家就很有借鉴的价值。

这些东西如珠子在前，可人家，特别是西方人，却偏不来拿。

怎么办呢？你不来拿，我们就送去。

我们首先要送去的就是汉语。"射人先射马，擒贼先擒王。"汉语是"王"。中华民族的优秀文化大部分保留在汉语言文字中。中华民族古代和现代的智慧，也大部分保留在汉语言文字中。中国人要想弘扬中华民族的优秀文化，外国人要想学习中华民族的优秀文化，都必须首先抓汉语。为了增强中外文化交流，为了加强中外人民的理解和友谊，我们首先必抓汉语。因此，我们要奉行送去主义，首先送出去的也必须是汉语。

此外，汉语本身还具备一些其他语言所不具备的优点。50年代中期，我参加了中共八大翻译处的工作。在几个月的工作过程中，我逐渐发现了一个从来没有人提到过的现象，这就是：汉语是世界上最短的语言。使用汉语，能达到花费最少最少的劳动，传递最多最多的信息的目的。我们必须感谢我们的祖先，他们给我们留下了汉语言文字这一瑰宝。过去的几千年，我们在这里暂且不谈。仅就目前将近十二亿的使用汉语言文字的人来说，他们在交流思想，传递信息方面所省出来的时间简直应该以天文数字来计算。汉语之为功可谓大矣。

从前听到有人说过，人造的世界语，不管叫什么名称，寿命都不会太长的。如果人类在未来真有一个世界语的话，那么这个世界语一定会是汉语的语法和英文的词汇。洋泾浜英语就证明了这一点。这种说法虽然近乎畅想曲，近乎说笑话，但其中难道一点道理都没有吗？

说来说去，一句话：我们要奉行"送去主义"。这既有政治意义，也有学术意义。我首先要送出去的就是汉语言文字。在这样的考虑下，我对张德鑫同志主编的论文选不能不呈献上我最诚挚的谢意。

2000年1月11日

西域在文化交流中的地位

我今天要讲的题目是：西域在文化交流中的地位，想分四个小题目来讲：

一、西域的含义
二、世界上四大文化体系
三、西域在四大文化体系交流中的地位
四、结束语

一、西域的含义

要谈西域在文化交流中的地位，必须先弄明白什么叫"西域"。

顾名思义，西域当然是一个地理名词，但同时又是一个同历史有密切联系的名词。所谓"西"，指的是在中国的西方。一般说来，有广狭二义。广义的西域，包括今天的中国新疆、苏联的一些中亚加盟共和国、阿富汗、伊朗、阿拉伯国家，以及更远的地方。连印度、巴基斯坦、孟加拉国、尼泊尔、斯里兰卡、不丹、锡金、马尔代夫以及非洲东部的一些国家和地区，都包括在里面。唐代高僧玄奘的《大唐西域记》可以为证。狭义的西域，指中国新疆一带。我在这里取的是狭义的西域。

在中国古代正史中有很多"西域传"或者类似的名称，《史记》中还没有。《汉书》卷九六上，《列传》六六上有《西域列传》。这里说："三十六国皆在匈奴之西，乌孙之南，南北有大山，中央有河，东西六千余里，南北千余里。"《后汉书》卷一一八，《列传》七八，有《西域列传》。这两部书讲的都是三十六国，是狭义的西域。《三国志·魏书》只有乌丸、东夷。《晋书》卷九七，《列传》六七有四夷。《宋书》和《南齐书》都没有。《梁书》卷五四，《列传》四八，有西北诸戎，高昌、龟兹都包括在里面。《陈书》没有。《魏书》卷一〇二，《列传》有《西域传》，阙。高昌见于卷一〇一，列传八九。《北齐书》没有。《周书》卷五〇，《列传》四二有《异域传》，其中包括高昌、焉耆。《隋书》卷八三，《列传》四八，有《西域传》。《南史》卷七九，《列传》六九，有《西域传》。《北史》卷九七，《列传》八五，有《西域传》。《旧唐书》卷一九八，《列传》一四八，有《西戎传》。《新唐书》卷二二一上和下，《列传》卷一四六上和下，有《西域传》。这里讲的西域，同《大唐西域记》一样，是广义的西域，其中包括尼泊罗、天竺、摩揭陀、罽宾、师子、波斯、拂菻、大食等国。唐以后的正史，我在这里不谈了。

总之，从中国正史上，我们看到的西域有广狭二义，总的趋势是从狭义到广义发展。这同人们的地理眼光越来越扩大，中国同西域国家的关系越来越密切有关。

二、世界上四大文化体系

要谈文化交流，必须先了解，什么叫文化，什么叫文化体系。世界各国学者对于文化的定义，据说有几百种之多。那些烦琐的论证，毫无意义，我在这里不谈。约而言之，文化有广狭二义。我取的是广义的文化，指的是人类在精神文明和物质文明两个方面优秀的、对人类进步起推动作用的创造。

世界上的民族不论大小，历史不论久暂，对于文化都有自己的贡献。这一点必须承认。但是，同时也必须承认，各个民族对整个人类文化的贡献，在质和量方面，都不尽相同。据我自己多年观察和探讨的结果，真正能独立成为体系、影响比较大又比较久远、特点比较鲜明的文化体系，世界上只有四个：

1. 中国文化体系
2. 印度文化体系
3. 闪族伊斯兰文化体系
4. 希腊、罗马西方文化体系

这四个文化体系，还可以再进一步简化为两大文化体系群：前三者属于东方文化体系群，后一个属于西方文化体系群。下面我分别加以解释。

1. 中国文化体系

中国立国于东亚大陆，有长达五六千年的文化发展的历史。在相当长的历史时期内，中国在各个方面都对人类文化有巨大的贡献。中国的几个发明，如罗盘、造纸、火药、印刷术等等，还有中国的蚕丝，都传出了中国，对世界上一些国家和地区的文化发展，产生了巨大的推动力。一些次要的发明创造和工农业产品，比如瓷器、茶叶等等，也输出了中国，输入世界各地，为当地人民所喜爱。中国的药材也曾传到许多国家。连炼钢术都曾对周围一些国家产生过影响。至于精神文明，中国文学艺术、哲学思想、园林建筑等等，影响了一些国家和地区。到了十七八世纪更传至欧洲，在那里同样产生了影响。中国的汉字曾影响了周围一些国家，比如在日本、朝鲜、越南等国，他们读汉文书籍，甚至用汉文写作。

2. 印度文化体系

印度也有很长的文化发展的历史。自公元前3世纪摩亨佐达罗和哈拉巴的印度河流域文化开始，印度人民在精神文明和物质文明两个方面都对人类文化做出了巨大的贡献。在精神文明方面，印度最古的吠陀、两大史诗、波你尼的语法体系，以及以迦梨陀娑著作为首的古典梵文诗歌和戏剧、流行于印度民间的寓言、童话和小故事，都通过种种渠道传出了印度，对世界文化和文学产生了深远的影响。特别是印度古代的寓言、童话等等，通过了《五卷书》等类作品的中古波斯文和阿拉伯文译本，传遍了欧亚大陆，甚至传至非洲，到了19世纪在德国形成了比较文学史的研究，影响更是特别大。这类作品也传到了中国。

在宗教方面，印度是产生宗教的地方。源于印度和尼泊尔的佛教，在印度繁荣昌盛了一千五百多年。它早就传出了印度，传到了中亚、南亚、东南亚、东亚、北亚各国，影响了这些地方的宗教的发展。对这些地方的文学艺术、哲学思想、语言、历史等等方面都有广泛、持久而又深入的影响。这是尽人皆知的事实。连基本上停留在印度本土的印度教，也在小范围内传出了印度，传到了南亚和东南亚一些国家，并且有了信徒。

在物质文明方面，印度对科学技术也有独特的贡献。古代印度对数学、天文、物理、化学、炼钢、熬糖等等都有发明创造。

3. 闪族伊斯兰文化体系

这里包括古代希伯来文化，《旧约》等等，也包括古代巴比伦、亚述文化和古代埃及文化，地域极广，历史极长；但是又确实属于一个文化体系，有许多共同的特征。公元六七世纪，伊斯兰教兴起，它几乎囊括了这整个地区，继承并发展了古代闪族文化。有共同特征的阿拉伯文化，影响了欧亚广大地区。伊斯兰教成了世界三大宗教之一，影响更是普及而深入。此外，阿拉伯人在保存古代希腊文化方面还起了关键性的作用。一个很有趣的现象是，原属印欧体系文化（古代希腊、罗马就属于这个体系）的波斯（今伊朗），改信了伊斯兰教，把第三个和第四个文化体系融合起来，形成了独特的文化。波斯的宗教思想、文学、艺术、语言，以及科学技术，沿着古代的丝绸之路，影响极其广泛。

4. 希腊、罗马西方文化体系

古代希腊和罗马产生了光辉灿烂的文化。无论在自然科学方面，还是在人文科学和社会科学方面，都出现了许多有独创性的造诣和深远影响的伟大学者、伟大哲学家，至今全世界的学者们还在研究他们的著作。他们的诗人和作家，也是至今还栩栩如生。今天的欧美西方文化主宰了世界，实际上是希腊、罗马文化的继承和发展。这个主宰的过程，同欧洲资本主义的发展是分不开的。随着世界统一市场的形成，欧美西方文化体系就逐渐成了统一世界的文化体系。1827年德国伟大诗人歌德首先提出了世界文学这个概念，1848年马克思和恩格斯也提到了世界文学。这个世界文学是世界文化体系的一个重要组成部分。

三、西域在四大文化体系交流中的地位

上面讲了世界上四大文化体系，或两大文化体系群。从这个观点上来看，文化交流应该分为三个层次：1. 一个文化体系内部的交流；2. 四大文化体系间的交流；3. 两大文化体系群之

间的交流。

一部人类历史证明了文化总是要交流的。没有文化交流，就没有人类的历史。世界文化决不是哪一个民族单独创造的，不管这个民族多么优秀，对人类文化有多大贡献。说文化是一个民族创造的，是法西斯论调。我在上面讲到过，民族不论大小，都对人类文化做出过贡献。但是，民族不论大小，也不管它对世界文化做出过多么大的贡献，它总是要接受外来文化的。一部人类历史也证明了这一点。

文化交流或文化传播，总要通过一定的道路。西域地处东西两大文化体系群的中间，是东西文化交流的必由之路。在东方文化体系群的内部，各民族之间的文化交流，有时候也要通过西域。世界历史上有名的丝绸之路，就是横亘西域的东西文化交流的大动脉。

我在下面按时代顺序叙述一下通过西域丝绸之路东西文化交流的情况。

1. 汉代

真正的丝绸之路的开辟不早于汉代，但是东西文化交流却决非到了汉代才开始。丝绸之路是东西文化交流日益频繁的产物。

最早担任文化交流任务的人，一般只有商人、外交官，大宗教创立以后，又加上了宗教信徒，老百姓是很难长途跋涉的。商人、外交官、宗教信徒，各有各的目的，他们决不会想到什么文化交流；然而事实上却进行了文化交流。这种情况在蒙昧的远古，商人出现之后，就已经有了。在天文方面的交流就早得很。中国春秋战国时期已经明显地受到外国影响，比如《战国策》《国语》等书中一些典故，如狐假虎威之类，都有外来的痕迹。屈原赋中的一些神话也同样有外来的可能。这个时期的文化交流的道路决不限于陆路，海路也有可能，比如驺衍大九洲的学说就可能同海上交通有联系。

以上说的这些情况都是发生在汉代以前的。到了汉代，频繁的文化交流促成了丝绸之路的开辟，开辟了以后，又推动了文化交流。在中国几千年的历史上，汉代是对外文化交流的高潮之一。高潮的主要标志是，东西双方相对的信息量增加了，东西双方的物质和精神的产品交换得更加频繁了。这里的东指的是中国，西指的是沿丝绸之路的国家，路的尽头就联上了欧洲。汉代的重要史籍，如《史记》《汉书》等，有大量关于西方国家和民族的记载，关于欧洲的记载也有一些。这些记载，这些信息的来源当然渠道很多。当时有几次历史上著名的出使，比如建元中（140B.C.-134B.C.）张骞通使西域、和帝永元九年（97年）甘英奉使大秦等都是渠道。他们走的都是丝绸之路。古希腊和罗马的历史学家和地理学家，比如斯脱拉波（Strabo，54 B.C.-24 A.D.）、白里内（Pliny，23年—79年）、拖雷美（Ptolemy，Ca.150年）等等，在他们的著作中也有关于中国的信息，特别是关于中国蚕丝的记载更引起了广泛的注意。估计这些信息也都是通过丝绸之路传入西方的。在这样的情况下，中亚很多植物传入中国，最著名的有葡萄、苜蓿、胡麻、蚕豆、大蒜、胡荽（香菜）、黄瓜、石榴、核桃、胡萝卜等等。西域音乐和其他艺术也传入中国。对以后中国人民的生活影响极大。佛教亦传入。

2. 三国两晋南北朝时期

东西文化交流继续进行。《魏略·西戎传》记载了大秦（叙利亚和东罗马帝国）的风俗、习惯、物产等。大秦还同东吴有交通关系，估计不是通过丝绸之路，而是通过海路。《晋书》

记大秦国情况。《艺文类聚》记大秦的火浣布。佛经《那先比丘经》也有关于大秦的记载。《洛阳伽蓝记》记元魏时欧亚外国人杂居洛阳。希腊历史学家普柏罗科劈斯（Procopius，500年—565年）记中国蚕种传入罗马的情况。这个时期，中国同西域各国交通更为频繁。佛教僧侣、外交使节的来往也加强了。中国的正史和佛教的僧传有大量关于广义的西域的记载。精神文明和物质文明的产品的交换也远远超过以前的时代。

3. 隋唐时代

隋代寿命很短，只能算是唐代的一个序曲。唐代是继汉代以后的又一个东西文化交流的高潮。隋唐两代对欧洲和西域（中亚）的交通比前代更加频繁了，得到的信息更加精确了。隋唐两代的许多典籍都有关于欧洲（拂菻、大秦）和西域的记载。谈到欧洲，《隋书·裴矩传》记通拂菻之路。同书《铁勒传》记里海西北诸民族的情况。《旧唐书》《新唐书》《册府元龟》《通典》等书都有关于拂菻或大秦的记载。连玄奘和慧超的著作中都提到拂懔或拂临。大秦的景教传到中国来，大量的大秦出产品动、植、矿物也传入中国，比如水银、金刚石、矾石、玻璃、琉璃、木香、肉豆蔻、郁金花、很多的香、很多的树、酒、指甲花、狗、白象等等。谈到动、植、矿物的流传，比较复杂，一件东西往往有很多原生地，我们要注意这一点。

至于西域，则交通频繁的程度远远超过拂菻或大秦。唐代正史和其他书籍有大量的关于西域中亚一带的记载。对同西域交通的道路也有详尽的描述。在当时，唐代可以说是世界上第一大国，唐都长安是世界上文化和经济的中心。很多外国使节来到这里，很多外国僧人来到这里。当时在长安居住的外国人非常多，特别是西域胡人，西突厥人、月氏人、安国人、何国人、康国人、曹国人、米国人、石国人、史国人等等都有（参阅向达《唐代长安与西域文明》）。印度等国的使节和佛教僧人，以及波斯等国的使节，都常常来往于两国之间。中国的使节也派出国去，最著名的是王玄策等人。中国的高僧经过西域到印度去求法的，更是举不胜举，其中最著名的当然首推玄奘。他赴印度求法，来回都走西域。他的名著《大唐西域记》，至今仍被世界各国研究印度史和中亚史的学者视为瑰宝。这样频繁的往来促进了文化的交流。许多产生在广义的西域的宗教也传到中国来，其中有摩尼教和回教。

值得注意的是，在中西交通道路方面，出现了一个很大的转变：重点由陆路转向海路。海路交通唐以前已经存在，但是规模不大，仍以陆路为主。到了唐代，特别在玄奘和义净之间，也就是从7世纪三四十年代至七八十年代，在三四十年的时间内，好像改变很大。玄奘来去都是陆路，而义净则来去都是海路。其中消息，耐人寻味。

中西交通既然如此频繁，文化交流也必然相应加强。除了新宗教传入之外，西域的音乐舞蹈也大量涌入。《唐六典》，卷一四，列举了十部伎乐：1. 燕乐伎；2. 清乐伎；3. 西凉伎；4. 天竺伎；5. 高丽伎；6. 龟兹伎；7. 安国伎；8. 疏勒伎；9. 高昌伎；10. 康国伎，光看名称，即可推知其来源。西域的动植物也大量传入中国。动物有却火雀、大尾羊、驼鸟、狮子、灵猫、腽肭兽等等。植物有番木鳖、阿儿只、阿息儿、奴哥撒儿、娑罗树等等。特别值得一提的是炼糖技术的交流。在这方面，埃及、波斯和印度都有独到之处，三个国家互相学习。中国估计在南北朝时期已能炼制蔗糖。唐太宗曾派人到印度摩揭陀国去学习熬糖，回来仿制，色味逾西域远甚。波斯炼制石蜜的技术也传到中国。

4. 宋元时代

同唐代比较起来，宋代在中西交通方面显然是相形见绌的。《宋史》有《拂菻国传》，周去非《岭外代答》记大秦国，赵汝适《诸蕃志》记大秦国、斯加里野国（意大利的西锡利岛）、芦眉国（罗马）、木兰皮国（马格里布）等地。同中亚的交通也比不上以前各代。没有新宗教传入，动植矿产品的交流也没有新东西。

元代同宋代大异。蒙古人用兵中亚，一直打到欧洲。从中国经西域中亚到达阿拉伯国家和欧洲交通畅通的情况，是空前的，在某一种意义上也可以说是绝后的。在这样的情况下，中西双方人员的往来，信息的交流，其方便程度，也是空前的。著名的马可波罗就是在元代来华的。此外，还有一些天主教教士来到中国。耶律楚材的《西游录》、丘处机的《长春真人西游记》等书，也是非常著名的。他们走的道路就是经过西域的陆路。

5. 明清时代

东西交通更为频繁。交通道路海陆均有，但以海路为主。明永乐时郑和下西洋为一时盛举，走的是海路。我们在这里不谈。

对于欧洲，了解得比以前更加细致，更加确切了。《明史》中有《拂菻传》《佛郎机传》《鲁迷传》《和兰传》等等，记载了很多欧洲一些国家的情况。《殊域周咨录》有关于拂菻、佛郎机等地的记载。《皇明世法录》谈到佛郎机、鲁迷、和兰等国。类似的书籍还有一些，这里不再列举。德国人、西班牙人、意大利人都有经过西域到中国来的。明末清初，利玛窦等一批欧洲人陆续来华，宣传天主教，同时也带来了西方文化，是中西文化交流史上的一件大事。

对于西域，联系也有所加强。《明史》有《西域传》，记载了西域的情况。陈诚《使西域记》、严从简《殊域周咨录》等书，也记述了西域的情况，对撒马儿罕记述更是特别详尽。撒马儿罕大概是当时的西域重镇，是经济和文化的中心。

清代上承明代传统，同欧洲和西域的交通更为频繁。新疆正式建省，是一件有深远意义的事情。晚清时代，西方殖民主义入侵和这以前的沙皇俄国侵吞中亚大片领土，也对中国产生了影响。这一切都不详细谈了。

中国在几千年的历史上通过西域同欧洲和中亚、西亚，甚至非洲的交通情况就介绍到这里。通过这极其简略的介绍，我们可以看到在东西文化交流中西域的重要性，特别是新疆地位的重要性。西方和中亚同中国的陆路交通几乎全部都通过新疆。新疆在全世界上是唯一的一个世界四大文化体系汇流的地方，全世界再没一个这样的地方。这是新疆地理位置所决定的。它东有中国汉族文化，南有印度文化，西有闪族伊斯兰文化和欧洲文化。连古代希腊的雕塑艺术，都通过形成于阿富汗、巴基斯坦、印度一带的犍陀罗艺术传入新疆，再传入中国内地。新疆地区最早接受中国文化，跟着进来的是印度文化，再后是伊斯兰文化。在这三者之间，对峙、并存、汇合的现象，逐步形成。在目前，虽然从宗教方面来看，伊斯兰教统一了全疆。但从深层文化来看，几大文化体系的痕迹依然隐约存在。新疆这个地方实在是研究世界文化交流的最好的场地。有一些问题我们还不是很清楚。我相信，随着考古工作不断地深入和发展，随着我们研究水平的不断提高，我们的了解也会逐步加深。

四、结束语

这个题目的主要内容已经讲完了。但是,我觉得,好像还言犹未尽,有几个问题还必须说明一下。

1. 我在上面说到过,没有文化交流就没有人类的历史。这是什么意思呢?有必要结合我上面谈到的世界四大文化体系通过西域进行交流的情况再加以阐述。一方面,我们必须承认,中华民族光辉灿烂的文化,是在自己创造的基础上,不断吸收外来文化才得以形成的。另一方面,也必须承认,中国文化传了出去,对世界文化也做出了不可磨灭的贡献。这一点,现在的西方人未必都乐意承认。我在这里不想同他们辩论,我只举一个他们祖先的意见,就是英国十六七世纪的伟大思想家佛兰西斯·培根(Francis Bacon,1561—1626年)。那时候,西方资本主义还没有充分发展,帝国主义当然更没有形成,西方人还没有狂妄地自封为天之骄子,他们对中国文化的看法还比较公正、客观。培根说:

> 我们应当观察各种发明的威力、效能与后果,最显著的例子便是印刷术、火药和指南针。这三种发明都不为古人所知;虽然它们的起源都是在近期,但却是又不为人所知而默默无闻。而这三种发明却都曾改变了整个世界事物的全部面貌和状态——第一种是在(知识传播的)文献方面,第二种是在战争上,第三种是在航海上;并且跟着这些发明的利用又引起了无数的变迁。由此看来,世上没有一个帝国,没有一个教派,没有一个

星宿比这三种机械发明对于人类发生过更大的力量与影响了。(见所著《新方法论》[Novum organum]。引张春树译文,见《汉代丝绸之路的开拓与发展》,《食货月刊》复刊第十五卷第一、二期合刊)

这三种发明都是中国的。其意义培根说得很清楚了。从这一件事情上可以看出中国文化对人类文化发展贡献之重要。其他的例子还多得很,这里不一一列举了。

2. 我在上面也曾说到,世界文化是各民族共同创造的,可以称之为文化多元论。文化一元论往往同法西斯谬论难以分开。我把世界文化分为东西两大文化体系群。人类几千年的历史证明了,这两个群总是交互起伏,互相学习,互相补充。三十年河东,三十年河西,哪一个群也不可能永远主宰、垄断,两个群都既是给予者,又是接受者。今天世界的情况怎样呢?西方文化主宰世界久矣。但是西方有识之士已经逐渐感到,自己的文化并非完美无缺,并不能永垂不朽,并不能永远主宰、垄断。德国学者斯宾格勒(Spengler)、英国学者汤因比(Toynbee)等就属于这一类有识之士。特别是在第二次世界大战之后,西方一些人认真进行反思。我个人认为,西方文化已有走入绝境的迹象,需要东方文化来纠偏、来补正的时刻即将来临了。我们要拭目以待。

1988 年 7 月 16 日

《国外中国学研究》前言

说老实话，当我最初听到四川外国语学院成立了一个国外中国学研究所的时候，我颇为感到吃惊：怎么还会有这样的组织呢？但是，继而仔细一想，我"顿悟"了：这样的组织不正是过去完全没有人想到过而我们今天却是非常需要的吗？

这要从远处讲起。中国学在国际上不是一门新兴学科。大概从西方资本主义殖民主义者，用各种方式，通过多种途径，派人到中国来的时候起，中国学就算是开始存在了，根据我的理解，中国学是一门综合的学科。这些西方人到了中国以后所写的一切东西，不管是哪一行哪一业，都属于中国学的范围。西方这一批人主观动机不同，其中也确实有一些抱着侵略目的而来的，他们对中国的看法必然是戴着有色眼镜的。特别是那一批天主教和耶稣教的传教士，他们多年认为中国是文化不高的民族，甚至是野蛮民族，必须把他们的"上帝"请了来，传布"福音"，中国才能得救。可是其中也确实有一些人，抱着对中国文化感兴趣的态度，来研究中国文化、中国问题。我们千万不要良莠不分，放在一个锅里煮。

即使是对那些动机不纯的外国研究中国的学者，我们也要有一点辩证的观点。我举一个具体的例子。外国的传教士们喜欢到中国少数民族地区去，比如云南、四川、西藏等地区，都是他们热衷于钻进去的地方。他们的用心是"司马昭之心路人皆知"。然而他们传教以外的一些工作，比如制订新文字、研究当地的民俗等等，难道一点积极的作用都没有吗？马克思当年论到英国在印度的统治的时候曾经指出，英国在印度的一切措施，比如修铁路等等，其目的无非是想尽快尽多地剥削印度人民。然而其结果却是事与愿违，这些措施带给印度人民科技知识，提高了他们的科技水平和觉悟。这当然决不是英国殖民统治者所乐意看到的事情。即使外国人怀着偏见谈论我们的缺点，我们也要有点辩证观点。鲁迅先生在《华盖集续集·马上支日记》中写道："我自己想，我对于外国人的指摘本国的缺失，是不很发生反感的。"类似的话，他在别的地方也曾说过。我想，鲁迅的用意无非是想借外国人指摘这一面镜子，照一照我们自己，指摘对的就接受，不对的就拒绝，用不着一听指摘就火冒三丈。

　　我在上面讲的主要是过去的中国学。那时候，中国要么是封建帝国，要么是半殖民地半封建的东亚病夫，外国人到中国来，对我们总有点蔑视，是不愉快的，但是可以理解的。自从中华人民共和国成立以后，中国人民站起来了，外国人再也不敢小看我们了。所谓中国学和中国学家，据我个人的观察，已经走上了一条同过去有点不同的道路，呈现出过去不可能有的崭新的面貌。他们多半是怀着善良的愿望，从事中国学的研究的。不管是研究宗教哲学，还是研究文学艺术，或是研究语言文字，有的人成绩斐然可观，受到我国学者的赞扬，同中国同行们结下了深厚的友谊。

　　我决不敢说，外国的中国学家对中国文化都理解得完全正确，他们的研究工作没有主观隔膜的情况，没有在无意中歪曲的地方。这是不可能的。但是，不管怎样，他们理解对了的，可以供我们参考。由于民族文化传统不同，他们观察问题的角度有时同我们不同。但是，正因为如此，他们往往能看到我们忽略了的东西。即使他们看错了，我们也可以从中吸取一些教训。无论如何，中国两句俗语完全可以用在这里："当局者迷，旁观者清。"

但是，外国的中国学家的作用，还不只限于此。中华民族在世界民族之林的地位越来越高，外国人民对中国友好、渴望了解中国的也越来越多，没有一个媒介，没有一座桥梁，外国人民是难以了解中国的。外国的中国学家就正是这样的媒介，这样的桥梁。他们的工作能促进外国人民同中国人民的友谊，他们在中国人民和世界人民之间架起了一座友谊的金桥。

然而，在过去，我们对外国中国学家的工作太不注意了。有一些人根本不知道什么中国学，有一些学者也漠然置之。这既不利于中外人民友谊的增强，也不利于中国人民对外国的了解。这种情况不能让它再继续下去了。

现在四川外国语学院建立了国外中国学研究所，创办了《国外中国学研究》，真不能不说是目光远大，应该受到我们的最高的赞美。我个人愿意充当一个马前小卒，为各位先知先觉摇旗呐喊，共同推进这一项非常有意义的事业。

是为前言。

1987 年 4 月 1 日

中西医学的结合问题

中国医药学的发展,有极其悠久的历史。一般都追溯到黄帝时代,可见其时间之久。

我不是什么哲学家,但是对许多问题往往有自己的想法。我一向认为,世界文化可以分为东西两大体系。东西之区分决定于它们的思维模式。东综合而西分析。我在这里必须说明一下,综合与分析都是就其大体而言,在细微的地方则是你中有我,我中有你。

这种东西之分也表现在医药学上。中国医药学经过几千年的发展,到了今天,形成了独立的体系,一般称之为中医。与之相提并论者,则是以近代西方科技为基础的几乎统一了世界的现代化的医学,在中国统称之为西医。中国一些少数民族也有自己的医学,比如藏医等。我个人认为,在今天的中国社会中,中西医学以及少数民族的医学都有存在的价值与能力,不能妄加评断。几十年前,中国也曾有过否定中医的论调,那不会带来什么好处的。

上面讲到,中医发展已有极其悠久的历史。在发展过程中曾受到多方面的外来的影响。周秦以前的情况,渺茫难言矣。大概是到了汉代,西方中亚一带的影响就开始显露。带"海"字的一些东西都是洋玩意儿,"海"后来变为"洋"。根据陈寅恪先生的意见,中国的"岐伯"可能同印度的 Jivaka 有关。就连以刮骨疗毒著名的华佗,也可能与印度有关。到了唐代,西方的影响更扩大了。《外台秘要》中有许多外国（主要是印度）成分。印度的眼科大夫，徒步转游四方，也来到了中国，并且给大诗人刘禹锡治疗眼病。此时，波斯的医学也传入中国，结果是《海药本草》等著作的出现。

到了明朝末年，西方（欧洲）的医学开始传入中国，后来称之为西医，与中国传统医学，所谓中医，相提并论，并行不悖。现在中国农村医疗情况，我不大清楚。沿海地区和内陆恐怕不会是一样的。在我的家乡是联合几个邻近乡村，组成一个诊所，医疗手段大概是不中不西，亦中亦西。这同解放前已经有天壤之别了。

总而言之，目前在中国存在着两大医疗体系：一中一西。双方都有自己的研究院，也都有自己的医院。我没有做过详细的统计，我的印象是，以西医为基础的医院其数目远远超过以中医为基础的医院。有的以西医为基础的大医院中，也请上一位中医。这本来是件好事，但是，这一位中医大夫既不临床号脉，对症下药，也不来了解病情，而是每天送给病员一罐熬好的中药，这样的药必然是四平八稳，既治不了病，也要不了命的玩意儿。这样的中医大夫形同虚设，毫无意义。

现在有一个问题明显地摆在我们眼前：既然存在着两大体系，为什么不把它俩结合融为一体产生一种崭新的医学呢？这样现成的题目，我想，一定会有不少人尝试过了。因为没有成果，所以不为人知。

我不研究医学史，80岁以前基本上不生病，没有住过医院。因此，对我在上面提出来的医学两大体系融合的问题，从来没有考虑过。现在让我来考虑，结论已经摆在眼前：一不可能，二没有必要。除了在小的设施方面可以互相学习以外，理论方面，因为所依据的思维模式不同，可以任其按照自己的路数自由发展下去。数百年上千年以后会发展成为什么样子，现在无法预言。

我倒是有一个建议，在某个以西医为基础的大医院中认真聘请几位真正学有专长的中医大夫，与西医大夫待遇完全平等。可以时不时地选择几个有典型意义的病员，让中西大夫各根据自己的理论和治疗方法加以治疗，看看谁能够治好病。实践是检验真理的唯一标准。在治疗同一个病人的过程中，中西医不会有什么矛盾的，中医什么仪器都不需要。在内行人眼中，我这种想法也许是非常可笑的、幼稚的。我个人却并不这样认为。

2003 年 6 月 23 日

老子在欧洲

老子在欧洲，自来就走红运，没有另外一个中国哲学家可以同他比的；连在中国同他并称的庄子也望尘莫及。这原因其实并不复杂，我们只要一想就可以明白。中国哲学家讨论研究的对象差不多都是人与人的关系和治国平天下的道理。孔子虽然"诲人不倦"，但一提到死和命这些比较抽象的东西，就不高兴发表意见了。我们在这里不必讨论是不是孔子影响了中华民族，或者是中华民族的特性决定了孔子的看法。但中国思想的特点确是偏于现实的伦理的，这是大家都承认的。在这样的环境里居然出了一个老子，谈了许多近于形而上学的问题，无怪他在几乎没有一个真正哲学家不谈形而上学的欧洲大走红运了。

倘若我们再仔细想一想，还可以找到更深更根本的理由。无论哪一国的人都喜欢神秘的自己不了解的，同自己有距离的东西。这距离愈大，喜欢的程度也就愈高。世界上的伟人们尤其是政治上的伟人们，大半都懂得这道理。为了要在自己周围创造一层神秘的氛围，使他与人民之间的距离永远保持，他们不惜用种种方法，方法成功，距离就能保持，他们也就永远为人民所爱戴崇拜了。在这方面德国人恐怕比别的国家更厉害。倘若你对他们赞美一件东西，他们先问是哪里来的，回答说是德国本国的，他们必摇头。说是法国来的，他们面部微有喜意。说是土耳其，他们眼睛里发了光。倘若说是从中国来的，他们就惊呼要抢着看了。因为什么？因为这样才够远的。倘若从远远的国度里来了一件东西,这东西他们又不了解;换了话说,就是距离之外再加上神秘,那么他们的赞叹崇拜也就没有止境了。

老子不正合这个条件吗?在中国一直到现在还没有人敢断定是不是有老子这个人;即便有这个人,他生在什么时候,他是不是老子这本书的著者,没有人敢给我们确切的回答。在司马迁时代,老子已经是恍惚迷离的神龙般的人物。我们读了他替老子写的传,眼前依然是个大问号。谈到举世闻名的《道德经》五千言,虽然到现在已经有了很多的注释;但没有人敢说他真能懂。无论谁读了这书,都觉得似乎懂了一点;但认真说起来,依然是仁者见仁,智者见智。老子仿佛是一面镜子,人们都喜欢来照一照。一照之下,在镜子里发现的不是老子的而是自己的影子。然而人们高兴了,觉得已经捉到了老子的真相,走开了。

欧洲人也喜欢来这面镜子里照。照过之后,每个人都觉得他真正了解了老子,于是就设法译成自己国的文字。在德国平均每隔几个月总有一个新译本出现。译者有的是汉学家,有的是在大学里念汉学的青年学生,有的是根本不懂汉文的诗人、哲学家、退职的老牧师、老公务员,有的是自命博雅的大半多少都有点神经病的老处女,真是洋洋乎大观,我们一时数也数不清。"道可道非常道",这个道字的翻译更是五花八门,无奇不有。有的人在这里面发现了上帝,有的人把它同柏拉图的理念来比,有的人又把它同康德的自存物、叔本华的意志拉在一起。每个译者都不会忘掉写上一篇序言,这序言有的时候竟比原文还长,在这里面他们都很骄傲地说他们终于把老子了解了,把真正的"道"的意义捉到了;然而都不过是夫子自道,把自己的思想藉了老子的名字表现出来,如此而已。

这种风气不限于一国，也不限于一时。但在上一次世界大战后的德国特别厉害。原因也很自然，一想就会明白的。德国人平常就有点夸大狂，在哲学音乐科学艺术方面又真的有惊人的造就，所以总觉得德国人高于一切，想征服世界。然而结果却被打倒在地上，他们先是觉得有点不了解，颇为愤愤然。后来又想到，难道自己的文明真的有什么缺陷吗？为了借助于他山起见，他们就各处搜寻。我上面已经说过，对德国人，远的就是好的，于是他们找到中国。又因为平常人总喜欢神秘的东西，而德国人的天性就倾向神秘主义，他们终于找到老子。无怪老子的译本像雨后的春笋般的出现了。

但他们究竟在老子书里找到些什么呢？这话很难说，恐怕多一半是一团大糊涂。愈不明白，他们就愈钻；愈钻也就愈不明白。想找的东西没有找到，在一团糊涂中他们也就渐渐忘记了自己是来找东西的，至于找到了什么或没找到什么与他们也就无关了。后来国内的情形变好了，对老子的热情终于渐渐淡下来。虽然间或仍然有老子的译本出现，已经不像以前那样起劲了。同时，在德国以外的欧洲国家里，以前对老子虽也喜欢，但没有像德国那样发狂。现在仍然冷静地爱着老子，不时出一个新的译本。最近的一个译本就是成自英国有名的汉学家A.Waley之手。他也像别人一样，写了一篇很长的序，解释怎样才是道。他愈说人愈不明白，终于还是一团大糊涂。

不久就来了第二次世界大战，这次又同上次不同，一打就是六年。打到一半的时候，别的国家里的情形我不十分清楚，在德国，人们又因了同上次战后差不多一样的原因想到自己的文明是不是有缺陷，才开战时火一般的热情现在消逝得毫无踪影了，很多人，尤其是大学教授同学生开始动摇悲观起来。结果是东方的哲学又为一般人所注意了。老子又走起红运来。我去年秋天从德国到瑞士去以前，有一天忽然有一个衣帽整齐的中年人去找我，说他把老子译成德文了，请我给他写一个序出版。我听了当然很高兴，问他学过中文没有，他说没有学过。他自己是牙科医生，三年来只要有一点余闲，他就利用来研究老子。他曾经把中文本的老子借出来自己抄了一遍，每天晚上坐对着那部几十斤重的中法字典把每一个中国字都查了出来，然后自己再从这些字里硬寻出意义来，结果就成了这部译著。无论谁都知道，这是一件非凡艰苦的工作，我对这中年绅士无端肃然起敬起来。但一看他的译文却真使我失望，到处是错误，令人看了简直要生气。我没有别的办法，只好告诉他这书最好不要出版，出来对他也没有好处。他没说别的话，收起稿本来就向我告辞了。

自从我离开德国，那里的情形一天比一天坏。自命为世界上最优秀的民族而想征服世界的终于又被打倒在地上了，而且这次比上一次更彻底更厉害。外国的统治者在国内到处横行，没有一个人敢说什么。全国无论什么地方看到的只有悲惨与不安定。人们仿佛当顶挨了一大棍，都失掉了知觉，谁也不知道应该怎样说怎样想，到处是一片麻木。我上面说过，战争打到一半的时候，他们悲观动摇。但现在他们已经超过了悲观与动摇，简直是糊涂了。对德国人这是好是坏我不敢说。而且这现象也不只限于德国，欧洲别的国家也有，不过没有像德国那样厉害而已。无论怎样，对老子恐怕只有好没有坏，他的红运恐怕还要继续下去，谁也不敢说到什么时候。

1946 年 7 月 28 日南京

从历史上看中德文化关系

中德文化交流已经有很长的历史了。从欧洲特别是德国文献来看,至迟到了18世纪,这种交流已经开始。在第一个阶段,中国文化影响德国文化比较多。德国对中国的兴趣从18世纪起至19世纪30年代,是一个逐渐升起的高潮。1840年鸦片战争以后,来了一个低潮。到了20世纪初叶,特别是在第一次世界大战以后,这种兴趣又逐渐升高。差不多与此同时,第二个阶段开始。德国文化,特别是文学创作对中国逐渐产生影响。200多年来的中德文化交流史大体轮廓就是这样。

18世纪启蒙时期,孔子哲学在欧洲受到崇拜。德国大哲学家Leibniz非常钦佩孔子。他的门徒A.H.Franke和Christian Wolff完全同他抱一样的态度。1736年,法国人Du Halde出版了一本书:*Description géographique, chronique, politique et physique de l'empire de la Chine et de la Tartarie chinoise*,这本书产生了很大的影响。书中有四篇《今古奇观》中的短篇小说和一本元曲《赵氏孤儿》,还有一些《诗经》中的诗。译文都不高明,影响却是极大。此外,在1719年,中国小说《好逑传》被介绍到欧洲,也意外地产生了极广泛的影响。影响范围包括德国在内。

从此以后,中国的文学作品逐渐通过各种渠道传入德国,有的通过拉丁文译本,有的通过法文译本,有的通过英文译本,有的直接译自中文。文体多种多样,小说、戏剧、抒情诗都有,还有一些哲学著作。

在小说方面，第一部传入德国的作品是上面讲的《好逑传》。ch.G.von Murr 于 1766 年译为德文：*Haoh kjöh Tschwen, d.i.die angenehme Geschichte des Haoh kjöh*。在以后的 200 年中陆续介绍到德国去的中国小说有：《三国志演义》《东周列国志演义》《水浒传》《二度梅》(*Erh-Tou-Mai on les Pruaiers Meneillex*)《正德游江南全传》(*Streifereien des Kaisers Tscheng-Tih*)《封神演义》(*Feng-Schen-Yën-I, die Metamorphosen der Götter*)《西游记》(*Hsi-Yu-chi, A mission to Heaven*)《聊斋志异》(*Seltsame Geschichten aus dem Liao-zhai*)《平鬼传》《金瓶梅》(*Kin Pin Meh*)《红楼梦》(*HungLouMong, der Traum der roten Kammer*)等等。在中国文学史上，这些小说的地位高低悬殊极大，它们传入德国不在一时一地，产生的影响也有所不同。

在戏剧方面，首先传入欧洲的是元曲《赵氏孤儿》，因为 Du Halde 的那一本书里有这个剧本。1749 年 Du Halde 那本书译成了德文，《赵氏孤儿》从此传入德国。以后陆续传入德国的中国剧本有《灰阑记》。此书在 1832 年由 S.Julien 译为法文：*Hoei-Lan-Ki ou l'histoire du cercle*。1876 年，Wollheim de Fonseca 改译为德文：*Der Kreidekreis*。1926 年，A.Forke 又重译：*Hui-Lan-Ki*。其他传入德国的中国戏剧有：《西厢记》(*Das Westzimmer*)《琵琶记》(*Die Laute*)《牡丹亭》(*Mou-Dan-Ting*)等等。同小说一样，中国戏剧传入德国经历了相当长的时间。从 18 世纪起一直到 20 世纪，长达将近 200 年。在这漫长的时间内，有的德国作家曾企图改编中国戏剧在德国舞台上演出。基本上都以失败告终。原因是，我们两个国家的戏剧毕竟太不相同了，无论是戏剧中的人生观，还是演出的技巧都有点风马牛不相及，想要调合二者，那是十分困难的。只有个别人的尝试获得某一些成功。

在抒情诗方面，中国的古代的抒情诗同样传入了德国。最早对中国抒情诗感兴趣的是歌德。其次是杰出的诗人 Friedrich Rückert。在 1833 年，他把《诗经》改作出版，他根据的是拉丁文译本。以后陆续传入德国的有：《离骚》《九歌》、陶渊明、李白、杜甫等。1880 年 Viktor von Strauss 翻译的《诗经》：*Schi-King*，*Das kanonische Liederbuch der Chinesen*，Heidelberg 1880，产生了比较广泛的影响。大家都知道，抒情诗的翻译要比小说和戏剧困难得多，有人甚至主张，诗是无法翻译的。但是，200 年以来，德国始终有人尝试着把中国抒情诗移植到德国去。大家公认，抒情诗对德国文学的影响要比中国小说和戏剧大得多。

在哲学方面，上面已经谈到了孔子。由于孔子在中国历史上的地位，他在欧洲，其中当然包括德国，受到重视，是意料中事。代表孔子儒家思想的"四书"和"五经"几乎都有欧洲语言的译本，其中一部分有德文译本。孔子以外另一个在德国产生了影响的中国哲学家是老子。在德国，老子的译本数目最多。

我现在想集中谈一谈德国最伟大的诗人歌德，顺便谈一下大诗人席勒。在中德文化交流的第一个阶段中用力最勤、兴趣最广、贡献最大的是歌德。他可以说是德国第一个认识中国文学价值的人。他从什么时候起开始接触中国文化，现在还无法确定。Du Halde 的那一本书于 1749 年译为德文，歌德肯定是读过的。书中的《赵氏孤儿》这个剧本对歌德产生了影响。他创作 *Elpenor* 主要材料来源就是这个剧本；不知道是什么原因，他这个剧本没有写完。1766 年出版的《好逑传》译本，他是读过的。这一本书给他留下了非常深刻的印象。1781 年 1 月 10 日，歌德日记中有："啊，文王！"这样的字眼，这可能是 Du Halde 的书给他的启示。1796 年 1 月，歌德同席勒通信，讲到《好逑传》。1817 年 9 月 4 日，歌德读了英译本元曲《老生儿》（Sir J.F.Davis：*Laou-Seng-Urh or An heir in his old Age*）后，10 月 9 日曾写信给 Knebel，评论这个剧本，歌德集中研究中国文学或者说对中国文学发生兴趣是在 1827 年年初，他的日记里有这样的记述：

  1 月 31 日 关于中国诗的性质

  2 月 2 日   研究中国诗

  2 月 3 日   《花笺记》

  2 月 4 日   晚上《中国的诗》

  2 月 5 日   《中国女诗人》

  2 月 6 日   抄写《中国女诗人》

  2 月 11 日 晚上对 Dr.Eckermann 读中国诗

《花笺记》，歌德读的是英文译本；此书于 1836 年由 H.Kurz 译为德文：*Das Blumen blatt*。1826 年，Rémusat 译《玉娇梨》为法文；1827 年出版德译本：*Ju Kiao Li oder Die beiden Vasen*，歌德也读过。1827 年，法人 Davis 的 *Contes Chinois* 出版，歌德读过。特别值得注意的是 1827 年 1 月 31 日歌德对 Dr.Eckermann 的谈话。根据 Dr.Eckermann 的记录谈话内容如下：

  歌德说："（中国传奇）并不像人们所猜想的那样奇

怪。中国人在思想、行为和情感方面几乎和我们一样，使我们很快就感到他们是我们的同类人。只是在他们那里一切都比我们这里更明朗，更纯洁，也更合乎道德。在他们那里，一切都是可以理解的，平易近人的，没有强烈的情欲和飞腾动荡的诗兴，因此和我写的《赫尔曼与窦绿台》以及英国理查生写的小说有很多类似的地方。他们还有一个特点，人和大自然是生活在一起的。你经常听到金鱼在池子里跳跃，鸟儿在枝头歌唱不停，白天总是阳光灿烂，夜晚也总是月白风清。 还有许多典故都涉及道德和礼仪。正是这种在一切方面保持严格的节制，使得中国维持到几千年之久，而且还会长存下去。"

《好逑传》等等小说（传奇）在中国文学史上都没有什么地位。但是歌德对这些书的评论意见则不能不说是异常深刻的，非常令人惊异的。他一眼就看出了中国文学和德国文学的不同之处。一直到今天他的见解对研究比较文学和比较文化的人来说仍然有很大的启发。

现在再谈一谈席勒。他同歌德一样，对中国文学有极其浓厚的兴趣。1795年，他谈到《好逑传》。1796年，他同歌德通信，他谈到这部小说，表示不满意Murr的德译本，自己想改编它，只写了几页。1800年和1801年，他对Unger称赞《好逑传》。1803年和1806年，他又把改编《好逑传》列入自己的工作计划内，终于只是起了一个头。在戏剧方面，1801年，他改编Turandot，他想点染上一点中国色彩。大家称之为"中国戏"，实则与中国戏几乎毫无共同之处。

早年，季羡林曾留学德国哥廷根大学，跟随瓦尔德施密特教授学习梵文。20世纪80年代初，季羡林重返哥廷根。图为此次返德之行，季羡林与瓦尔德施密特教授重逢，自是喜笑颜开。

为什么中国文化，特别是中国文学能在18、19世纪（前半）在德国产生这样一些影响呢？为什么影响的过程又有曲折呢？想要了解这一点，必须对欧洲思想史有所了解。18世纪欧洲启蒙运动发展到高峰。这个运动没有浪漫的幻想，一切都立足于现实，一切都是脚踏实地。这一些确与中国思想有暗合之处。德国学者，特别是歌德之所以喜欢孔子儒家思想，也与此有关。他们认为，孔子儒家思想主要是宣传一种道德标准，维持风化，劝善惩恶。而且他们还发现，中国人和德国人有共同的人性，而歌德等所追求的正是这种普遍的人性，其中没有国界，没有鸿沟。歌德是首先提出"世界文学"这个概念的人，其原因就在这里。狂飙运动浪漫主义兴起后，他们标榜的东西与歌德对Dr.Eckermann讲到的中国精神很少有共同之处；再加在政治上中国受到欧洲殖民主义的打击，在欧洲人眼中威信扫地，因而过去的那一点"中国热"也就冷下来了。

上面讲的是中德文化的关系第一阶段，主要是中国文化影响德国。下面再谈第二阶段，主要是德国文化影响中国。在这一阶段，把中国文化和文学介绍到德国去的工作并没有停止，只是规模已经很小，势头比较微弱了。

大约从20世纪20年代初开始，德国文学传入中国。文学研究会主办的《小说月报》介绍了G.Hauptmann。创造社介绍了歌德、Storm的《茵梦湖》（*Immensee*）和H.Heine。郭沫若翻译了*Faust*。从那以后，在长达60年的漫长过程中，包括解放以后在内，大量的德国文学作品被译成了汉文。被介绍到中国来的有下列一些德国作家：Goethe，Schiller，T.Fontane，T.Storm，P.Heyse，H.Hesse，H.Sudermann，Grimm兄弟，H.J.C.Grimmelshausen，H.Mann，Th.Mann，B.Kellermann，

H.Heine, Lessing, Remarque, Anna Seghers, B.Brecht, S.Lenz, H.Böll, J.Puttkamer, I.Eichler, J.R.Becher, H.Marchwitza, G.Eich, M.von der Grüm 等等。在文艺理论方面介绍了：Lessing, H.Heine, K.Zetkin, Luxemburg, G.Ried, H.Meyer 等等。这些介绍对中国新文学的发展起了积极的作用，对中国人民了解德国人民提供了可靠的材料，大大地加强了两国人民的友谊和互相了解。除了翻译介绍以外，中国学者还撰写了大量论德国文化和文学的文章和德国文学史。他们组织了德国文学学会和德语教学研究会。许多中国大学里都有德国语言文学专业，有的成立了独立的德国语言文学系。

总之，在中德文化关系发展的第二个阶段中，中国对德国文化（其中包括科学技术，我在本文中没有涉及）的兴趣日益增强。除了我上面讲的这些情况以外，两国还有不少学生到对方国家去留学，这当然会加强两国已有的文化关系。我自己就是在第二次世界大战前夕直至大战结束长达10年的时期中在德国留学和工作的。德国人民的友谊我毕生难忘。我相信，我们两国人民的长达200年的文化关系必将日益加强，我们的友谊也会不断发展。瞻望前途，我充满了信心。

1985年2月13日

从历史上看中国伊拉克两国的文化关系

中国和伊拉克都是文明古国,黄河流域和美索布达米亚两河流域都是在世界上最早产生文化的地方。

我们两个国家不但产生了高度的文化,对世界文化宝库做出了巨大的贡献,而且从很古的时代起,就互有所闻,互相往来,交流文化。

中国古代正史《史记》和《汉书》都有许多关于古代所谓西域的记载。《史记》大宛列传里记述了大宛、乌孙、康居、奄蔡、安息、条枝等国的情况。《后汉书》一一八"西域传"更进了一步,记载更详细了。其中有一些地名今天已无法确定究竟是什么地方,学者们在这方面的意见也有分歧。但是,从记述的内容来看,其中有一些是与今天的阿拉伯国家有关的。

到了唐代(618年—907年),中国正史里有了明确的关于阿拉伯国家(当时叫做大食)的记载。《旧唐书》和《新唐书》都给大食立了传,记载了大食国在中国隋朝大业年间(605年—618年)建国的情况。其中特别引起我们注意的是有关伊斯兰教创始人穆罕默德的记载。《旧唐书》一九八"西戎传·大食"传写道:

有摩诃末者,勇健多智,众立之为王,东西征伐,开地三千里,兼克夏腊,一名钐城。

《旧唐书》还记载了建都于今天伊拉克首都世界名城巴格达的黑衣大食(即阿巴斯王朝)建国的情况。阿巴斯王朝第一代始祖是阿蒲罗拨。他死后,弟阿蒲恭拂继位。他继续派遣使节到中国来。

根据中国史书的记载,从唐高宗永徽二年(651年)起至唐德宗贞元十四年(798年)止,一百多年的时间内,从大食派使臣到中国来共有36次。玄宗时代更是特别频繁,有时候一年就派三次。这里面有白衣大食的使臣,也有黑衣大食的使臣。中国派到大食去的使臣史书上没有记载,估计也不会少。

我们要知道,古代所谓使臣同现代有所不同。他们既是外交使节,也是文化使节,有时候做生意也是通过派遣使臣的方式。这些使臣就带着货物到别的国家去,也把本国所需要的货物带回来。唐代从大食带到中国来的货物是很多的。根据中国正史的记载,其中有良马、龙脑香、豹等等。中国著作里也有的提到大食产品,像玛瑙、乳香等等。这些东西对当时中国人民的生活有一些影响。

在这时候,阿拉伯人在世界通商活动中占着很重要的地位。有很多阿拉伯商人活跃在南海一带。中国的商船在这一带也很活跃。因为,到了唐代,中国的造船术已经很发达,它影响了许多国家的造船术。中国造的船坚固而安全,许多国家的人都乘坐中国船。

到中国来的阿拉伯人非常多。他们大半都住在当时的中国通商口岸广州、泉州、扬州等城市。有的只是暂居,有的久居不返。他们同中国人和睦相处,在文化上和贸易上,互通有无。许多阿拉伯人学习了中国语言、文字，成了著名的诗人、学者。唐宣宗时的李彦昇就是最著名的例子。

伊斯兰教创始于唐高祖武德年间（619年—626年）。不久就传入中国。明何乔远《闽书》卷七"方域志"有下面的记载：

（吗喊叭德）门徒有大贤四人，唐武德中来朝，遂传教中国：一贤传教广州，二贤传教扬州，三贤四贤传教泉州。

这一段记载大体上是可靠的。在唐代，伊斯兰教已经在中国广泛流传。教徒有的是从阿拉伯来的，有一些中国人也信了伊斯兰教。

在这时候，当然也有不少的中国人到阿拉伯去，杜环就是其中之一，他曾到过大食国，《通典》卷一九三还保留了他的《经行记》，对当时伊拉克一带的情况作了生动详瞻的记述。他在那里看到了"绫绢机杼、金银匠、画匠、汉匠起作画者京兆人樊淑、刘泚，织络者河东人乐、吕礼。"这几句话有极其重大的意义。它告诉我们：第一，中国丝早已传到阿拉伯；著名的横贯欧亚两洲的"丝路"就通过伊拉克一带，中国的丝可能在公元前就传来了。第二，中国丝工和画工也已到了阿拉伯。这都说明，我们两国的文化关系又进一步发展了。中国的重要发明，像罗盘针等，和重要产品，像茶叶等，也是通过这一条路传出去的。

杜环是在天宝十载(751年)到伊拉克去的。他在《经行记》里面没有谈到其他同去的人。实际上同他一起去的还有造纸工人。阿拉伯旅行家贝鲁尼在他的游记里写道：

初次制造纸是在中国。

中国人把造纸法输入撒马尔罕。从那以后，许多地方都造起纸来，以满足当时存在着的需要。

中国造纸术在唐代传入阿拉伯，通过阿拉伯的媒介传入欧洲，对世界文化的传播起了促进作用。

由于两国往来频繁，陆路和海路的道路都有详细的记载。《新唐书》卷四三下"地理志"保留了唐德宗的宰相贾耽的地理著作《广州通海夷道》，详细地记载从广州出发，海行绕过印度，经波斯湾到大食国去的路程，里面提到了缚达城，就是今天的巴格达。

阿拉伯许多在唐代到中国来的旅行家，对沿途所见所闻，以及当时中国的情况，都有细致翔实的描述。生在今天伊拉克境内的商人苏莱曼所写的游记是其中最著名的。他曾到中国和印度等地经商，回国后，于唐宣宗大中五年（公元851年），写成一书。里面记述了中国广州的情况，以及中国风俗、中国宗教、人民生活。此外，还有阿布赛德·哈散根据听闻，写成书籍。他的一个朋友伊本·瓦哈伯曾拜访唐懿宗。这书里面记载了他同懿宗有趣的长篇的谈话。伊本·库达特拔的《省道记》、麻素提的《黄金草原》和伊本·麦哈黑尔的《游记》，都是有名的游记。里面有不少的关于中国的记述，大大有助于阿拉伯人了解中国的情况。

苏莱曼游记里有一段关于中国瓷器的记载："中国人能用陶土做成用品，透明如玻璃，里面加了酒，从外面可以看到。"在那时候，中国磁器早已传入阿拉伯。阿拉伯人民十分喜爱它。但因路远难运，所以价格极昂；他们于是就自己仿造，从7世纪开始，一直到18世纪。在伊拉克萨麦拉地方曾掘出了一些磁器，其中有从中国运去的，也有阿拉伯仿制的。

根据《宋史》卷四九〇"大食传"的记载，从宋太祖乾德四年（966年）起至宋高宗绍兴元年（1131年）止，一百多年的时间内，大食共派遣使臣30次。中国也派遣使臣到大食去，乾德四年中国皇帝就曾派一个佛徒僧徒行勤带一封信给大食国王。

在这期间，中国同大食的往来有一个特点，这就是，大食商船的船主很活跃。他们有时候就带了货物来中国，并且写信给中国皇帝。他们带来的东西是丰富多彩的。这就说明，中国同大食的贸易关系又进一步发展了。

在这期间，大食国不但与宋朝来往频繁，而且与辽国也有往来。

从924年到1021年，不但有使节来往，在1021年辽国国王还和大食国王通婚，建立了亲戚关系。

在宗教来往方面，到了宋朝，还继续有人从阿拉伯来到中国，创建清真寺。比如泉州的清净寺就是从撒威来的纳只卜穆·兹喜鲁丁创建的。

在这时候，中国有不少商人和外交使节到了大食国。有一些文人学士就根据这些人的经历，写成文章。其中最著名的就是赵汝适的《诸蕃志》。这一部书对大食国做了虽然简略但却翔实生动的记述：

  白达国系大食诸国之一都会。自麻罗拔国约陆行一百三十余程，过五十余州乃到。国极强大，羊马器甲甚盛。王乃佛麻霞勿直下子孙，相袭传位，至今二十九代，经六七百年。大食诸国或用兵相侵，皆不敢犯其境。王出张皂盖，金柄，其顶有玉师子。背负一大金月，闪耀如星，虽远可见。城市衢陌，民居豪侈。多宝物珍段，少米鱼菜。人食饼肉，酥酪。产金、银、碾花、上等琉璃、白越诺布、苏合油。国人相尚以好雪布缠头，及为衣服。七日一次削发，剪爪甲。一日五次礼拜天。遵大食教度。以佛之子孙，故诸国归敬焉。

此外，周去非《岭外代答》也对大食诸国，特别是白达国，做了记述。

《诸蕃志》特别有价值的地方还在于它详细地记载了从大食国以及其他国家输入到中国来的货品。从大食国来的货品共有：乳香、没药、血碣（竭）、金颜香、苏合香油、栀子花、蔷薇水、丁香、没石子、木香、阿魏、芦荟、珊瑚榭、琉璃、真珠、象牙、腽肭脐、龙涎等。在这些东西里面，香料和药品占的比例最大。唐宋时代，阿拉伯香在中国的消费量很大。香的用途也很多，或用来熏衣服，或用来和土涂墙，或把香掺进蜡烛里去，或用为化妆品，或供咀嚼以祛口臭。最重要的还是用来做药。从唐朝开始，香料在中国药里面的地位越来越重要了。根据宋朝的《政和新修经史证类备用本草》里面的记载，从大食运来的香料和其他药品在中国药材里已经占了比较重要的地位。比如无名异、阿魏、丁香、沉香、乳香、苏合香、没药、诃梨勒等等，有的注明是"产于大食国"，有的注明"产于西国"。总之都是和大食有关系的。这样，从大食运来的这些药品就丰富了本来已经很丰富的中国药材的宝库。

另外一种值得注意的东西是蔷薇水。大食国的蔷薇水在历史上是很著名的，它曾运到许多国家去。在中国宋代，它显然也是很流行的。宋蔡絛《铁围山兰谈》卷六写道：

> 用白金为甑，采蔷薇花，蒸气以成水，则屡采屡蒸，积而为香，此所以不败。但异域蔷薇花气馨烈非常，故大食国蔷薇水虽贮琉璃缶中，蜡封其外，然香犹透彻，闻数十步，洒人衣袂，经十数日不歇也。

在宋朝，居留在中国的阿拉伯人更多了。他们主要是住在广州、泉州等通商口岸的大城市里。其中有很多人非常有钱。在法律方面，有时候也受到优待。甚至还有不少人同中国人联姻，有的竟娶了宋朝宗室的女儿，做了左班殿直的官。当时南洋的贸易实际上就操在这一些阿拉伯商人手里。他们不但贩运本国的货物，产生在其他国家的物品，他们也从事贩运。

到了元朝，蒙古大帝国横跨欧亚两洲。有不少的阿拉伯人来，为蒙古大汗服务。《元史》里面阿拉伯人有专传的不在少数，其中最著名的当然是赛典赤瞻思丁父子。他死在云南，至今还为人所怀念。

至这时候，阿拉伯的学术文化大量流入中国。大天文学家郭守敬改订中国历法，也曾受了阿拉伯天文学的影响。埃及天文学家伊本·优努斯（？—1007年）所著的历表是他的主要参考书之一。《元史》卷一九〇"儒学传"中有瞻思传。瞻思祖先是大食国人。他"邃于经，而易学尤深。至于天文、地理、钟律、算数、水利、旁及外国之书，皆究极之"。他治学的特点是与传统的中国学者不同的。他的著作很多，可惜都散佚了。存者仅《河防通议》二卷。

1266年，元朝定都北京。在建设新都方面，大食国人也黑迭儿出了很大的力量，大殿、便殿、百官衙署、池塘苑囿，都由他计划安排。这也是我们两国文化关系史上一个值得注意的人物。

马可波罗《行纪》里还有一段很有意义值得重视的记载：

温敢城（似即尤溪）未降顺大汗前，其居民不知制糖，仅知煮浆，冷后成黑渣。降顺大汗以后，时朝中有巴比伦地方之人。大汗遣之至此城，授民以制糖术，用一种树灰制造。

可见，在制糖技术方面，中国的某一些地方也曾向阿拉伯人学习了。

元代以后，明代继续同阿拉伯国家（当时史书称之为天方等）保持着来往的关系。明初大航海家郑和自己虽然没有到过天方（指麦加），但是，宣德五年（1430年），他曾分遣船只到了古里，从那里有通事七人随默伽国人到了天方，来回一年，买到各色奇货、异宝及麒麟、狮子、驼鸡等物，并画了天堂图，回京上奏。其国主也派人到中国来。以后往来不绝。从15世纪中期到17世纪初期，这一期间，天方国不断派人到中国来访问。中国也有人到天方去。

除了天方国以外，明朝还与默德那国有直接交通。

宣德时（1426年—1435年），其国主曾遣使偕天方使臣到中国来。以后没有再来。《明史》上有默德那的传。此外，同明朝往来的阿拉伯国家还有祖法儿、阿丹（今日亚丁）、剌撒

中外文化交流　275

等地,《明史》也都有专传。

根据随郑和航海的费信所著的《星槎胜览》的记载,中国当时从这些国家输入的货物有珍奇动物,像狮子、祖刺法、豹、鹿等,还有高八尺的天马;此外就是乳香、龙涎香、宝石、真珠等。中国运去的交换的东西是金、银、缎匹、色绢、白花青瓷器、铁鼎、铁铫之属。中国丝绸缎匹的输出,自古已然,现在只是范围更大了而已。值得注意的是铁器的输出,这对阿拉伯人民的生产和生活会有很大的影响。

一直到清朝(1616年—1911年),中国同阿拉伯国家的来往始终没有断绝。可惜,在这时期,西方的资本主义国家一个一个地兴起来了。它们逐渐垄断了欧亚的贸易,因而也就阻碍了我们两国人民的来往。在清朝我们再也看不到像唐、宋、元、明四朝那样的频繁的往来和密切的文化关系了。

从上面简短的回溯里,我们可以清清楚楚地看到,中伊两国的友谊至少已经有了二三千年的历史。在这一段漫长的时间内,我们互相学习了许多极可珍贵的东西,这大大地帮助了我们各自文化的充实与发展。

最近一百多年以来,我们两国曾有过极其相似的经历:我们都曾在殖民主义和帝国主义压榨剥削下辗转呻吟,受尽了苦头。因此,我们就更容易互相了解,互相同情。中华人民共和国的建立引起了伊拉克人民的重视。当卡赛姆总理领导的革命胜利了的时候,中国人民也感到高兴。这些事情都足以说明两国的关系。

我们中国人民十分珍视阿拉伯人民所创造的光辉灿烂的文化,十分珍视我们的传统友谊。我们在过去已经介绍了阿拉伯文化。自从中华人民共和国成立以来,我们的政府和人民更大

1962年11月，季羡林赴伊拉克参加"巴格达建城1200周年纪念大会"时留影。

力提倡这种介绍工作。13年来，我们出版了不少的有关阿拉伯文化和文学艺术的书籍。阿拉伯文学名著《一千零一夜》《卡里来和笛木乃》等等都有了从阿拉伯文直接译过来的完整的汉文译本，受到广大中国人民的欢迎。我们有一些青年也在努力学习阿拉伯语言。就拿我所在的北京大学一个学校而言，解放以后，我们已经培养了三百名专门学习阿拉伯语的学生，现在在校学习的还有六十多名。他们都了解这个学习的意义，因此绝大多数学习都很努力。

在中伊两国文化交流史上，世界名城巴格达占着很重要的地位。因此，我们是怀着很大的兴趣和很高的敬意来参观这一次建城千年的纪念大会的。我们相信，我们两国的传统友谊今后还会继续发展下去，在我们古老的友谊之树上，还会开出更多更多更光辉灿烂的友谊的花朵。

1962年8月

中国同孟加拉国的友谊源远流长

中国古代历史书上有很多关于天竺的记载。今天的孟加拉国所在地就是古代天竺的一部分。说明中国与天竺的关系，那可真可以说是源远流长了。在有文字的记载出现以前，就已经有了来往。比如在天文学上的二十八宿，两国古代都是知道的。又如许多神话故事，两国都有内容完全相同的。这样的故事在中国，见于屈原的《天问》以及其他的著作中。在天竺，则见于民间传说和一些古代典籍中。究竟谁影响了谁呢？现在还无法说清楚。但这并不是重要的问题。不管谁影响谁，我们从茫昧的远古以来就有往来，互相学习，这一点是肯定无疑的了。

后来，随着佛教的传入中国，两国之间的往来更加频繁了。许多天竺和尚来到中国，也有许多中国和尚到了天竺，到了今天孟加拉国所在的地方。中国晋代著名的高僧法显赴印度留学好像还没有到过东孟加拉。同时赴印度留学的其他僧人也好像都还没有到过东孟加拉。

从唐代著名的高僧玄奘（600年—664年）起，到东孟加拉去的中国和尚就多起来了。玄奘在他的名著《大唐西域记》卷十里有关于奔那伐弹那国（Pundravardhana）、三摩呾吒国（Samatata）及以东六国和羯罗拏苏伐剌那国（Karnasuvarna）的记载。这些国究竟在今天什么地方？学者们之间是有争论的。但是奔那伐弹那国、三摩呾吒国和羯罗拏苏伐剌那国都是在今天的孟加拉国境内，大家的意见是一致的。关于奔那伐弹那国，玄奘写道：

> 周四千余里。国大都城周三十余里。居人殷盛，池馆花林往往相间。土地卑湿，稼穑滋茂。般檬娑果既多且贵，其果大如冬瓜，熟则黄赤，剖之中有数十小果，大如鹤卵，又更破之，其汁黄赤，其味甘美，或在树枝，如众果之结实，或在树根，若伏苓之在土。气序调畅，风俗好学。伽蓝二十余所，僧徒三千余人，大小二乘，兼功综习。天祠百所，异道杂居，露形尼乾实繁其党。

关于三摩呾吒国，玄奘写道：

> 周三千余里。滨近大海，地遂卑湿。国大都城周二十余里。稼穑滋植，花果繁茂。气序和，风俗顺。人性刚烈，形卑色黑。好学勤励，邪正兼信。伽蓝三十余所，僧徒二千余人，并皆遵习上座部学。天祠百所，异道杂居，露形尼乾，其徒特盛。

短短的一段话，对当时孟加拉的风土、人情、物产、果实、宗教、信仰，都做了生动具体的描绘。玄奘的记载今天成了极其珍贵的文献。玄奘本人也成为我们两国人民友谊的象征。

唐代另一个著名的高僧义净（653年—713年）也曾到过孟加拉。在他的《大唐西域求法高僧传》中，他提到僧哲禅师，"思慕圣跡，汛舶西域，既至西土，适化随缘，巡礼略周，归东印度，到三摩呾吒国。"可见另一个中国和尚僧哲禅师也到过孟加拉。

此外，唐朝还有很多中国和尚到过孟加拉，我们在这里不一一列举了。

孟加拉这个名字，在中国古代的史籍中，以及唐代的地理书或旅行记中，似乎还没有出现。据我所知道的，最早出现是在宋代。《宋史》四九〇（开宝八年冬）"东印度王子穰结说啰来朝贡"。宋赵汝适的《诸蕃志》卷上开始有关于孟加拉的记载：

西天鹏茄啰国都号茶那咭城（Janagar）。围一百二十里。

金朝兴定四年（1220年）乌古孙仲端西使也到过孟加拉。元代大德三年（1299年）奔奚里遣使来中国，带来虎、象及桫罗木船等物品。所谓"奔奚里"，指的就是孟加拉。元汪大渊的《岛夷志略》中谈到朋加剌，指的也是孟加拉。

到了明初，由于东西交通频繁起来，中国书中有关孟加拉的记载也一下子多了起来。《明史》卷三二六记载说，永乐六年（1408年）榜葛剌王霭牙恩丁遣使来朝贡方物。七年（1409年）其使凡再至，携从者二百三十余人，受到隆重的招待。自是比年入贡。十年（1412年），贡使将至，遣官宴之于镇江。使者告其王之丧，遣官往祭，封嗣子赛勿丁为王。十二年（1414年），嗣王遣使奉表来谢，贡麒麟及名马方物。十三年（1415年），遣侯显往榜葛剌。正统三年（1438年）贡麒麟。四年（1439年）又入贡。自是不复至。

在明初最著名的事件是三保太监郑和（1371年—1435年）下西洋。他曾几次到过孟加拉。随从郑和出使的人写了书。传到今天的有费信的《星槎胜览》、马欢的《瀛涯胜览》和巩珍的《西洋番国志》，这些书大概有些地方是互相抄袭的。我现在只把《瀛涯胜览》中有关孟加拉的记载抄录一段：

榜葛剌。地广人稠。财物丰硕。自苏门答剌国海行见山。并翠蓝岛（今晏陀蜜[Andaman]及呢古巴拉[Nicobars]二群岛）西北行二千里方至浙地港（Chittagong）。更小舟入。五百余里至锁纳儿港（Sunurganw）。舍舟而陆。西南行三十五里站，至其国。有城郭。王宫暨大小府寺皆在城。乃回回人。风俗淳厚。男妇皆黑色。白者稀。男皆视发。白布缠身。圆领长衣。仍束绦悦，蹑皮履。王及将领冠服，用回回制。甚洁整。语言榜葛俚（Bengali）自成一家。亦有巴儿西（Parsee）语者。市用银钱，曰倘伽。重三钱。径寸二分。面有文。以此权物价重轻。亦有海贝曰考黎（Cowry）。婚丧皆回回教。气候常热如夏。

其余两书都差不多，我不再抄录了。汇集马欢、费信等的书而成的《西洋朝贡典录》，内容也一样，也不再抄录了。《明史》的记载，《皇明世法录》卷八一的记载，有的也从这些书取来，内容差不多，更没有抄录的必要。

在明代编辑的《华夷译语》中有《孟加拉译语》一书，是专门供给中国翻译学习孟加拉语言的。从这一件事就可以看出来，我们两国当时交往之频繁、友谊之密切了。否则，还用得着翻译教科书或翻译手册吗？

明茅元仪《武备志》卷二四〇中有郑和航海图，用地图把他从中国出发到亚非许多国家的航行路线画了出来。其中也有榜葛拉，旁边画着撒地港的地形，就是今天的吉大港（Chittagang）。

在这些交往中，有几件事情值得我们特别注意。第一，中国造纸术传入孟加拉。中国是发明造纸术的国家，这种技术传遍了全世界，其中也包括孟加拉。马欢在《瀛涯胜览》中描述孟加拉的纸说：

> 一样白纸，亦是树皮所造，光滑细腻，如鹿皮一般。

《西洋番国志》里说：

> 一等白纸，光滑细腻如鹿皮，亦有树皮所造。

《西洋朝贡典录》讲到，孟加拉"有桑皮纸"。

第二是丝和瓷器。中国也是丝的原产地。丝当然也传到了孟加拉。元汪大渊《岛夷志略》说：

> （孟加拉）贸易之货用南北丝、五色绢缎、丁香、豆蔻、青白花器、白缨之属。

《瀛涯胜览》，榜葛剌国说：

> 货用金、银、布缎、色绢、青白花瓷器、铜钱、麝香、银珠、水银、草席、胡椒之属。

明费信《星槎胜览》的记述与《瀛涯胜览》同。《西洋朝贡典录》记榜葛剌"女子椎髻、短衫、围色布丝棉"。当时孟加拉丝织技术还不高。《瀛涯胜览》等书中说：

> 桑柘蚕丝皆有，止会作线缫丝嵌于中并绢，不晓成绵。

明初以后，由于种种原因，中孟两国的来往少了起来。特别是在西方殖民主义者侵入东方以来，我们的来往更受到阻碍。但是，人民的来往是什么人也阻止不住的。从中国清代的一些著作中，仍然可以找到来往的记载，清谢清高《海录》卷上就有关于孟加拉的详细记载：

> 明呀喇，英咭利所辖地。周围数千里。西南诸番一大都会也。在彻第缸海西岸。由彻底缸渡海，顺东南风约二日夜可到。陆路则初沿海北行，至海角转西，又南行，然后可至。为日较迟，故来往多由海道，其港口名葛支里。

除了谢清高以外，清代还有很多官员、学者和商人到过孟加拉。从他们留下来的生动细致的记载中，可以看到，当时孟加拉的经济非常繁荣，文化水平很高，也许在当时的天竺是最高的。一直到今天，孟加拉文学，无论在印度或是在孟加拉国，水平都是最高的，其根源就在这里。

不管古代我们两国人民之间的来往和文化交流是多么频繁，不管我们对这种情况感到多么骄傲与欣慰；更重要的是我们目前的友谊与来往更加令人欢欣鼓舞。1947年印、巴分治，东孟加拉成为巴基斯坦的一部分。我国周恩来总理于1956年12月28日和1964年2月24日两次到达卡访问，受到隆重热烈的欢迎。第一次访问达卡的时候，欢迎群众竟多达二十万人，占当时全城人口的三分之一，可见孟加拉人民对中国人民友谊之深厚。1971年12月，孟加拉国成立，穆·拉赫曼当政，我们两国没有正式外交关系。但民间往来从未中断。1974年10月13日，孟加拉国遭受水灾。中国红十字会向孟加拉灾民赠送小麦五千吨，若干针织品和毯子。1975年4月10日，孟加拉国总统对董必武同志逝世向周恩来总理发来唁电。1975年5月，在我国广交会期间，两国第一次签署了四个贸易协定。1975年8月15日孟加拉国改换政府。8月31日周总理电告孟加拉国总统，中国承认孟加拉人民共和国。9月1日，艾哈迈德总统复电，欢迎中国承认，相信我们两国的关系"将得到进一步加强和巩固"。1975年10月4日，两国外长在纽约签署联合公报，决定自即日起建立外交关系并互派大使。

从那时到现在，已经将近四年了。我们两国的友谊日益增强，往来日益频繁。1976年5月至7月，在不到两个月的时间里，孟加拉国先后派出了贸易、孟中友协、新闻和乡村发展等四个重要代表团到我国来访问。同年十一月，中国贸易代表团访问了孟加拉国。在这几年里，只是我一个人在北京大学就招待过几个孟加拉国的代表团。其中一个是宗教界代表团。由于我们的友谊基础雄厚，源远流长，所以我们总是有共同的语言，我们的感情总是很容易得到交流与共鸣。

1977年1月，齐亚·拉赫曼将军访华，受到中国政府和人民的热烈欢迎，大大地促进了两国关系的发展。同时，两国签订贸易协定和经济、技术合作协定。1978年3月，中国人民对外友协代表团访问孟加拉国，受到各界人士热烈欢迎。3月18日，李先念副总理访问孟加拉国，以齐亚·拉赫曼总统为首的孟加拉国广大官员和人民群众举国上下，隆重热烈欢迎了中国人民的使者。李先念副总理和齐亚·拉赫曼总统在讲话中总是强调我们传统的友谊，共赞中孟两国人民的友谊不断发展。

尽管我们两个国家社会制度不同，但是我们同属第三世界，我们在国内有许多相同或者相似的问题，在国外我们面临着许多共同的任务。在这风云多变的大地上，第三世界国家纷纷站起来，反抗大小霸权主义，保卫世界和平。我们的传统友谊已经有了几千年的历史，现在又添上了新的内容。我希望，而且也坚决相信，我们这十分古老的而又有了崭新的内容的友谊将会日益加强，将会开出更加灿烂绚丽的花朵。

1979年5月

中缅两国人民的传统友谊

中国和缅甸都是亚洲的国家。从地理上说，我们壤地相接；从历史上说，我们已经有了几千年的传统友谊。今天我们两国的人民又都为了保卫亚洲和平和世界和平而共同努力。现在让我们趁缅甸总理吴努访华的时候来回顾一下两国人民历史上的文化、贸易、外交各方面的关系，也许是很有意义的事情吧。

根据历史记载，至迟在汉代，中缅两国已经有了往来。《汉书》二八下"地理志下"记载着，在前汉时代，中国商船自雷州半岛开行，到的地方有都元国、邑卢没国、谌离国、夫甘都卢国、黄支国。这些国家今天究竟在什么地方，这问题当然不容易确定。但是有一部分学者认为邑卢没国、谌离国、夫甘都卢国都在缅甸。当时中国运出去的货品里有绘彩等丝织品。假如这些学者的意见可靠的话，那么公元前一二世纪时中国丝就已经运到缅甸了。张骞于汉武帝时奉使西行。在大夏国看到中国出产的邛竹杖和蜀布。他问大夏国人，这些东西是从什么地方得到的。大夏国人说："我们的商人从身毒（印度）贩运来的。"中国四川一带出产的东西从哪一条路贩运到印度去的呢？最可能的路就是通过缅甸。

中国正史正式记载中缅交通始自《后汉书》六"顺帝纪"和一一六"南蛮西南夷传"。根据《后汉书》的记载，和帝永元九年（97）掸国王雍由调派遣使臣经过几度翻译到中国来通好。安帝永宁元年（120）掸国王雍由调又派遣使臣到中国来，他带来了音乐和幻人（魔术师）。这种幻人能变化吐火，自己支解，把脑袋换成牛头马头。又善于跳丸，一跳就上千。他们自己说是海西人。海西就是大秦。到了顺帝永建六年（131）掸国又遣使来我国。这里所说的掸国就是现在的缅甸。根据这些记载，我们可以看到，公元后一二世纪的时候，中缅来往相当频繁。中国运到缅甸去的东西是丝绸，而由缅甸传入中国的是宝石之类的东西，也就是后汉书所谓"秦国珍宝"。同时缅甸还在中国与大秦（究竟是哪一国，还有分歧的意见）的交往中起居间的作用。

缅甸不但在中国与大秦的交往中起居间作用，在中国与印度的文化交流中，缅甸也是一个重要的过道。在印度笈多王朝时代（320—647）中国有些和尚就从云南入缅甸，然后转印度。这条路一直到唐朝还是一条捷径。中国西南一带，特别是四川，是产丝的名区。左思的《蜀都赋》赞美四川出的锦说："贝锦斐成，濯色江波。"中国丝绸很早就西传了，缅甸又邻近川滇，所以中国丝织品也就传入缅甸，再由缅甸西传入印度。

到了唐代，中缅关系更加强了。虽然《新唐书》一四七下《南蛮列传》说："衣用白氎（棉花），朝霞以蚕帛伤生，不敢衣。"但是这几句话却不可尽信，即使可靠的话，不敢穿丝帛的也仅限于一部分人。因为根据别的书的记载，这一带的女人多披罗缎。罗缎是从哪儿来的呢？当然仍是中国。缅甸的音乐舞蹈传入中国也就是在这时候。根据《新唐书》的记载，唐德宗贞元年间，骠国王雍羌遣介弟悉利移城主舒难陀到成都献其国乐。当时的西川节度使韦皋因为看到这舞容乐物都不平常，于是就画成图献给皇帝。其音有八：金贝丝竹匏革牙角。乐器很复杂，花样很多，有铃钹四，有击磕应节铁板二，有螺贝四，有凤首箜篌二，有鼍首筝二，有龙首琵琶一，有云头琵琶一，有大匏琴二，有蜀弦匏琴，有小匏琴二，有横笛二，有大匏笙二，有小匏笙二，有三面鼓二，有小鼓四，有牙角笙，有三角笙，有两角笙。曲名有十二个：佛印、赞娑罗、白鸽、白鹤游、斗羊胜、龙首独琴、唱舞、甘蔗王、孔雀王、野鹅、宴乐、涤烦，亦曰笙舞。从这样复杂的乐器上也可以看到，缅甸音乐在唐代必已达到相当高的水平。这些乐器合起来搞一个乐队，一定很有可观。无怪中国当时的伟大诗人白居易专为缅甸国王进乐这件事写了一首诗——《骠国乐》。骠国就是缅甸在唐时的称呼。

除了音乐以外，当时从缅甸传入中国的还有木棉，就是所谓兜罗棉，是这一带的名产。琉璃罂和宝石也输入中国。缅甸出产的宝石名色很多，最著名的有琥珀、瑟瑟等。这些宝石早就输入中国，为中国人民所喜爱。

宋代的中国史籍多称缅甸为蒲甘，因为缅王阿奴律陀自公元1044年起创蒲甘王朝。宋朝和蒲甘王国仍然像以前一样有外交上的往还。蒲甘国王曾于宋徽宗崇宁四年（1105）送白象和香物给大理国王段正淳。第二年更随大理国的使臣到宋朝来求经籍。宋徽宗以后一直到南宋高宗和孝宗时代，蒲甘国王与中国都保持联系。

元明清三代，中缅两国除了正常的外交和贸易关系外，曾发生过几次军事冲突。元朝的征服者，明朝的皇帝以及清朝的征服者都曾派兵进攻过缅甸。这几次作战都是违反了中国人民和邻国人民友好相处的愿望的。我们两国人民仍然照常是朋友，我们的传统友谊并不为一小撮统治者的野心所损害。

在近代，帝国主义的侵略者阻碍了我们两国人民的互相往来。19世纪末年英国侵略者带了他们的坚船利炮利用印度作基地闯进了缅甸。从那以后，勤劳的爱好和平的缅甸人民就不得不在帝国主义血腥的统治、压迫和剥削下过生活。同时中国人民也受到帝国主义侵略者的压迫，我们两国都沦为殖民地半殖民地。

1949年中华人民共和国的成立在中缅交谊史上是一个新的起点。中国人民经过了一百多年的英勇斗争，终于在共产党的领导下获得了具有世界意义的伟大胜利。六亿人口的解放给东方各国受过帝国主义压迫和还受着帝国主义压迫的人民带来了无限的勇气和信心。大家都以十分关怀的心情注视着新中国的建设。中国人民同样关怀我们的老朋友们。套在我们脖子上的枷锁既然打碎了，我们就获得了最可珍贵的自由。同时缅甸人民也走上了一个新时代，有了可能来恢复和发展我们两国人民之间的传统友谊。我们阔别已久的两个老朋友又找到一起了。这是一个伟大的转折点，一个伟大的新的起点。

我们两国人民十分重视这个新的起点。1951年10月仰光就成立了缅中友好协会。1951年12月9日中华人民共和国文化代表团在访问了印度之后到缅甸去访问，受到缅甸政府和人民的热烈欢迎。1952年4月缅甸文化代表团到中国来答聘，同样受到中国政府和人民的热烈欢迎。同年10月亚洲及太平洋区域和平会议在北京召开，缅甸派了一个包括31名代表的代表团来参加，团长是年高德劭在缅甸人民中有极高威望的著名的诗人和学者德钦哥都迈先生。缅甸政府也派过几次代表团来中国访问，像1952年9月以土地国有部部长德钦阵为首的缅甸土地改革参观团，1953年4月以波木昂为首的缅甸政府劳动考察团，今年9月以德钦阵为首的贸易代表团。新中国成立后，每年五一国际劳动节都有缅甸工会的代表团来观礼。至于出席在其他国家举行的会议的缅甸代表短期留华参观的事情更是每年都有。今年4月22日签订的中缅贸易协定受到中缅两国人民的热烈欢迎。

中缅人民新的友谊还表现在其他方面。在中国解放前，我们互相翻译的书籍是极少的。近五年多以来，翻译的书就一天比一天多了起来。我们曾译过缅甸的优秀的文学作品。缅甸方面翻译了大量的新中国出版的书籍，其中包括毛主席的著作，像《新民主主义论》《论人民民主专政》等，也有刘少奇委员长的著作，像《论国际主义与民族主义》等，还有优秀的文学作品，像鲁迅的《阿Q正传》等。此外，《中国人民政治协商会议共同纲领》《中国人民解放军》等书也有了缅文本子。这些书都为缅甸人民所喜爱。

今年6月间，周恩来总理应缅甸政府的邀请到缅甸去访问，以及现在缅甸总理吴努应中国政府的邀请到中国来访问，都标志着中缅两国人民新友谊的新发展，对中缅两国人民来说，对亚洲和平及世界和平来说，这访问都有极大的意义。我们已经有了两千多年的友谊了，这友谊是这样古老，同时却又这样新，不但表现友谊的方式是崭新的，而且友谊的内容也是崭新的。我们两国人民像爱护自己的眼珠一样爱护这个在两千多年古老的友谊的基础上产生出来的崭新的友谊。

我自己很荣幸地在1951年参加了中华人民共和国文化代表团访问过缅甸。我们访问过缅甸首都仰光，访问过避暑胜地东枝，在明媚的燕尔湖上游览过，又访问过文化古都曼德勒。日子虽然只是短短十几天，但这十几天是在我一生中永远不能忘记的十几天。我永远不会忘记缅甸人民对我们热烈的欢迎，我永远不会忘记在中国文化艺术展览会门前排成的长达几里路的观众。缅甸人民把对新中国的无限的热爱尽量倾注到我们身上。我们虽然隔得很远，但是我们的心是挨近的。为什么他们这样热爱新中国呢？一方面当然因为他们把中国人当作老朋友，当作"抱胞"（同胞）看待，另一方面也因为他们热爱和平，热爱自由幸福的生活，而中国人也是热爱和平，热爱自由幸福的生活的。我们的利益完全一致，我们的目标完全一致。在这个一致的基础上，我们两国人民的传统友谊一定会更发扬光大。让我们为了和平，为了自由幸福的生活而共同奋斗下去吧！

1954 年 11 月

《中印文化关系史论丛》序

中国和印度都是文化极古老的国家,也都是人口最多的国家。将近三千公里的边界从地理上把这两个伟大的国家连接在一起,超过三四千年的友谊从感情上把这两个伟大民族的心连接在一起。在几千年的悠长岁月中,我们两国人民只有和平友好的文化交流、外交往还和经济来往,而从没有过战争。这是人类历史上极其罕见的事情,也是我们两国人民值得骄傲的事情。

这两个伟大的民族间的友谊和文化交流是从什么时候开始的呢?我们目前还不能肯定地答复这问题,但是一定很早,这是毫无疑问的。在这个问题上,有一件有趣的事实值得我们注意:这就是在两国的古代天文学上都有二十八宿的理论。专就天文学来说,二十八这个数字并没有什么必然性,所以很可能是一个向另一个学习的。中国大约在公元前1100年以前就已经有了二十八宿的理论。如果从这一件事情上来推断,那末不论是谁向谁学习,中国印度两国人民的友谊和文化交流到现在总已有三千多年的历史了。

印度许多古书上都有关于中国(脂那,梵文是Cīna)的记载,例如在史诗《摩诃婆罗多》(*Mahābhārata*)和《罗摩衍那》(*Rāmāyana*)里都有。印度古代著名的法典《摩奴法典》(*Manusmṛti*)第四十四颂(*Gāthā*)把中国人和希腊人、塞种人并列。在中国古书里也有很多关于印度的记载。虽然其中许多有很浓厚的神话色彩，但是无论如何总可以看出中印两国人民在怎样早的时候就互有所闻、互相往来了。

中国是全世界最早生产蚕丝的国家。至迟在公元前4世纪中国丝就已经输入印度。在梵文里，有许多与丝有关的字，如Cīnapaṭṭa（成捆的丝）、Cīnāṃśuka（丝衣服）等，都有Cīna（脂那）这个字作为组成部分。可见中国丝在古代印度影响是非常大的。

中印之间的交通到了公元前2世纪时在中国的史籍中有了正式的记载。公元前138年，汉武帝派张骞出使西域（当时的西域泛指今甘肃西北部、新疆全省和中亚细亚的一部分）。他在大夏国（在今阿富汗北部）看到中国四川省出产的竹杖和布匹。大夏国人告诉他，这是商人从身毒（当时中国人民对印度的称呼）买来的。在公元前2世纪时，中国四川的产品已经输入印度，并且从印度运到大夏。可见中国和印度的交通当时已经有了相当大的发展。

印度的佛教也在很早的时候就开始传入中国。即使我们撇开这一方面的传说不谈，例如关于印度来华高僧摄摩腾和竺法兰的传说，那末，至少我们可以根据下面这一个事实来肯定，在公元前1世纪初佛教已经从印度传到中国来了。公元后65年，汉明帝在给楚王英的一道诏书里用了几个从印度来的借字："浮屠"（就是"佛"，梵文是Buddha）、"伊蒲塞"（就是"居士"，梵文是upāsaka）、"桑门"（就是"和尚"，梵文是śramaṇa）。这是佛教传入中国的最早的可靠的证据。

随着佛教的传入中国，中印两国的交通日益发展。许多中国僧人排除万难，不辞跋山涉水到印度去求法。其中最著名的是法显（5世纪）、玄奘（7世纪）和义净（7世纪）。他们游历印度的记述今天已经成为研究印度古代史和中世史的极可宝贵的文献。印度僧人到中国来的也不少。来往于两国之间的还有两国的外交代表和商人。据中国史书的记载，早在6世纪时，就有许多印度侨民居留在中国古代的大都市之一的洛阳。两国的文化交流随之而大大地加强。

印度的文化对中国的文化发生了很大的影响。在文学方面，从公元5世纪到7世纪，中国文学中产生了一类特殊的作品——鬼神志怪的书籍。这些书里面的故事有很多是从佛经里抄来的。印度的民间故事因而大量地传入中国，一直流传到现在。唐代（618—907）传奇小说盛极一时。在这一类的小说里，印度故事的影响也很显著，譬如里面常常出现的"龙王"和"龙女"就都起源于印度。唐代另一种新文体"变文"和佛经的关系更为密切。"变文"是以诗歌和散文合组而成的一种通俗生动的文体。它最初专门讲唱佛经里的故事，以后才增加了新的内容。"变文"直接影响了宋代（960—1279）的"话本"（用近乎口语的通俗体裁写成的故事）。"变文"的发展在中国文学史上是一件有重要意义的事情。

中国的声韵学也受了印度的一些影响，唐末（9世纪）僧人守温创制了36字母（实在是30个），就是根据梵文字母的体系。

在艺术方面，无论是中国的绘画、雕塑和音乐，都或多或少地受到了印度艺术的影响。希腊艺术传到了大夏，吸收了佛教思想，形成了所谓"犍陀罗"艺术。在中国古代著名的艺术宝库中，例如山西省北部的云冈石窟中的石刻（公元5世纪以后的作品）和甘肃省西部敦煌石窟中的壁画（公元4世纪以后的作品），都可以看到"犍陀罗"艺术的一些影响。

1999年，印度文学院院长罗摩坎达·罗特先生授予季羡林名誉院士。

在中国的医学里也有一些印度成分。《隋书·经籍志》记载着许多从印度译过来的医书。这些书到现在虽然都已散佚，但是在唐代的中国医书中还保留了一些印度医学理论和药方，可见当时印度医学之一斑。从公元3世纪直到10世纪的中国许多旧医书里也都有一些印度医学的色彩。唐代还有印度医生到中国来开业。公元7世纪时，唐朝的皇帝曾请印度方士为他们制造长生不老之药。

此外，中国语言也受了印度的影响。汉语里有许多印度借词，例如"琉璃"是从印度古代俗语verulia（梵文是vaidūrya）译过来的，"塔"是从印度古代俗语thupa（梵文是stūpa）译过来的。像这样的例子还可以举出很多很多来。

中国文化传到印度，当然对印度文化的发展也有了极大的影响。前面已经谈到中国的丝传入印度，这里再举几个有同样重要意义的事情来作例子。造纸术是中国古代最伟大的发明之一，集大成的发明者是汉朝的蔡伦，时间是公元105年。至晚在第7世纪，中国纸已经传到印度，以后造纸术也传过去了。印度古代是在白桦树皮、贝叶（即棕榈树的叶子）等上面写字的。这当然很不方便。有了纸之后，不仅在纸上书写，还用纸来印刷书籍。这样书籍的数量增多了，文化的传播也因而加速。

中国人民其他的伟大的发明，像罗盘针、火药、印刷术等，不管是直接，还是间接，也都传入印度，而且也像在世界上其他国家里一样，对印度文化和生活多方面地发生了影响。中国瓷器曾大量传入印度，一直到现在，在印度的许多博物馆里都藏有中国瓷器。印度考古学家也曾在印度发掘出中国古代的钱币。中国古代大哲学家老子的著作曾译为梵文，传至印度。这些事实都说明了中国人民怎样对印度人民做出了极可宝贵的贡献。

就这样，中印两国人民在漫长的岁月里通过各种形式的文化交流，彼此丰富了原已十分光辉的文化宝库，并且一天比一天更加巩固了两国人民间的传统友谊。

中印两国人民的友好关系的发展在16世纪欧洲殖民主义国家侵入东方以后开始遇到了严重的阻碍。西方侵略势力破坏了印度的社会基础，使他们的固有文化无法发展下去。19世纪中叶以后，在外国资本主义国家的侵略下，中国也逐渐沦为半殖民地半封建的社会。两国人民同样生活在外国势力的剥削和压迫之下，没有可能再来自由地进行文化交流工作了。

虽然由于外国势力侵入的结果，两国人民的自由往来受到阻碍；但是存在于两国人民内心深处的友谊并没有磨灭。相反的，由于同样受到外国殖民主义的侵略和压迫，由于同样为自由和独立而进行斗争，两国人民之间的同情和了解反而加深了。在本世纪初，我们又复活了文化上的交流。中国光辉灿烂的艺术传统对印度绘画的复兴有很大的影响，中国的书法和绘画的表现方式同风格影响了许多印度近代的伟大画家。1924年印度大诗人泰戈尔到中国来讲学，受到热烈的欢迎。他的许多著作都译成了中文，对当时的中国新文学有了影响。

泰戈尔曾对中印两国人民的未来唱出他的热烈而真挚的希望：

正像早晨的鸟儿，在天还没有完全破晓的时候，就唱出了和宣告了太阳的升起。我的心在歌唱，宣告一个伟大的未来的到临——这个伟大的未来已经很迫近我们

了。我们一定要准备好来迎接这个新的世纪。（泰戈尔在国际大学中国学院开幕式上题为《中国和印度》的讲词的一段）

这一位印度伟大诗人所歌唱的亚洲的新世纪鼓舞着中印两国人民为加强他们之间的友谊而努力，为迎接这个新世纪而共同努力。

这个新的世纪也真的来到了。1947年印度经过了长期的斗争终于获得了独立，1949年中国人民也在中国共产党的领导下经过长期的斗争获得了解放。过去阻碍着中印两国人民进行文化交流和经济来往的绊脚石去掉了。我们几千年的传统的友谊也在这个新的基础上获得了崭新的内容和崭新的意义。

将近七年以来，我们两国的政府和人民互相派遣文化使节访问我们的伟大的邻邦。这样的代表团几乎每年都有。里面包括优秀的学者、艺术家、社会活动家等。这些文化使节在被访问的国家里都受到政府和人民的无比热烈的欢迎。他们带去本国人民的敬意和友爱，又满载着被访问国家的人民的同样热烈的敬意和友爱回来。在访问中，他们瞻仰历史遗迹，欣赏艺术珍品，参观学校、图书馆、博物馆和建设工程，会见工人、农民、学者和孩子们。他们作学术报告，演出音乐和舞蹈，举办展览会。通过各种方式把本国古代的和现代的优秀的文化介绍给我们的朋友。

除了这些文化代表团以外，还有许多和平战士、学者、专家、工会工作者和青年组成的代表团互相访问。他们尽量把本国的情形介绍出去，同时又努力学习我们朋友的先进经验。

我们两国政府的领导人也彼此访问：周恩来总理访问了印

度，尼赫鲁总理访问了中国。两位总理共同发表了五项原则，立刻获得全世界爱好和平的国家和人民的热烈支持。这五项原则的影响现在愈来愈大，它已经成为指导国际事务的基本原则了。

以上就是中印两国人民几千年古老友谊的大概的情况。从这个简略的叙述里，我们可以看出，我们友谊的主要内容就是和平、友好和文化交流。到了今天，我们两国人民又都为亚洲及世界的持久和平，为人类美好的将来而共同努力。我们古老的友谊仿佛是返老还童，愈来愈生气勃勃。正像一棵古老的树，过去曾经开过无数光辉灿烂的花朵，但是将来开出的花朵还会更光辉，更灿烂。

在这样的情况下，我们两国人民都十分珍视这种可贵的友谊，是完全可以理解的。"中国印度是兄弟"，这一句大家都熟悉的话不仅是从嘴里说出来的，而实实在在是从心里说出来的。印度人民觉得，有中国人民这样的朋友是一件非常光荣的值得骄傲的事情。中国人民对印度人民也有同样的感觉。

在这一方面，美中不足的就是：我们的科学研究远远地落在现实的后面，过去虽然有很多人写过有关中印文化交流和友好关系的文章，但是系统而全面的研究几乎可以说是还没有开始。两国人民迫切想知道一些我们文化交流和经济来往的历史事实，想知道一些我们友谊的具体内容，他们已经不满足于几个抽象名词。但是目前我们却无法满足他们。

十多年来，我一直对中印文化交流的问题感到很大的兴趣，曾陆陆续续搜集了一些资料，也曾学习着写过一些文章。但是在解放前，我一直把这件工作当作"副业"，只是为了个人的兴趣，兴之所至，随笔一挥。近几年来，才逐渐了解到这个工作的重要意义。我现在正在着手写一部比较详细的中印关系史。我的许多中国朋友对这工作感到兴趣，他们给了我不少的鼓励。有一些印度朋友也知道我正从事这工作，他们也给了我不少的鼓励，有的还答应把它译成印地文。这更增强了我的信心和勇气。

收在这本书里的一些文章都是近十年来写成的。有的发表过，有的没有发表。这都是些极肤浅的东西，本来是不敢拿出来"灾梨祸枣"的；但是中国有一句老话"聊胜于无"，我就是本着这种精神拿出来的。我希望，这些东西能供中国和印度研究中印文化交流的学者们参考；我也希望得到他们的指教。

1956 年 8 月 5 日

文化交流能推动中印社会前进

我一向主张，文化交流能促进交流双方文学、艺术、哲学、宗教的发展，能增进双方科学技术的昌盛，总之，一句话，能推动双方社会的前进。

在全部世界史上，要举一个文化交流双方获利的例子，非中印文化交流莫属。中印文化交流是全世界当之无愧的典范。

众所周知，自远古以来，中国和印度就一直是好邻邦和好朋友。甚至在先秦时期，即在东周时期，我们已经能够在诸如《战国策》和《国语》这样一些中国典籍中，主要是在神话和民间传说中，找到印度影响的一些蛛丝马迹。在屈原的诗歌中，特别是在《天问》中，我们也可以发现印度的一些影响，主要是神话方面的影响。在天文学中，我们同样可以找到中国和印度的相互影响。中国的著名发明，如造纸术、印刷术、火药、指南针等等，从中国传到包括印度在内的其他国家。中国的纸和丝以及丝织品，经由丝绸之路从中国传到印度。与此同时，中国南方的海上丝绸之路也是功不可没的。在佛教从印度传入中国后，在近两千年的岁月中，印度文化源源不断地涌入中国。在各种不同学术领域中，都可以发现印度的影响。佛教在中国人民中风行起来。一言以蔽之，中印之间的文化交流有着十分悠久的历史，而这种交流促进了我们两国的社会进步，加强了我们的友谊，并给两国带来了福祉。在人类历史上，这是一个在任何别的地方都不曾发现的绝无仅有的例证。

在中国先秦时期，中印文化交流的痕迹已昭然可见。到了汉代，随着佛教的传入，印度文化大量涌入中国，在中国产生了巨大的普遍的影响。中国文化对印度的影响，除了四大发明以外，由于印度古代缺少真正的史籍，所以隐而不彰。

但是，如果我们肯费上一点力气的话，从双方史籍的语言中仍能够找到一些中国文化影响印度的证据。我举一个简单的例子。中国先秦时代就知道甘蔗，但在长时期中，中国只知饮蔗浆，不知以蔗造糖，后来终于发明了造糖技术，最初可能水平还不够高，所以唐太宗才派人到印度去学习熬糖法。到了明代，中国已经能够制造洁白的沙糖。这个技术明末传入印度，印度许多地方把白糖称为 cīnī，意思是"中国的"。从这一个简单的例子中，可以窥见中印文化交流能产生多么有利于双方人民的结果。

祝中印文化交流永远继续下去！祝中印两国人民的友谊万古常青！

2000 年 3 月 2 日